作者简介

阿克塞尔·黑格斯特罗姆（1868—1939年），瑞典哲学家。1893年于乌普萨拉大学任哲学助理教授，1911年至1933年任全职教授。其是逻辑实证主义的奠基人之一，乌普萨拉学派与斯堪的纳维亚法现实主义的创始人。其研究范围广泛，涉及认识论、罗马法、古希腊哲学、爱因斯坦相对论。除本书之外，其代表作还有《哲学词典》《哲学与宗教》。

译者简介

陈曦，法学博士，现任职于深圳大学法学院，主要研究方向为法哲学、法律逻辑学、法律与科技。

法哲学名著译丛

法律与道德的
性质研究

〔瑞典〕阿克塞尔·黑格斯特罗姆 著

陈曦 译

INQUIRIES INTO THE NATURE OF
LAW AND MORALS

Axel Hägerström

商务印书馆
创于1897　The Commercial Press

Axel Hägerström

INQUIRIES INTO THE NATURE OF LAW AND MORALS

Almqvist & Wiksells, UPPSALA, 1953

中译文的翻译参照了瑞典阿奎斯特 &. 威克赛尔出版社 1953 年英文版
(该英文版根据乌普萨拉皇家社会科学院出版的《人文主义丛书》第 40 卷译出)

《法哲学名著译丛》编委会

主　编　吴　彦
编委会成员(以姓氏笔画为序)
王　涛　　王凌皞　　冯　威　　孙海波　　朱　振
朱明哲　　汤沛丰　　杨天江　　宋旭光　　陈　辉
郑玉双　　周国兴　　姚　远　　徐震宇　　钱一栋
黄　涛　　黄钰洲　　鲁　楠　　董　政　　雷　磊

目　　录

第一章　概览 …………………………………………… 1
　　（本书序篇：《一般罗马法观念下的罗马式的义务概念》，
　　卷1，1927年）

第二章　实在法是对意志的表达吗？（1916年） ………… 18
　　第一节　由法律决定的意志 …………………………… 19
　　第二节　"集体"意志观或"共同"意志观 ……………… 21
　　第三节　被定义为实际最高个人权威意志的意志 …… 30
　　第四节　以纯粹形式定义的意志 ……………………… 37
　　第五节　将维护法律体系诸种力量拟人化后的
　　　　　　"国家意志" ………………………………… 39
　　第六节　作为不同法源价值评估基础的意志理论 …… 43
　　第七节　自然法思想的"暗度陈仓" …………………… 50
　　第八节　概要 …………………………………………… 57

第三章　法律的概念问题 ………………………………… 58
　　（意志理论，1917年）
　　第一节　意志理论适用于旧时法律体系的困难
　　　　　　以及事例 ……………………………………… 58
　　　　一、神法在古罗马法中的意义 ……………………… 58

二、论英国普通法与古代德国司法程序 ⋯⋯⋯⋯ 60
　　三、罗马共和国时期法学家解答的意义 ⋯⋯⋯ 71
　　四、罗马万民法 ⋯⋯⋯⋯⋯⋯⋯⋯⋯⋯⋯⋯⋯⋯ 72
　　五、雅典民主中"主权"者的法律地位 ⋯⋯⋯⋯ 75
　　六、即便存在上述情况依然试图捍卫意志
　　　　理论的努力 ⋯⋯⋯⋯⋯⋯⋯⋯⋯⋯⋯⋯⋯⋯ 77
第二节　意志理论面对现代法官适用法律时
　　　　所产生的困难 ⋯⋯⋯⋯⋯⋯⋯⋯⋯⋯⋯⋯ 79
　　一、可将判决视为包含立法者意志的表达吗？⋯⋯ 79
　　二、可否认为是法官的意志使得法律变得完整？⋯⋯ 92
　　三、可否认为法官有权适用现行的解释规则与
　　　　补充规则？ ⋯⋯⋯⋯⋯⋯⋯⋯⋯⋯⋯⋯⋯⋯ 100
　　四、可否认为立法者有意令法律字面意义成为法官
　　　　适用法律的决定性根据？ ⋯⋯⋯⋯⋯⋯⋯⋯ 107
　　五、可否认为"法律秩序"本身的意志具有
　　　　决定性？ ⋯⋯⋯⋯⋯⋯⋯⋯⋯⋯⋯⋯⋯⋯⋯ 111
第三节　从意志本质看意志理论的困难 ⋯⋯⋯⋯⋯⋯ 116
　　一、为了法律适用在形式上可以逻辑涵摄的方式
　　　　进行,意志理论必须假定立法权威决议在法律
　　　　有效期内完全固定 ⋯⋯⋯⋯⋯⋯⋯⋯⋯⋯⋯ 116
　　二、对意图及其固定性条件的心理学研究 ⋯⋯⋯ 119
第四节　作为对意志理论所吸收的异质元素进行后续
　　　　研究的基础,例如,决定基于常识正义观所理
　　　　解的权利义务的法律规范概念,需研究命令的

心理内容,以便之后可将其与义务概念的含义
进行比较 ………………………………………… 127

第五节 论义务观 ……………………………………………… 136
  一、通过讨论作为与价值评估无关的意动性神经冲
   动感的基础义务感的性质,论命令接受者意识
   状态与义务观间的关系 …………………………… 136
  二、命令接受者的意识状态与义务感之间的区别。
   从客观立场上看,义务感与行动意识之结合构
   成了某种义务。要对此进行解释,则可从这种
   感觉的直接表述形式入手 ………………………… 141
  三、与决定义务感及其表述之规范相一致的行动
   正确性观念 ………………………………………… 153
  四、规范观念与义务意识的关系 …………………… 173
  五、意识到他人义务的可能性 ……………………… 178
  六、作为未能实施正确行为等价物的强制
   正义观念 …………………………………………… 182
  七、无需指涉先前错误的强制正义观及其与
   报复感之间的关系 ………………………………… 187

第六节 对命令接受者心智状态和与之相关的义务观
  之间的差异关联的概述。对按照常识正义观
  将法律规范同时视为义务命令和义务陈述的
  这一倾向的解释 ……………………………………… 201

第七节 法理学的实践目的是从命令理论的角度使得
  人们不仅将法律规范视为命令和事实义务陈

述，而且还将其视为有效义务陈述。因此，这些目的使得人们容易混淆法律意志所要求的属性与基于常识正义观的言词理解所形成的义务属性。同理，基于宣告理论，人们还倾向认为在法律中所谓的意志宣告其实是关于义务的有效陈述。其中项是某种迷信式的命令观……………… 211

第八节 表明混淆存在的诸种法律理论…………… 216

一、人们对与道德义务并行的法律义务观所持有的见解 …………………………………………… 216

二、关于国家权威机构自身义务的假定 ………… 224

三、关于以国家权威意志为基础但仍对他人权利有效的法律义务的理论 ……………………… 228

四、命令理论认为，当行为与法律实际内容冲突时，执行强制在财产法领域中预设违反命令。究其原因，是因为常识正义观要求如果强制是正当的，那么必然要有违反义务的情形。而这混淆了被法律意志命令的属性与常识正义观所理解的作为义务的属性。意志宣告理论则认为强制预设的不是违反个人义务，而是对某种人们所需要的抽象权利状态的侵犯。同样，基于常识正义观的要求以及这种理论犯下的混淆，它是一种站不住脚的辩护 ……………………………………… 236

五、常识正义感要求，惩罚只有在义务被违反时才是正当的。宾丁的刑法规范理论未能对实在法给

　　　　　予充分考量，这与该理论依赖于常识正义感的
　　　　　要求并犯下了同样的混淆有关 ……………………… 250
　　　六、混淆还构成如下理论的基础，即根据常识正义
　　　　　观对法律规则进行解释和补充体现出立法者
　　　　　真实意志 ………………………………………………… 256
　　　七、基于同一混淆，施塔姆勒被迫将法理学等同于
　　　　　它的对象 ………………………………………………… 260
　第九节　在不融入异质因素的情况下一以贯之地贯彻
　　　　　意志理论会剥夺它具有的真正的科学意义，
　　　　　即阐明在现实生活中发挥作用的不合乎逻辑
　　　　　的思想 …………………………………………………… 267

第四章　凯尔森的法律与国家理论 ………………………………… 274
　　　（对凯尔森《法与国家的一般理论》之述评，1925年）
　第一节　凯尔森的实在法通论 …………………………………… 274
　第二节　特定问题 ………………………………………………… 296
　　　一、主权 …………………………………………………… 296
　　　二、国家的功能、形式与机构 …………………………… 308

第五章　私法领域中的意思表示概念（1935年）………………… 317
　第一节　当私法领域中的某一事实被描述为意思表示
　　　　　时我们会面临什么？ ………………………………… 318
　第二节　在"意思表示"中意图和宣告之间可能出现的
　　　　　错误偏差 ……………………………………………… 323
　第三节　关于意思表示是意志宣告这一观点的历史成因 … 326

第四节 在私法领域中,当某人意图通过意思表示创设相关权利义务时,他心中所想为何? …… 332
第五节 在超自然意义上人的哪一部分被赋予了权利或施加了义务? …… 340
第六节 论"意思表示"法律有效性的法律基础 …… 344
　一、意志理论 …… 344
　二、信赖理论 …… 350

第六章　论法律的基本问题(1939年) …… 363
参考文献 …… 381
人名索引 …… 391

第一章 概览

（本书序篇：《一般罗马法观念下的罗马式的义务概念》，卷1，1927年）

假定某人在法学中使用财产权与接受服务权这样的概念，例如，基于服务合同某人对他的邻居拥有权利，或是基于先期付款合同拥有受偿权。看起来，我们是在与一些意义明晰的东西打交道。看上去，至少每位成年人都明白那意味着什么。不仅如此，即便小孩因玩具争吵不休，他们也非常确定玩具有所归属。"这匹小马驹是我的，不是你的！""别碰那个东西，那是我用钱买的！"因此，看上去在解释权利究竟是什么的时候并无特别困难。然而，如果某人发现一本法学巨著旨在确定这些概念的意义，并囊括所有相关不同观点，那他定会惊讶至极。是什么导致了这种困难？

首先应当注意，这个问题相对而言是新问题。因为在古罗马法律文献中，我们只能发现这一问题的蛛丝马迹，而不能说对该问题存在任何实际的科学争论。而当下现代科学的整体氛围使得对该问题的关注与日俱增，因此，这才使得现代法理学会仅仅适用那些与事实一致的概念。然而，一旦某人想要确定与这些观念对应的事实，立马困难重重。假定我对某间房子拥有产权。看上去仅有的事实就是，只要我或者我的前手没有采取任何导致我丧失保护的行为——如我抛弃房子或将房子作为抵押却无力还债,那么国家就会对我对房子的控制提供保护。然而,困难旋即而生。我们刚刚谈到的事实真的与我们理解的产权相符吗?应注意,除非我实际丧失对某物的控制,也就是说,除非他人无法将其占有建立在任何相关法律行为之上,否则国家根本不会作为保护者采取行动。但是,财产权看上去是针对物本身的权利,即针对不特定人而保持占有效力的权利,那国家可以保障这一点吗?当然不行。国家所能做的只是在房子被他人控制时让我能将它收回。此外,又是谁令产权之归属取决于房产证的证明呢?在法律诉讼中,仅当我能提出证据,我才能获得法律保护。应当注意,当小孩主张其对玩具的权利时,他肯定不是在要求国家保护,也不必然要求父母保护。明显,他通常期望的仅仅是对玩具施加某种影响,并赋予自身占有以力量。我们发现,国际关系同样如此。每个国家,大体都没有外在保护,而一旦发生冲突,它就会主张权利从而在道义上削弱其他国家而表明自身优势。为权利而战,更为英勇。主张法律意义上的私有产权与这种自然权利观无涉是站不住脚的,因为其中的历史联系显而易见。

因此,我们要想认定该问题所涉及的事实,必须另辟蹊径。现在人们常说,某人对某物具有产权意味国家命令其他不特定的非权利人(即没有通过特定法律行为获得所有权的人)尊重此人对该物的所有权,而且,万一有人不服从命令,那么国家将在所有权人主张权利的情况下,为保护其利益而采取强制措施。但是,请考虑一下这一日常产权纠纷。双方当事人都认为自己有权利。由于违反命令意味某人知道命令存在,故此时无人违反命令。但假定我坚信自己有权利，且国家未命令我将某物归还对方，那我就根本没有违反命令。在这种情况下，我从未收到对我发出的命令，就如同命令从未针对我而作出。一个命令，如果没有到达其想要针对的那个人，那它就只是空话，而非真实命令。但是，虽然没有违反命令的情况发生，甚至根本没人收到命令，但国家机关仍可根据司法裁决强制败诉方返还他所占有的他人财产。其中的根据是，胜诉方的权利受到了侵害。因此，财产权的本质并不在于这一事实，即国家命令不特定人尊重所有权，并在命令被违反且所有权人主张权利时威胁以强制措施保障所有权人的利益。

显而易见，在确定与所谓产权符合的事实时，存在难以克服的困难。

如果我们要试图确定与所谓对人权——即要求义务人作出某种行为的权利。例如，完成某项工作或是定期偿还债务——符合的事实，那更是棘手。此处，看上去根本无法诉诸国家保护。因为，显而易见，除了确定未履行义务的折算金额，国家通常"无所作为"。国家无法保证义务人将向权利索赔人实际履行。此外，这里也会发生与财产权同样的情形。证明权利可能存在并非权利实际存在的前提，而只是获得国家保护的前提。

因此，此处的尝试同样意在表明，权利是由国家命令以及命令被违反时的强制所构成。国家对义务者施加命令，令其履行义务，且在他未履行义务时，强制其应索赔人要求予以赔偿。据说，这就是权利主张的内容。但是，此处我们同样会遭遇在解释产权时的那一困难。在权利主张诉讼中，败诉方通常对官方命令并不知情，因此，对他而言，即便他确实接收到一个真正的命令，也根本不存在违抗命令的问题。此外,他之所以被迫赔偿,是因为胜诉方的权利受到侵害。最后,我们必须注意,下述对命令理论的反驳也同样适用于上述两种情况。如果存在官方命令,那么每一个侵权都不是对个人权利的侵犯,而是对国家命令发布权的侵犯。但是,我们总是假定存在与公权相异的私权。因此,私权冲突问题就排他性地转化为对个人权利的侵犯问题,而非对国家权利的侵犯问题。

无论是在权利保障还是在命令发布中,我们都无法在外在权威中找到想要找到的事实基础。此外,另一方面,我们也无法找到据说与产权或权利主张观念符合的任何其他事实。在找寻与权利观念符合的事实上所存在的无法克服的困难,迫使我们不得不假定根本不存在这些事实,并且我们所关注的这些观念也与实在无关。

此时,将这些观念与我们的道德是非感联系起来颇为诱人。人们可能会说,产权意味着只有所有权人(除了根据特定协议授权他人的情形)有权按其目的使用财产。但假设我们赋予"有权"一词的意义,仅仅是指所有权人如此使用财产并无犯错,那么困难又出现了。因为,人们普遍认为,产权意味着权利受国家保护,或至少意味着所有权人自己可以捍卫权利。但是,这样一种权利又几乎不可能从这一事实中推出,即合法所有者本人基于自身目的使用财产并无犯错。就此而论,从他人侵犯我的财产意味着他们在犯错的这一事实,并推不出在那种情况下他们应当受制于我。必须补充的是,人们普遍认为,所有权人可按其意愿使用其财产的权利,仅仅是财产归属于他的这一事实的后承。但是,既然财产不像臂膀那样属于他自身,那就是外在于他的东西,故必定总存在某种

第一章 概览

力量控制着财产,而它本身却不属于这种真正的力量。要从这种力量中理解保护权,我们必须假定,这种力量全然独立于所有权人是否拥有实际权利。

假设我们赋予"有权"一词的意义,仅仅是指债权人在主张归属于他的权利时并无犯错,同时,如果对方当事人无力偿还债务,那么对方犯错了。于是,权利主张无法被还原为有权要求对方当事人做某事的这一事实就更加清楚了。此处的要点是,债权人可以要求某种东西。此点以对对方当事人的控制为前提,且又无法还原为这一事实,即如果他表达其愿望,那么他无犯错,而如果对方当事人对此置之不理,那他就做错了。

因此,看上去我们在使用"产权"和"权利主张"时,意指的是不同于自然力的实际力量。这种力量属于另外一个世界而非自然世界,而立法以及其他形式的法律制定则恰恰从中释放出来。国家权威机构可能只是在将这些力量内化为实在的这点上有所助力。但在国家助力之前,这些力量就已存在。因此,我们才能明白为什么坚信自身是有权者的人能够更好地维权。在这种情况下,我们从能够获得支持的背景中感到了神秘力量。现今,在由科学促使形成的普遍要求的支配下,现代法理学试图找寻那些与被信以为真的神秘力量相符的事实。然而,由于根本不存在这种事实,因此,其中困难,令人绝望。传统观点禁锢着我们的思想,我们则试图将其纳入至现代思维框架之中,而这种做法之所以无法成功,是因为两者本不契合。

在法理学中,法律义务概念通常在私权领域中被视为对应于权利概念的概念,相较于权利,它也有类似内容。但是,也有人试图将这一概念还原为某种事实关系，或是将其描述为由立法权威所表达的特定意志。此处，就权利而论，一直存在两种可替代路径。

有人主张，义务就是立法权威所宣布的行为，如果未能实施这些行为，那将引起一些加诸于过错方的反应。但是，很容易发现，这一解释与我们讨论概念的意义并不符合。根据这种观点，确定个人法律义务的所有规则关涉的是立法权威或其机构，因此，这些规则就与法律程序调整规则类似。但是，千百年来，私法规则与法律程序调整规则泾渭分明，前者对私人间的相互关系有效，后者则适用于立法权威及其机构。这一区分的重要性在罗马人那里不言而喻，只要"*oportet*"（应当）这种私法义务在诉讼中遭致最轻微的不利，即便其没被违反，那它也是存在的。裁判官可以拒绝原告的诉讼，或是赋权被告以使其可引证为豁免（*exceptio*）理由。后一种路径认为，尽管义务丝毫无法令"*oportet*"这种私法义务无效，然而，只要提出的事实被证明，就可驳回针对被告的诉讼。且即便裁判官没有以任何方式违反他所承担的公法义务，这一情形也可能发生。不仅如此，情况可能恰恰相反。即便在私法上，"*oportet*"受到侵犯，裁判官可能还在法律上有责任拒绝原告诉讼或是授权豁免。在现代法理学中，私权与法律诉讼权利的区分，在对既判力的普遍观点中显而易见。此时，人们往往始于这一立场，即实体权利以及由此导致的被告的法律义务并不受案件结果影响，因此，即便针对被告的案件被驳回，但其法律义务依然存在。虽然，这在实践上已无关痛痒。在这一方面，它甚至与自然义务（*naturalis obligatio*）都

第一章 概览

无法等量齐观。① 法律义务独立于立法权威对违反义务所给予的反应,这在法律制裁领域中尤其清晰,因此,此时与国家最高机关的宪法义务毫不相关。例如,某种犯罪可能已过追诉时效而不应罚,但这种犯罪即便在法律上不应罚,也没有人会反对它依然违反法律义务。②

在法理学中关于法律义务的第二种解释是将义务还原为立法权威所发布的命令。然而,这会导致与人们试图根据立法权威针对对方当事人所发布的命令去解释权利时所发生的同样困难。诚然,法律义务对违反者有所影响,可即便违反者对立法权威的命令毫无知晓,义务在某些情况下依然可以存在。即便在刑法领域,出于罚之有据,要求意志行动存在才可构成法律义务之违反,但这仍无需以知晓国家禁令存在为前提。但是,除非某人接收并已知晓直接针对他的命令,否则对他而言并无实际命令存在。而如果命令已向他作出但并未达致,那至多存在的是劝告。

从前述观点我们必然得出:法律义务概念无法通过指涉事实而获得定义。与权利类似,它亦拥有某种神秘基础。看上去,法律义务意指某种关于特定行动的义务,其成型于立法或其他法律制定形式,并独立于任何实际权威而存在。立法权威之干涉,只是对某人忽视履行义务行为的反应。

然而,通过指涉道德领域中义务概念的意义去阐述其心理内容却是可能的。此时,我们会这样理解具有这种属性的特定行动,

---

① 其中联系请参见作者的论文《刑法理论中的自然法》(Natural law in the theory of penal law),载《瑞典法律杂志》(Svensk Juristtidning),1920 年(瑞典语)。
② 参见本书下文第 233 页(注释中所涉"参见本书"页码,即本书边码,后同。——译者)。

即某人独立于任何权威限制而有义务做某事或不做某事。某人会说："因此，我应当这样做"或"因此，我不应当这样做"。假设为了解释这种"应当"，某人要么试图将其还原为公共意见的要求（自洛克起这种观点在英语作家间很常见），要么将其还原为赞同或反对这样的道德情感，那么，他就犯了与法学家试图将法律义务的神秘概念还原为某些事实关系一样的错误。然而，在我们决定何为对错时，诸多公共意见或个人的道德情感决定都可能与此相关。可事实依然是，我们不会以它们中的任何一个意指"对错"。我们会认为"对错"的意义是与人相关的某种独特的行动属性。就算公共意见会对个人的是非观施压，但显而易见，如果公共意见对个人的要求具有道德意义，那它本身就预设某人已经应当或不应采取这样或那样的行动。类似地，像"赞同"或"反对"等道德情感，即便我们理所当然地认为是这些情感反应促成了我们的是非观，但其也仅当人们相信特定行为是正确或错误时，才会指向那些行为。当法理学将法律义务的内容混同于这样的事实——无论某种高阶权威可能被视为何物，它都是（至少对制定法而言）我们法律义务观以及违反法律义务规定所导致反应的决定因素——的时候，它也犯下了类似的混淆错误。

对于此点，普遍存在表达不清。我们可援引克拉克在《罗马私法史》（History of Roman Private Law, 1914）第二章对该问题的论述作为例子。一方面，他认为道德意义上的"权利"属于"表达道德赞同观念或反对观念"术语类型（第629页）。参照第632页，道德意义上的"特定权利"被视为"源于社会常情"。这似乎暗示这种情感之存在被认为与道德是非等同。但另一方面,他又将同一种情感视为事关"道德权利义务"的惩罚。在谈及它们时,他认为人类共同体的"普遍良知保障并实施"了它们(第 630 页)。因此,尊重他人生命是正确的,不尊重他人生命是错误的这一事实就意味着共同体赞同前者、反对后者。但是,这种由共同体所体现出来的赞同和反对的力量与效果本就源于赞同或反对自身。权利变成事关自身的惩罚,惩罚概念将因此失去所有意义。显见,如下两种概念一直盘旋在克拉克脑中。一方面,道德上的是非概念("这是应当做的,而那是不应当做的")通过某种联想过程由"共同良知"确立,但却不源于"良知"概念;另一方面,个人受制于"共同良知"而趋善避恶。

此处不必深究道德义务和法律义务之区分就足以令人注意下述事实。在涉及国际法时,我们可能会排除诸种义务。因为,它们与道德义务之间的区分并不像国内法义务与道德那般泾渭分明。人们对这一区分的第一印象往往是:某种特定的法律义务属于某一义务体系,而该体系被认为仅在某种获得清晰界分的共同体内有效。这些义务,至少就其所关涉的个人而言,它们总与其他人的某种权利互联从而施加外部限制。如果这些义务被违反,国家是否伸以援手,在所不论。但是,我们必须补充,下述概念与那种大幅限制有效性范围并具有相应强制权的义务体系观联系紧密。像法官这类人,就具有设定可约束个案之义务的权责。

然而,在此必须补充下述评论。假定法官的存在对清晰界分个人间的法律义务和道德义务至关重要,但司法权威之存在仍然是在全然独立于法官的意义上,在这两种义务之间预设了某种抽象的概念区分。第一种义务关涉个体对其他人的权利关系,其事关违反义务时的外在限制。第二种涉及个体间的相互关系。当然,在原始社群中,通常的情况是,法官决定何种义务携带着影响他人的强制权。但是,法官决定某某东西是义务的事实从未构成其独特的法律品格,因为其属于法(jus),而非道德上表明崇高之人(bonus vir)所作所为具有的正当(honestum)、平等(aequum)和善(bonum)。对法官而言,他仅仅是在决定何者为法的意义上决定什么是权利。这一情况会在一些个案中直接体现,而在另外一些案件中,则可能借由其判断的权威性间接体现。人们总是认为,即便法官极为善于根据法律的要求断定什么是法,法也是独立于法官的。认为这体现了原始社群的法律制定图景(正如克拉克所做,见前书第二章第102页及其他),仿佛法官面对的是一个在整体上毫无区别的公共道德,其阐述赋予其中某些特定因素以法律力量,这是错误的。因为,就公共道德而言,它包含着与崇高之人匹配相关且无需诉诸强制权的一些因素。法官如果阐述这些对应义务,那么他必须在其宣判中明确表示这些义务不具有法律品格。作为权威,法官可能并无资格将公共道德中涉及强制权的部分并入为法,因为它已被视作为法。当然,这并没有排除这一可能性,即无论是否借助有权

"颁布法律"的特定人，法官都可能将之前仅仅是道德的义务宣布为法律义务。这样，他就将自己建立在某种超越公共道德所具有的高阶智慧之上。而克拉克的立场会导致如下后果：他要将惩罚附加于违反在公共道德中被视为义务的那些义务。然而，这些义务本身却不意味它们被违反时会导致强制执行权。而这与法官凭借那种能力行事时发挥的是立法统治者的作用这一事实截然不同。

最后，必须注意，当法理学错误地将它所具有的法律权利义务神秘观念还原为强力意志的真实表达时，它仅仅是以某种没有现实基础的东西去解释毫无实在根据的观念。因为，那种在法律中表达自身的真实意志根本无法获得事实确证。

这是怎么一回事呢？是君主制国家中的君主吗？然而，即便大多数法律法规是因君主正式批准而在共同体内有效，但他通常对此并未察觉。但是，有人可能会追问，难道君主一般不都是期望已经颁布的法律获得遵守吗？如果这就足够了，那么法律的内容就肯定不必然是君主意志的表达。此外，君主总会保有这种不切实际的心愿吗？例如，他自己就可能同情违法者（比如说违反婚姻法或战争法的人），甚至有时自己也可能违法。然而，无论如何，在奉行法治的君主国中，这些法律依然是有效的。但有人可能会说，此处的问题并不是关涉作为具体人的君主，而是作为理念人的抽象君主。这明显是个虚构：君主并不是那种能抓耗子的具体的猫，而是作为一种猫的理念体现在所有猫当中！

在议会制国家中，是议会的意志构成法律细节并因此将其转化为实在法吗？看上去，并非很多议会成员期望看到现行法在所有细节上都获得支持，恰恰相反，他们真心希望法律在某些案件中不起作用！难道议员就不会违法吗？然而，也许有人会说，从法律的视角看，大多数人的决定就是议会的整体决定。因此，从法律的视角看，所有成员都希望已经通过的法律会具有法律效力。此处的虚构显而易见。所谓大多数人的决定（严格地说是大多数投票成员的投票方式）根本无法保障体现在法律中的大多数人的意志在所有案件中获得支持，更别提整个议会的意志会产生那种效果。而法律会运用虚构的这一事实，也无法令这种错误观点变成是正确的。在议会制国家中，又是何种权威意志在议会间歇期构成法律细节呢？是位于四处的成员吗？但是，他们明显没有决定法律效力的任何权力。因此，在涉及实在法的有效性上，他们的意志并不重要。是国王或总统这样的议会全权代表吗？然而，他又如何代表一个本不存在的议会呢？难道是因为国王或总统自身期望如此，所以他就自动获得权威而可维护实在法吗？但是，他并没有制定新法和废除有效法的权力，那么，他们的意志又如何在一般意义上与法律有效性相关？

此外，说议会在议会制国家中是主权权威究竟意味着什么？是由"人民选择"形成——即借由某种规定好的投票方法决定议会构成——的议会基于投票结果而制定出实在法这种实在吗？毫无疑问，宪法规则会借助群众心中的权力观促成这一结果，即群众假定议会在实在法的制定中是主权权威或国家主权的承载者。而议会通过法律、任免行政人员等行为，皆与此相关。但即便宪法理论在宪法规则这一事项上与其表达模式一致,也没有证明议会仿佛是基于某种统一意志行使主权。因为,没有任何关于这类东西的主张可以建立在经验基础之上。除了投票结果所导致的相应法律变化外,从宪法在人民心中的力量根本推不出什么可由经验检验的东西。此处,真相全然独立于人们是否表达以及如何表达这一系列事件。例如,某人可选择把权力与将"议会"视为某种强大意志的拟人化概念联系起来。对宪法而言,当涉及真与假时,宪法对此并无权威,且当宪法科学接受那些被宪法视作理所当然的无根据的虚构时,它也同样会变得毫无权威。

但有人会说,法律表达的并不是特定个人的意志,也非一群人的意志,而是国家意志本身。但国家除了可以是由"法律规则"所构成的共同体外,还能是什么?例如,假如不存在确定公民相互关系、由法官和行政权所支持的法律规则,那么除了剩下一群人之外,国家还能是什么?因此,法律本身又如何能成为国家意志的表达呢?

> 胡贝尔(Huber)在《法律与法律实现》(*Recht und Rechtverwirklichung*,1920)中谈到了共同体在转化法律权威时对其成员的一种自然权力。"这种权力本身是某种自然存在的东西。它既存在于那些联合者的力量之中,也存在顺从这一事实之中。人民心中的集体意识创造了这种服从能力。这种权力并非由法律创设,但共同体却将这种事实的权力转化成法律权威。"(第224—225页)为了理解这一论述之谬误,仅需读读胡贝尔的下面这段话。"一个有法律的国家(原文如

此)仅仅基于人们在人类社会中共同生活这一事实而存在。因为,从局内人想要过上共同生活所要满足的必要条件来看,即便是原始社会,如果没有一些规制共同体共同生活的规则,那也是无法想象的。根据共同生活者的权力和特性,在社会中生活的这种能力创造了一种作为自然事实的规则体系。某些人天生就服从于另一些人,并意识到这是必然的。"(第245—246页)就共同体权力内在地施加于成员之上而言,它除了表达顺从于那个对共同体有效的规则体系(特别是一些人臣服于另一些人的特定规则)之外,"共同体权力"还能是什么? 这些规则在原始"共同体"中并未得到明确表达,这一事实又如何剥夺它们的法律品格呢? 在这样的条件下,毋庸置疑,我们谈论的权力只能建立在对共同体有效的法律之上。假定共同体权力将自身转化为法律权威是非常荒谬的。毫无疑问,一个残暴的政权也能创制出一种将它自身作为积分因子而纳入其中的法律体系。但如果说是共同体的固有权力造就了自身的法律品格,那就错误地描述了这种情形。

此外,如果某人拒绝把国家视为人的这种神秘观念,那么"国家意志"除了是以共同目的联合起来的公民的意志之外,还可能是什么呢? 如果说国法是国家意志的表达,那么这种说法明显就与实际情况不符,因为这样我们就必须放弃考量所有的有意违法者和既有法律体系的反对者。虽然反对者没有试图发起革命,但是他们之所以还遵守法律是因为他们知道无法革命成功,说这些人的意志体现在法律当中毫无道理。虽然他们出于自身利益认为遵守法律规定是明智的,但他们丝毫没有支持共同体法律整体的意图。我们必须谨慎,千万不要混淆支持法律整体的倾向与关涉自身利益的屈从。事实上,难道多数公民不是因为觉得法律对其具有影响(即动机驱动,此点我们将在后文讨论)而遵守它吗?否则,他们为何从不对维护既有法律完整的重要性予以反思呢?那么,我们能在什么地方找到那种指向法律体系整体的意志的共同方向呢?我们真的能找到针对那一目的的大多数人意志吗?所谓作为法律载体的国家意志只是一个幽灵。

对此,或许有人会提出反对:作为整体,法律体系毕竟是被维护的,这难道没有预设社会对法律的一般态度吗?但是,反对者在此忽视了那些千百年来通过继承传播而形成的一系列情感的意义。这些情感以某种方式依附着共同体规则而存在。例如,借由人们的惯常使用和习惯,借由"人民议会"或民选代议机构的决策,或是借由人民所承认的君王的正式决定。这些情感可分为两类。一种是对人造成约束影响的义务感,二是极为强烈的权力感,其与获取法律规则所赋予的权利优势地位有关。前者旨在制约行动,后者则为争取那种优势地位释放特殊能量。根据法律规则,共同体由上级与下级组成。上级拥有监管下级的职责。因此,很明显,基于义务感以及强烈的权力感,上级通常会反对下级违反法律,而这与他们将自身权威视为权利相关。对此必须补充的是,侵犯他人权利的个人,会使自身遭受对方的反击。因为,对方通过某种特定的权力感而拥有某种特殊力量,而这又与权利观念相关。于是,除了刚刚提及的这组情感,即对同胞反应的畏惧,这还会导致另外一种心理影响。因此,某种极为复杂的情感驱动着整个法律机制的运作,而它却不受到应当制定何种法律这一观点的影响而独立运行。如果某人基于这种影响而构想法律体系的独特之处,那么共同意志将直接指向一般意义上的法律维护,而他则会进入诗意境界而非实在领域。

对此,某人会说,即便法律不是对国家意志的直接表达,也是借由国家机构对国家意志的间接表达。是国家机构,体现了(或正如耶利内克所说创造了)那种意志。但是,这实际上是说那种构成法律基础的国家意志仅仅是一种虚构:所谓国家机构意志,是法律所表达的唯一真实的意志。如果国家意志只是由其"体现",那这仅仅意味着虽然国家机构意志并非国家意志,但我们只能用它去代表国家意志。如果你认为国家机构的意志"创造了"国家意志,最终结果同样如此。因此,除了那些构成国家机构的人的意志之外,根本不存在某种单独的国家意志。正如我们之前所展示的,认为国家机构人员的意志承载法律是错误的。

现在,我们已经讲清楚了,如果按照现代科学所形成的要求——试图展示与典型法律权利义务概念相对应事实——去推进,那么法理学会发生什么。一方面,正如那些概念的实际使用情形那般,我们根本没有发现与其对应的事实;另一方面,其还诉诸于某种仅仅是表面意义上的经验对象。因此,这已表明,我们讨论的权利义务概念不能还原为任何实在。因为,这些概念实际源于人们对神秘力量和约束所秉持的传统观念。

然而,倘若如此,研究这些观念在法律体系或法律科学中的本质就必然是重要的。因为,与现代法学结构(即罗马法)中的其他任何因素相比,它们都被认为是最为基础的。在那里,我们或许可以期望发现那些观念更为幼稚的体现形式。受现代科学整体大趋势的煽动,法学家试图将他们运用的神秘观念的内容还原为实际存在的事实,可这必然产生思维混乱!但是我们或许仍可期望找到解脱之道。

第二章　实在法是对意志的表达吗？
（1916年）

17　在法理学确定"实在法"内容这个意义上，本研究关注的是它的对象。然而，我们将只讨论某一社会中的现行法。后文则在此限之下使用"法律"这一表述。

有时，人们认为法律在实质上是理论认知对象，即某种可由认知所确定其真实存在本质的对象。然而，有时人们又认为法律在本质上仅仅体现为某种评价感，即与实在的实际构成无关的某种"应当意识"。在第一种情形下，法律被假定为某种实际存在的东西。例如，某种在实践中切实展开的行为规则系统，或由某种意志所提出的要求。在第二种情形下，法律被视为由有效原则所构成的特定系统，这些原则应当被绝对或有条件地遵守。例如，如果认为法学关注的基本概念是那些体现在常识正义观中的权利概念以及对应的义务概念，那么就属于这种情形。

也许，在现代法理学与法哲学中，最为普遍的是下面这种观点，即法律是体现某种意志内容的实际存在，其在社会中被赋予力量和效力，而意志内容则以某种特定方式被表达。因此，法理学事业就是确定潜藏在法律声明指引下的意志内容。当然，这一观点所强调的法律实证性会与自然权利理论龃龉。例如，我们在阅读纳格勒（Nagler）1911年出版的《违法性学说的现状》（Der heutige Stand der Lehre von der Rechtswidrigkeit）第27页时，就可以读到下面这段话。"现代法理学最终超越了这一虚构：某些权利先于国家而存在（即权利化身为实在法前就已存在），即便没有与权利对应的任何规则，它们依然存在并转化为世间秩序。这把所有主观权利都引入至潜藏在权利所有者意志背后的法律意志（原文如此），而所有者的全部力量则源自法律意志。"

此处，我们将研究贯彻这种理论的可能性。同时应注意，此处讨论的问题明显不是法律如何通过人类意志而产生的问题。此处事关实在法本身，而无论其如何产生。法律是像当下法理学所分析的那样存在吗？法律是上文所暗示意义上的意志内容吗？当然，确定法律的起源条件丝毫没有解决其本质特征问题。基于此，某种机制当然可因人类意志而产生、生效，但研究机制结构和运作模式并不是对相应人类行动的研究，而是对根据自然法则以某种方式运行的外在本质的特定有限部分的关注。

第一节 由法律决定的意志

首先，我们要驳斥一种理论循环。这种理论认为，以某种方式所表达的意志内容构成法律，而意志本身又由法律决定。我们可援引这一观点为例：法律是国家意志内容的体现，而法律又决定国家是具有法律人格的权利义务主体。特别在现代德国法学著作中，这样处理法律的方式极为常见。此处，援引此种观点的两种典型说法足矣。哈特曼（E. von Hartmann）认为，法律要存在，需先有某种"被视为法律主体或道德主体的集体实体存在,并且其本身就拥有自身意志以及确立和表达该意志的宪法机构。换言之,在最宽泛的意义上,法律秩序预设国家。"[1]但是,如果国家是法律意义上的人,它自然要反身预设法律存在,那对法律概念的分析就陷入了循环。

在凯尔森1911年的《公法理论中的主要问题》一书中,情况同样如此。在第40页我们看到:"毫无疑问,法律规则始于某种一开始就超越个人同意且施加其身的权力,而个人则因这种实际存在的事实控制臣服于权力。这种权力就是国家。"在第41页至100页间,国家又被描述为"规范性权威""法律的载体、法律秩序的主体"。这使得法律与自律道德大相径庭。"只有在法律中"(此处的法律意指法律规则),"国家才能在特定情况下通过意志去惩罚、去强制偿还、去支持军队、去建造街道……"(第176页)。在第189页他则写到,法律规则将自身体现为"对国家意志的表达"。从上引章句来看,似乎可以推出法律规则被视为国家意志的表达。还是在第189页,凯尔森认为其书主要观点是"所有法律都是国家意志"(参见第406页)。但在第179页,我们则获悉,国家意志仅"在伦理—法律的视角中"才存在。并且,根据第183页,法律规则位于这种视角的基础之上。"当说法律包含国家意志时,这仅仅意味着法律决定了那些由国家'意志'支持且被视为国家行动的实际情形……"此外,凯尔森特意指出,在法理学中,国家"意志"绝非心理事实或实际存在的任何事情(例如参见第6章)。但如果那样的

---

[1] 《道德意识》(*Das sittliche Bewusstsein*),第二版,1888年,第401页。

话,就会得出这一观点:一方面,法律规则概念要根据国家意志加以定义;另一方面,在运用国家意志谈及法律规则的基础意义上,其本身又是一个法律概念,因此,缺乏法律规则概念则无法对国家意志加以定义。

然而,我们或许可以把这类将国家意志视为法律基础的表述当作是判断错误,而将讨论限定在第413页的定义上,即法律是对国家条件性意志(conditioned volition)的真判断。如果那样,很明显,法律规则概念就预设国家意志这一实体。但另一方面,整本书都充斥着这样一种观点,即国家意志仅在法律规则的范围内存在。因此,国家意志概念本身又预设了法律规则。[①]

第二节 "集体"意志观或"共同"意志观

为了避免定义法律时导致上述循环,理论家通常采纳这一观点,即在法律构成的"国家机构"之上,还存在某种真实不变的"集体意志"或"共同意志",它在法律中以某种特定方式表达自身。这种学说部分源于自然法学说,部分源于历史法学派和黑格尔。通常,这种观点总是在未被深入讨论其意蕴的基础上被接受。[②] 首先,我们将考量自然法学说对它的解释,据此,集体意志是系争社

[①] 关于这种观点所存在的循环,可参见谢恩贝里(Stjernberg),《论所谓的纯粹经济范畴问题》(*On the question of the so-called purely economic categories*),1902年,第89页及以下诸页(瑞典语)。对凯尔森理论的进一步批判见本书下文第257页。

[②] 例如,参见索恩(Thon),《法规范与主观权利》(*Rechtsnorm und subjektives Recht*),1878年。

会中所有生存个体的共同意志。例如，在霍尔德（Hölder）1893年的《论客观法与主观权利》(*Über objektives und subjektives Recht*)第12页及以下诸页中，在豪德·冯菲尼克（Hold von Ferneck）1903年的《违法性》(*Die Rechtswidrigkeit*)，卷1，第80页与275页中，以及比尔林（Bierling）1894年的《法律原则理论》(*Jur. Prinzipienlehre*)卷1，第149页中，都以这种方式解释此概念。对此，我们先考察一下（边沁、奥斯丁、耶林、温德莎伊德、索恩、比尔林、加雷斯等人）所谓的规范性理论是如何运用"共同意志"这一法律主题的。法律可被视为一种以某种方式表达且由上文提及方式所构想的"共同意志"颁布的命令体系吗？

即便某人忽视下面这种特定的荒谬情形，即假定个人可对自身发布命令，且将共同意志命令与法律的关系限定于个体要求其他所有人遵守某种行为规则之上，这一概念的荒谬性也显而易见。

第一，个人是否会要求其他所有人总应遵守法律规则，此点根本无法确定。通常，犯罪分子会强烈期望法官将其定罪吗？第二，个人并不对其所在社会的法律规则有完整了解，因此，他无法要求这些规则总被遵守。毫无疑问，有人会声称，共同意志并不要求法律规则被事无巨细地遵守，因此，它并不需要人们完整了解法律，而只要求对那些具有某种形式特征的规则加以概括式遵守。为论证之便，假如我们忽视在这一整个假设论证中的纯粹虚构因素，[1]那么，同样没有任何特定法律规则可成为共同意志的要求。因为，

---

[1] 关于这一话题可参见齐特尔曼（Zitelmann），《普通法与过错》(Gewohnheitsrecht und Irrthum)，载《民事实践档案》(*Archiv für die civilistische Praxis*)，卷66，第373页。

根据这种观点,法律规则的具体内容并非由那一意志决定,共同意志对其无关紧要。

然而,有人可能会认同这一主张,即在法律权利拥有者向他人践行权利时产生了实际的法律。但是,此处原告通过主张权利而有意识地要求他人以某种方式行为的做法,明显预设现行有效法的存在。

然而,意志理论并不总是将法律理解为命令体系,其还会部分或完全地将法律理解成涉及裁决内容并体现其中意志的宣告体系。① 但出于类似理由,那些在上述意义上将法律视为为体现给定宣告"共同意志"进而拯救规范理论的努力也注定会失败。无论你我,还是其他私人个体,在法律制定方面,都无法作出任何对共同体成员具有意义的宣告。此外,共同体内的活跃成员无法总是整齐划一地受制于法律。在违法情形中,这种意志的缺乏将体现得最为明显。此外,并非有所人都了解法律,也并非所有人都将其视为宣告。

事实上,所有法律意志理论都可化约为上述两者——规范性理论或宣告性理论——之一,或是两者之组合。因此,在刚才讨论的意义上,当将我方才针对那两种理论所做的批评运用于"共同意志"思想时,所有将共同意志视为法源的理论也会遭致批判。例如,假如某人遵循邓恩伯格(Dernburg)对客观法的定义,将其视为

---

① 例如,可参见霍兰德和凯尔森所持有的纯粹宣告性理论,私法领域则参见宾丁(Binding)和舍格伦(Sjögren)。

"由共同意志所主张的法律关系体系",①那他就必须认为共同意志需要借助特定机构才能维护那一体系。但是,为了实现那一目的,必须首先表明共同意志所期望维护的体系。这种情况当然可能发生,但它只能借助命令或共同意志所决定的宣告才有可能。认为法律是某种统一意志的施塔姆勒(Stammler)就持有下述观点。②当法律问题无法通过参考具有法律效力("制定法")的意志的任何可确定内容得以解答时,就必须求助法律理念("社会理念")基础。然而,这样一来,某人并未超出实在法的范畴。因为,就法律意志的法律性而言,其旨在将那种理念现实化。但显而易见,一旦某人以这种方式超越意志者在命令或宣告中所主张的意志表达,那么可以确定,实际法律意志内容之确定将完全陷入恣意。就算暂且不论我们是否可以毫不犹豫地将其意图一以贯之到这种意志当中,施塔姆勒本人也承认,尽管存在那一意图,有些制定法依然会与"法律理念"冲突。事实上,即便在那一意图中,法律制定也不会体现多高程度的社会理念论。那么,当立法者并未通过命令或宣告确定任何东西时,人们又如何知晓一个实际法律意志究竟在何种程度上与"法律理念"契合呢?古斯(Goos)通过参照圣律(jus sacrum)的神秘特征而试图主张,虽然法律规则可能是"社会组织权威"的决定,但它并不必然要以某种方式公布。③但

---

① 《普鲁士私法教科书》(Lehrbuch des preussischen Privatrechts),1893—1896,第 19 节。
② 《法理学理论》(Theorie der Rechtswissenschaft),1911 年,第 636 页及以下诸页。
③ 《法理学演讲录》(Lectures on Jurisprudence),卷 1,1889 年,第 92 页及以下诸页(丹麦语)。

如果圣律是社会组织权威的决定，难道它不应当至少向关注法律适用的特定人群公布吗？当然，社会组织权威绝不会过于集中于一人之手，而此人也不可能在不通知其他任何人的情况下实施他对社会作出的外部规制决定。

然而，有时候，要描述由共同意志所维护的法律体系，却能以排除那种意志所体现的命令或宣告的方式进行。但在那种情况下，共同意志这一旨在通过维护法律体系与秩序而实现统合特定意志的思想将变得名存实亡。为了说明法律体系存在，费舍尔（H. A. Fischer）就在这一意义上使用了这种描述。一方面，社会中的多数成员必须实际遵守系争规则；另一方面，规则违反者又要遭致外部强制而承担某种因不遵守规则所导致的不利后果。[①] 然而，在大多数人中，只有一部分人"自发"遵守规则，剩下的则是迫于多数人所形成的客观力量而勉为其难。应当注意，我们至多只能认为那些自发遵守规则的人具有促成法律秩序体系的全面意愿，而那些勉为其难者，我们只能说由于他们没有违反规则的充分动机，所以才遵守了规则，但说他们普遍具有维护法律体系的意愿是绝对说不通的。因此，此处所谓的"大多数人的意志"仅仅是一个毫无意义的词语。事实上，这些独立意志在这种情况下根本不会因为某种共同目的而被整合统一，更不用说在这种理论中存在任何真正意义上的共同意志成为维护法律的力量。

在诸种被认为表达共同意志的法律规范中，霍尔德不仅囊括了"应当"的基础——命令，而且包括关于"可以""能够"（建立法律

[①] 《违法性》，1911年，第5页及以下诸页。

关系的能力)"必须"的规定。① 但是,所有这些附加规定只能被视为命令或意图宣告,亦或两者兼有。如果法律上的"可以"仅被视为许可而被称为意志规定,那这仅仅意味法律意志并未禁止某种行动,或是那种意志对行动者的此种行动置之不理,亦或两者兼有。② 如果意志规定成为"可以"的根据被视为某人的主观权利,那么它只可能意指下述两种意思中的一种,亦或兼指两者:(1)它要么是权利者要求其他人以某种方式作为或不作为的指示,且如果权利人确实如此要求,国家机构会予以支持;(2)它要么是基于权利人利益并应其要求而对其他人施加强制的决定性意志宣告。

基于同样假定,法律上的"能够"也仅具有下述意义。在特定情况下,决定性意志要么命令某人做某事,要么命令某人不做某事,或则它宣告了在特定情境下以某种方式行动的意图,亦或两者兼有。说某人"有权"做某事,仅仅是说他的行动属于决定性意志所期望情境的组成部分,且这种意志体现在上文提及的命令和宣告之中。③ 基于同样假定,法律上的"必须"仅仅是指规定国家机构以某种方式施加强制,或在某些情况下进行宣告,亦或两者兼有。

然而,那些使用共同意志概念定义法律的人通常会追随历史法学派和黑格尔的思想而把共同意志理解为一种将意志个体作为

---

① 《论客观法与主观权利》,1893年,第41页及以下诸页。
② 关于这一观点,参见冯菲尼克,《违法性》,卷1,1903年,第281页及以下诸页。
③ 冯菲尼克,同上引书,第129页。

其机构的超个体意志概念。这种超个体可以两种方式形成。它可被视为某种类似于自然有机体的精神物理性有机体(psycho-physical organism)的意志,此思路在社会学中有所体现。例如,布伦齐里(Bluntschli)、斯宾塞(Spencer)、舍弗勒(Schäffle)、富耶(Fouillée)就将社会构想为某种精神物理性有机体。个人与家庭是社会细胞,电报线是传导神经,城堡则是骨骼,不一而足。如果共同意志作为法律主体被如此理解,那么这种有机体在制定法律时,就是通过将个体作为其机构去执行决定。但是,那些决定的动机通常只是情感和表象这类纯粹感知。例如,假定君王或代表大会对无政府主义者极为愤怒,这导致了一些具有法律效果的行动,例如,出台针对无政府主义者的法律。那么,根据这种观点,这种被有机体(确实具有决定权的主体)所感知到的愤怒就是制定这部法律的动因。然而,由于愤怒也会为常人所有,因此,这种愤怒就具有某种特质。在我们假定的情况下,它就是那种对法律有最终决定权的集体有机体本身的愤怒。因此,这就不单预设了在通常意义上导致个人产生那种情感(即个人拥有的表象以及其他精神物理性条件)的精神物理性原因。在这种情况下,集体有机体的精神物理性状态是那种情感的决定因素。如果个人的愤怒仅仅是私人的愤怒而不会导致任何法律后果,那么这种情感就可以通过通常的理解方式加以解释。但如果愤怒的是君王或代表大会,且他们有权将这种愤怒转化为有效法,那么除了物质基础,我们还必须诉诸完全不同的解释根据。然而,要想假设在这两种情况下的愤怒具有不同特质却极为困难。让我们看另外一个例子。君王调兵遣将、欲战邻国,此宣告在他所治国家内形成了动员决定,且该行为具有法律效力。此处,特别是作战派遣这一宣告,驱动了国家有机体的决定。因此,国家有机体是以君王之名宣布了作战派遣。也就是说,要以君王的眼光来看待作战派遣,故对于君王之"看"则无法全然以自然方式加以解释。这不仅是指某种令人炫目的光脉冲传至大脑皮层,而且还指个体通过其精神物理性构造所形成的"看"这一行动。由于"看"这一行动基于自身而被赋予某种集体有机体,因此,要使这成为可能,这种有机体就必然要是具有某种精神物理性构造的生物,而"看"则以此构造为前提。然而,无论是个人还是君王去"看",其本质似乎皆无不同。可是,由于我们假定存在某种自然有机体式的特殊集体有机体,并认为其意志承载法律,故这种无稽之谈仍影响着我们。

然而,还有理解共同意志的另一种方式,即认为以某种方式表达的共同意志内容构成了法律。它还被构想为某种独立于精神物理性环境的纯粹精神实体,其运行于个体内部并决定个体的特定行为。那样的话,虽然个人颁布命令和作出宣告是由超个体意志决定,但依然是他们自己做出了这些行为。我们可以援引近期法学专著中的一种理论作为例子。此种理论由基尔克(Gierke)阐发,并主要由耶利内克和哈内尔(Hänel)发展。该理论认为,国家是通过机构实现统治的法人统一体。当社会统一体被构想为独立意志时,人们认为社会的内部权力组织是由某种客观目标所确定的,而掌权者或掌权组织在制定规则或宣告意图时则形成了某些原则,基于这种客观目标,凭借这些原则,社会才富有生机。只要这种目的在不同个体中保持活性,那么它就会变成集体本身的统一意志,并凭借国家机构成为真实法律体系的基础。① 现在的困难在于,集体意志与精神物理性个体之间是相互独立的。除非它本身就是那种通过个体行动而独立存在的纯粹内在事物,否则"共同意志"就会被还原为这一事实:社会成员的期望是他们共同指向的某种目的。假定法律是以某种方式表达的此种意志的内容,那么根据这一解释,其仅仅意味着由于不同个体对想要实现的目的秉持共同方向,故他们才共同接受掌权者基于共同体基本目的所颁布的法律规定和意志宣告。也就是说,我们又回到了自然法学说意义上的作为法律主体的共同意志概念之上。然而,声称集体统一体具有自主性真是一种自相矛盾啊!这种矛盾,要么是绝对意义上的,要么是相对意义上的。在前一种情况下,集体统一体与真实个体毫无关系;在后一种情况中,虽然的确存在某种自主的东西,但它又是由外在于它的事物所决定的。而在与外在事物的关系上,这种自主性实体为了自主,其必定是绝对的[(摆脱其他一切)*ab omni alio solutum*],但那样一来,它又无法处于这种关系之中。

然而,即便是该种理论最为卓越的死忠支持者耶利内克,其阐述也绝非毫无含糊。一方面,他明确否认那种相较于个体而言的自主社会统一体的意志仅仅是一种虚构。② 他认为,作为("主体"和"个体")单位,统一体绝非虚构,而是"思维上的必要"。③ 而且,

---

① 进一步论述可参见我的著作《国家与法》(*State and Law*),第 221 页及以下诸页(瑞典语)。
② 例如,《法与国家的一般理论》,第 3 版,1914 年,第 150 页。
③ 参见上引,第 143 页。

用纯粹虚构概念去定义法律,也显得不合情理。然而,另一方面,他又主张真正的法人统一体是综合的产物,它毫无疑问是必然的而没有那么主观,与其对应的是诸种相互关联意志的客观多样性,而统一体则只能借由他们的目的认同以正规方式形成。① 因此,真正存在的只是众人期望达成的共同目标的方向,基于这种共同方向,某些人制定的规定或意志宣告才被视为权威。在耶利内克的著作中,法律时常被定义为由社会成员认可之权威所颁布的规范,而此表述正是对这种观点的表达。② 倘若如此,共同意志作为法律之承载,当然就会根据自然法学说中的这一概念而被构建出来。

第三节 被定义为实际最高个人权威意志的意志

在定义法律时,要以免于循环的方式维护规范性或自我宣告意志思想的另一种可能,是把社会中的实际最高个人权威意志视为基础。在一个社会中,法律可免于循环地被定义为由独立权威性人员或其复合体所颁布的命令或意图宣告。因为社会成员一般会服从他们,所以这些人所表达的意图就会得以落实。奥斯丁以下述方式将主权者定义为所有法律的渊源。"如果某位人类统治者没有服从于类似统治者的习惯,且给定社会中的人民确有服从

---

① 例如,参见《法与国家的一般理论》,第 3 版,1914 年,第 150、157、159 页。
② 例如,参见《主观公共权利体系》(System der subjektiven öffentlichen Rechte),1982 年,第 189 页。以及《法与国家一般理论》,第 3 版,1914 年,第 303 页。

他的习惯,那该统治者就是那一社会的主权者。"① 对此,还可参见深受霍布斯和奥斯丁影响的霍兰德(Holland)的阐述。在《法理学基本原理》(The Elements of Jurisprudence)中,②他将法律规则定义为"事关人类外部行为且由政治主权权威强制实施的一般性规则"。对于梅克尔(Merkel)的思想,也应当在这种意义上理解。③ 伯罗茨海默(Berolzheimer)认为,无论是否获得被统治者的认同,正是"对统治的维护"将纯粹的事实性事态转化为法律事态。④ 也就是说,只要存在持续"统治",就存在国家,权力体系就会变成法律体系。⑤ 在鲁伊特斯基尤德(Reuterskiöld)的书中,我们读到,"只要集体机构作为外在权威,其意志得以彰显,那么社会秩序就变成法律秩序"。⑥ 这一对法律的解释并不存在循环。因为,我们会把社会权威机构理解成为"那些各自或共同行使实际持续性权力的自然人,而如果权威机构宣称那些人的意志就是社会意志,那他们的意志就会被视为社会意志"。⑦

此观点会导致如下结果。作为规制最高权力活动形式以及决定权威范围界线的宪法,必定会被视为表达权威机构(权力实际拥有者)统一意志的规则或意图宣告。因此,无论以何种方式,如果

---

① 《法理学演讲录》中的最后一讲。
② 第九版,1900 年,第 40 页。
③ 《法律百科全书》(Juristische Encyklopädie),第 5 版,1913 年,第 43 节。
④ 《法体系与经济哲学》(System der Rechts- und Wirtschaftsphilosophie),卷 3,1903 年,第 34 页。
⑤ 例如,参见第 68 页,并比较第 117、119 页。
⑥ 《法与社会的一般理论》(General Theory of Law and Society),卷 1,1908 年,第 61 页(瑞典语)。
⑦ 同上引书,第 4 页。

权威机构不愿意遵守那些法律,那么它们便失去了效力。于是,这种权力拥有者就不可能作出不合宪的行为,而规制最高权力活动以及限制其权威领域的宪法则会丧失所有法律意义。这不仅意味宪法同其他法律一样,当它们不被适用时就失去了法律重要性,而且意味宪法无法根据自身意义适用于那些最高权威。而权威机构则可随意行为,只要他们愿意,他们甚至可以任意违反所谓的基本法。然而,这却丝毫没有违反由宪法自身意义所包含的任何规则。可是,要在某种程度上维护宪法,规制所谓最高权威机构的规则必须得以实际适用。

在耶利内克和其他作者那里,国家权威会通过自身意志进行"自我约束"。这类观点谬之千里,且常被人指出,因此,我们无需浪费笔墨,大家去看看克拉贝(H. Krabbe)在《法律主权学说》(*Die Lehre der Rechtssouveränität*)中的精彩论述足矣。①

然而,依然可能存在如下问题。难道不是我们现在讨论的理论完全弄错了最高权威的实际权力与法律效力之间的关系吗?霍兰德所谓的"政治权威"拥有独立且高于任何法律的实际权力,而法律只能借由该权力获得权威,真的是这样吗? 现在,让我将论域限定在宪政国之上。正如私人要想维权,就必须诉诸实在法而向他人主张权利,如果政治权威要想令其针对社会关系所制定的规定具有法律效力,它也必须将此建立在现行宪法之上,这难道不是真的吗?请注意,君王的纯粹私人决定与政务会议的决定在法律效力上是不同的。在宪政国中,某人要获得法律权威,暂且不论方

---

① 1906 年,第 6 页及以下诸页。

式,难道不是宪法先必要获得权威吗？革命之后,存在建立国家宪法权威的问题,无论谁实际掌权,首要之事是令某些宪法规则获得实施。当论述建立新的宪政国时,同样如此。

那些制定首部宪法并给予宪法权威的权力所有者,与那些通过宪法获得权力的人极为不同,前者可能会在宪法生效后而变得无关紧要。例如,假设一股临时聚集的武装力量的首领公布并支持宪法,那么,当宪法因普遍适用——例如,宪法与国家的正义理念、人民的和平诉求大致契合,具有反叛倾向的阶层仅为乌合之众等——而获得稳定性时,首领就变得无关紧要。

萨尔蒙德(Salmond)认为,宪法的逻辑预设的是"宪法实践"或"国家事实形成的体制",只有法院实际运用的宪法才是宪法。[①]此观点以"国家权力优先于法律"这一教条为基础。但显而易见,它是错误的。那为什么说宪法实际存在必须以某些规制特定人群的规则得以实际适用为前提呢？此处之关键当然是这些规则以法理论为基础形成,故法官判案实际是根据宪法规则而将它们建立在有效法之上。因此,首要之事是这些规则的实际维护,而非诸种国家机构的实际权力。萨尔蒙德多次问到,当美国人民在反抗英国时他们是以什么法律为基础,并"通过人民代表直接或间接地表达公益"而构建宪法。那时,唯一存在的法律是英国法律,而美国人民的举动恰恰违反了它。然而,在这一语境下,这一问题毫无意义。可以确定,当某国宪法因立国或将既有国家基础转化成型时,根本没有可适用于该过程的有效规则。但是,这并非问题之所在。

---

① 《法理学》(Jurisprudence),第四版,1913年,第108页。

毫无疑问,此处的关键在于,那一在给定情形下以某种方式生效的宪法是否绝不可能是某种决定系争群体关系的规则,其是否绝不可能是依照自身内容而规定官员职责的规则。毋庸置疑,那一通过人民"直接或间接同意"而成为立国基础的东西,那一被视为美国宪法基础的东西,绝不是某人具有的实际权力。正是那些事关相关区域的权力运作规则,因法官行使职权而获得规范上的重要性,才成为了那种基础性的东西。然而,在这种情况下,这一以错误方式提出的问题,即便必须以同萨尔蒙德意图相冲突的方式予以回答,但事例的选择也并不成功。当然,英国法在这种情况下不再有效。同时,宪法的确立程序也不以此为准。但是,仍然存在其他的权利适用规则规制支配着人民的心智而具有事实上的效用。一般认为,英王因对其殖民地不公而失去控制权,而那一权力也已转化为其自然基础——人民。相应地,那些属于自然法的规则则令人民享有某些基本权利。① 这些规则在理念领域具有实际力量,且仅当它们在法律制定的过程中被适用,宪法之基础才能得以构造完成。由于这些规则作为法律体系基础而发挥作用,因此,没有理由不将它们视为在逻辑上优于特定宪法法案的实证规则。

萨尔蒙德把与宪法冲突的"宪法习惯"作为宪法性事实的事例加以援引。他认为,在某些情况下,英国的宪法习惯就与宪法冲突。② 然而,如果存在宪法习惯,那也仅仅意味着存在某些未体现

---

① 就此,可参见里奇(Ritchie),《自然权利》(*Natural Rights*),第 2 版,1903 年。耶利内克(G. Jellinek),《人权与民权宣言》(*Die Erklärung der Menschen- und Bürgerrechte*),第 2 版,1904 年。

② 同前引书,第 109 页。

在法律之中可却逐步获得适用的权力运作规则。那样一来，那些规则自然就成为了实在法。借由法官，根据习惯所颁布的规定获得了实际适用，而该事实体现了将习惯转化为法的法律制定权。如果这些规则与形式宪法冲突，那正如旧有秩序因革命而失去实在法效力那般，形式宪法亦必然失去效力。可如果某人诉诸实际存在的宪法习惯而非通常意义上的宪法，且宪法仍未被新法取代，那么其诉求就并不建立在实在法之上。实际上，他反而是在试图赋予那些声称算作法律规则但却仍不是实在法的规则以法律效力。对此，萨尔蒙德基于以下理由区分了事实与法律：有些事实，它们并未被法学理论认可，因此它们不是法律。然而，在他的论证中，"法学理论"的概念存在歧义。在某种程度上，它可能意指对官员具有实践重要性的法理论，因为它可以确定法律裁决规范。然而，在某种程度上，它还可能指的是一般法理学理论，这种理论对于其是否在法律实践中得以运用并获得实践重要性在所不论。根据萨尔蒙德的定义，法律"是法院承认且依此行动的规则"（请注意），①故只有第一种狭义的法理论才具有重要意义。

在宪政国中，如果最高权威的所有立法都必须以宪法为基础，那么可推出宪法规则本身不能被描述为由权力所有者所作出的纯粹命令或意图宣告。只有当权力所有者从宪法中推出其与相关人民群体关系的意义时，一部法律才至多可被视为他们的命令或意图宣告。但在这种情况下，同样显而易见的是，宪政国"政治权威"颁布的法律并不必然会以命令或意图宣告的形式呈现。如果一部

---

① 耶利内克，《人权与民权宣言》，第 2 版，1904 年，第 9 页。

以合宪形式公布的法律仅包括对权利界线的简单规定,那么尽管如此,它依然具有法律效力(在此,我们忽略某些国家所承认的法院违宪审查权)。

此外,如果我们考虑这样一种情形,即宪政国的君王或代表会议一致通过某部法律,那么命令或意图宣告这种观点看起来就只是一种法律拟制。虽然有五花八门的解决方案将代表会议多数人的意志视为统一意志表达,但正如梅因爵士指出,这只是一种法律拟制。[①] 然而,梅因对此没有道出一个触手可及的结论,即前文讨论过的奥斯丁式的理论明显存在逻辑循环。如果一部法律的有效性取决于"政治权威"意志,那么对于这种源于代表会议法人能力的法律而言意味着什么呢?当代表会议处于间歇期时,意志是否存在呢?

然而,我们到此可能要暂且搁置对宪政国的讨论,并提出如下问题。(如果我们不考虑独裁统治和暴民统治)那有没有什么可称之为"国家"的领域,权力拥有者在其之中不受制于规则而具有某种理念式的力量?这种力量是基于某人的权威,抑或仅仅根据权力实施就得以产生呢?即便在纯正的君主制国家中,君王也必须诉诸某种法定权利,例如,继承权与人民选举等。规则在君王之上,君王以规则为前提并制定法律。如果某人承认正是那些以同样方式确定正当权力拥有者的宪法规则具有法律意义,那就没有任何根据对这些规则的法律属性进行争辩,这些规则本是法律体系不可或缺的部分。那为什么在纯正君主制国家中世代有效的王

---

① 《早期制度史演讲》,第七版,1905年,第352页。

权继承规则,要比议会制国家中决定最高权威构成方式的选举法在法律意义上略逊一筹呢?此外,我们必须注意以下事实。即便纯正君主制国家的统治者不受宪法约束,但如果存在极为平凡的经济交往,就算他在纯理论意义上有权干涉那些仅由习惯或法律所确定的事项,他实际上也受制于私法体系。一般认为,在这种情况下,人民会坚信此类法律的效力并认为其超越国王的专断意志,而这赋予了法律某种国王无法抵抗的实际力量。然而,某人可能会质疑,在独裁统治和暴民统治的情况下是否存在真正的法律秩序。无论如何,如果法律秩序保障既有权利,那就不会发生这种情形。然而,在当下的讨论中,正是纯粹的专制充当了理论模型。特别是罗马皇帝是"不受法律约束的国王"(*princeps legibus solutus*)这一观点(其尚未有充分的事实支持)[1]更会引起上述质疑,因为人们一直认为,皇权决定所有法律且不受任何法律约束。

第四节 以纯粹形式定义的意志

施塔姆勒在断定作为实在法基础的意志时,他似乎想要通过提出某种关于意志的纯粹形式定义来避免上述困难。他认为,意志是一个"结合性"(组织化)的意志类,即提出某种目的的意志类。在这之中,某人的意志反而会作为另一个人实现自身目的的手段得以确立。此种类之存在自成一格,依其意向而不受"主权者"或

---

[1] 参见洛宁(R. Loening),《论法的根源与本质》(*Über Wurzel und Wesen des Rechts*),1907年,第15页。

其他独立的决定因素影响。①某部法律"具有效力",仅仅意味具有特定内容的某种意志类有贯彻实现的可能。②然而,不解决那种声称体现在实在法之中的统一意志的主体归属问题是不可能的。必须找到意志主体,因为,没有主体就不可能有意志。因此,在不导致逻辑困难的情况下,根本无法认为是实在法令这种主体如其所是。因为,如果这样的话,那么根据施塔姆勒的法律观,就必然存在另外一个确定该意志应当如此决断的"主权者"。但果真如此,最终决定"主权者"意志的主体就不可能由法律所确定,而要定义这种主体,则只需要调查事实情况。这样一来,对施塔姆勒而言,法律有效性意味着实现法律的权力。的确,这种权力对实在法而言必不可少,除了"主权者"意志外,实在法的唯一构成要件就是这种权力。因此,正是这种权力,使得我们必须找寻承载法律意志不可或缺的主体。有时,我们会在施塔姆勒的书中发现那种思路方向之要点。在他的《法理学理论》第一部分第 704 页处,他谈到了"共同体",在第 729 页他谈到了作为法律意志主体的"国家意志"。对此,应当注意,无论是在所有人的结合意志的意义上,还是在历史法学派解释的意义上,③施塔姆勒都反对将"集体意志"当成法律主体。因此,他心中所指的必定是实现法律的一般性权力。

---

① 此观点最先在 1896 年由《经济与法律》(Wirtschaft und Recht)一书提出。而 1911 年的《法理学理论》则进一步发展了该观点。参见后一本书的第 101 页及以下诸页,第 105 页及以下诸页。

② 参见第 117、137 页。

③ 例如,参见上引书,第 141、146、388 页。

第五节　将维护法律体系诸种力量拟人化后的"国家意志"

现在的情况可能是这样的。作为现代法理学或法哲学的一个恒常话题，当"国家意志"被视为法律主体时，它仅仅是指社会中实施法律的有效权力。毫无疑问，一个社会的最初统治权——据说这是组织化国家社会的特征——必定如此。一些人得到特别任命，并利用群体组织的自身力量适用与该群体相关的行为规则体系。（也只有）通过这种方式，社会才实现自我"统治"。当某人谈及国家是社会的"主权机构"时，他所表达的意思只是凭借该社会内部的权力运作机制，某些被任命者或被指定的复合群体基于那一目的适用了最高权力运作规则。于是，权利运作就被化约为如下事实：鉴于既存规则的效力，"主权机构"以某种方式颁布的宣告本身就构成规则。相较于其他试图调整社会关系的规则，其具有优先性，并出于那种目的而由特定的被任命者实施。例如，当"主权机构"颁布一部民事法律时，那种权力行使规则取决于什么？显见，这最终取决于法官在诉讼时运用它。除非法官运用该法律，否则法律颁布仅仅意味所谓立法权威出于对公众的考虑而以某种方式颁布了某些建议，而根本没有发生真正的权力运作。现在，让我们假定法官确实适用了法律，并因此发生了真正的权力运作。那么除了这一已经成为既有法律体系构成的法律（正式公布令其成为法律体系之部分）之外，还有什么东西会基于维持该体系整体而要求实际适用法律呢？当人们说国家修建铁路、运营邮政、组织军队等时，实际表达的是某些人或复合群体被有效规则体系赋予了行使该群体内的最高管制权。例如，"主权机构"可根据那些与修建铁路等事项相关的且具有理念意义的规则所设定的形式要件颁布宣告。对相关特定人或"附属机构"而言，这些宣告是行为规则。这些规则基于基础规则体系自身所包含的原则而成为该体系的条款，且由于存在维护法律体系整体之力量，被任命者会基于该目的使用这些规则而令其最终得以落实。

　　如上文所述，国家意志是特定群体维护本群体规则体系整体的力量，在这种意义上，是否有可能将法律视为由"国家意志"颁布的命令或意志宣告呢？如果我们对这种权力的本质进行更细致的探究，那它看上去只是一种难以理解的神秘意志。由于有各种不同种类的因素与此种权力的构成要素相关，因此，我们仅以制宪的通常过程为例。"立宪"会议宣布了某部宪法，是该机构在物理或心理方面的优越性使得宪法因宣布而生效吗？明显不是。如果某人忽视人民具有遵守自我主张权威的法令的习惯以及人们对立宪会议事项决定权的看法等因素，那么他不可能理解宪法生效的实际过程。在这种情况下，军队首领支持权威颁布法令必定极为重要。然而，这种重要性反过来又依赖于军队组织等势力，而这又可进一步化约为对逐步形成的习惯的遵守。

　　假设，如果我们探究那些通常存在于既存法律当中的权力，那么答案则是各种异质因素形成的混合物。它们包括大众正义感、阶级利益、适应环境的一般倾向、对无政府状态的恐惧、不满之人欠缺组织,以及非常重要的一点:对所谓国法的遵守习惯。[①] 但即便如此,某人此时也无法说,受到这些因素影响的社会成员服从法律的实际意志具有决定地位。像遵守既有法律规则实属自然这样的习惯与情感等因素具有极大影响,它们能促使人民群众行动,而法律则无需任何意志介入就可得以维持。但即便承认人民的这种意志是不可或缺因素,可如果认为人民的众志成城就是维护法律的决定性力量,那又不甚合理。如果每个人守法都只是出于自身愿望,那就绝不可能在所有个体之间存在一种将某个共同目的视为同一重点的统一意志,从中也绝不可能推出个人独立意志在整体上都共同指向法律维护。[②] 我们可能会承认,在一些情况下的确存在维护法律基础的一致性意志方向。在那种情况下,作为维护法律的实际力量,它当然很重要,但在现代语境下,这种意志通常并不存在。所有人民阶层都渴望法律在基础上得到革命性改变,但由于存在抑制因素,渴望终究无法落实为行动。而另外一些阶层对法律延续的价值,要么漠不关心,要么根本不会直接关注。尽管存在这种分歧,但是,由于前面谈及的众多种类因素会协同作用,因此,法律秩序大体得以和平维持。除此之外,还应注意,即便在某个社会中存在维护法律秩序的一致愿望,但我们仍然无法说这种意向方向本就足以令法律体系稳定。如果所有这些因素(诸如遵纪守法这类既有习惯)取决于法律神圣不可侵犯的传统观念,且这种观念一旦消失,那么即便存在维护某一法律秩序的一致决

---

① 参见克莱因(Klein),《法律服从和法律效力的心理来源》(*Die psychischen Quellen des Rechtsgehorsams und der Rechtsgeltung*),1912年,第24页及以下诸页。

② 参见上文第20页及以下诸页。

心,它也收效甚微。总之,要想通过历史事例去支持可能存在维护法律的一致力量是不可能的,因为前文论及的他种因素也总发挥着作用。

我们给出的这些论证应已表明,耶利内克等人在考量国家权力时是多么武断。他们认为,那种在所有情况下令法律得以存在的力量,在本质上源于社会成员意志在某种目的上存在共同意向。艾尔茨巴赫(Eltzbacher)认为,法律规范是一种"建立在如下事实之上的规范,即人们期望某种行为准则在包括他们自身所在的群体中应当被普遍遵守"。① 萨洛蒙(Salomon)继受了该定义。② 此时,法律也是通过指涉实现法律的力量而被定义的。但在此处,那种力量已被转化成在相关群体中存在的对规范的共同愿望。但是,法律规范的效力绝不可能仅"取决于"群体内的某些人期望法律能被普遍遵守,它还取决于诸如习惯、惯性、传统思维模式等诸多其他因素。正如艾尔茨巴赫在第 29 页写到,俄国法断然不可能仅仅取决于某些俄国人期望沙皇的意志得以实现。在很大程度上,它还取决于统治者个人的宗教信仰、大众的惰性以及军纪,等等。

将统一意志理解为上文指明的那些权力的聚合,并借此定义法律,是拟人化倾向普遍存在的一个实例。不仅在此,而且人们常常也将一些虚构概念引入科学之中。然而,说法律体现"国家"意志确有正当基础。无论如何,法律在很大程度上是利益的表达,法

---

① 《论法律的概念》(Über die Rechtsbegriffe),1900 年,第 27 页及以下诸页。
② 《法律的概念问题》(Das Problem der Rechtsbegriffe),1907 年,第 45 页。

律之基础及其衍生规则亦是如此。因此,意图以及法律的意义问题是一个真实问题。对此,谬误之处在于,某人从一开始就认为存在某种统一意志会根据某种价值体系调适其愿望,并依照该体系行事。相反,真实情况是,在某个社会中,诸种利益相互冲突,而某些利益则将自身以法律形式加以表达。因此,以这种方式产生的规则体系,根本不需要群体中存在任何统一意志加以维护,其由极为复杂的异质因素合力维护。

第六节　作为不同法源价值评估基础的意志理论

如果现在讨论的观点仅仅是对那些合力维护法律体系的权力聚合给予某种概要表述,那么即便其不具有科学品格也无伤大雅,甚至无可非议。毫无疑问,这种权力聚合看上去像某种强力意志在发号施令或作出决策,它基于自身权力证明其统治者地位或镇压反对势力,并且一劳永逸地执行其所宣告的意图。当然,这并非此种理论支持者想表达的。然而,如果这种理论并不是这种做法——以法律内容去推导出看似科学的命题——的基础,那相对而言,它也没有什么坏处。此时,所谓国家意志只是用于判断除狭义法律之外的其他初始法源主张——如习惯、法的精神、事物本质、公平等——有效性的"测量杆"。对此,很多人常常通过寻求"国家权威"的真实意志而试图解决这一问题。借助近期法律文献中的几个相关例子说明这种推理模式的危害颇有裨益。

古斯给出了以下论证。① 仅当满足如下条件时,人们才能认为"组织化社会权力"或"立法权"认可"法之精神"与"事物本质"这两种互联法源。第一,要么作为某些案件法律适用的附件,它们是必需的;第二,要么虽然某种事态无法通过法律解释直接确认,但根据法律平义其显然应由法律调整。此外,除法律自身外,法律习惯作为法源在未被明确排除时,它在所有案件中都被视为已获得权力认可。因为,在历史上,集体权力从一开始对法典编纂的认可相对于法律习惯而言是次要的。② 因此,除非特定法律条款明确规定,否则我们不应认为那种权力废除了对法律习惯的最初接受。这样一来,人们就可主张不同法源在法律适用中的意义问题得到了解决。

对此,我们可作如下评论。假定法官无论是适用习惯、事物本质、法之精神,还是违反法律字面意义裁判(contra legem),他都要么通过某种牵强附会的解释隐秘为之,要么因为在特定情况下适用法律会严重损害正义感而公开为之。很明显,这种假定并不仅仅具有理论可能性。对此,德国自由法学派的支持者已经收集了关于德国法院程序的大量素材。如果判决要有法律效力,那在这种情况下"组织化社会权力"的真正意志是什么? 一方面,这种意志应在法律中得以体现,但另一方面,就相关特定案件而言,它也可被视为表达在已经具有法律效力的判决之中。在后一种情况下,这种意志当然已经真正得以实现。不难想象,某人会说,"组织

---

① 《一般法理学演讲录》(*Lectures on General Jurisprudence*),卷 1,第 115 页及以下诸页、第 119 页及以下诸页、第 135 页(丹麦语)。

② 同上引书,第 134 页。

第二章 实在法是对意志的表达吗？（1916年）

化社会权力"其实并不赞同判决本身，而只是在判决作出后给予支持而已。然而，这一论证根本站不住脚。因为，无论形式如何，当法官无法代表国家权威而成为指责对象时，根本不存在所谓的"不赞同"。仅凭表达在法律之中的社会意志会有不同要求这一事实根本无法表明那种"不赞同"的存在。因为，根本无法证明那种意志在个案中会一直坚持其要求，此时，在实际判决中，有的仅仅是言辞。然而，只有相关法律具有效力，同样也无法证明社会意志的确期望应当作出这种判决。这一论证站不住脚的原因很简单，因为所谓社会意志本不存在，因此，它无法作为评估诸种法源有效性的"测量杆"。

特别值得怀疑的是，有人认为法律是组织化社会权力意志的直接表达，并且（在一定界线内）其他法源都需受其许可。此处，常人都能轻易质疑这一显而易见的逻辑谬误。除了意指在特定群体中某个规则体系被某些特别的被任命者有目的地适用之外，说某种组织化社会权力存在还能意味什么？而相对于这些受到法律规制的行动而言，谁才算是这一社会的组织机构？一个组织，只有在论及那些由法律规定的诸种行动时，且这些行动具有互不干涉的消极属性和支持互补的积极属性，才可说它实际存在。而在面对社会中的任意一位成员时，仅当组织机构能够实际履行归属于它的常规活动，该组织才具有某种权力。由于这种权力的力量源于群体内部的活性因素，因此它是一种社会权力。但是，这种有组织的规则体系究竟是什么呢？在现代社会中，至少所谓的制定法在原则上属于该体系。那这又意味着什么呢？例如，社会中存在专门的立法机构意味着什么呢？这体现为如下两个事实。第一，作为理念性的行动规则，宪法会指派某些人或某群人依照特定形式——"立法"——进行某些行动，如此一来，这种规则才能得以实际运作。第二，通过上述行动，那些以宪法内容为基础的新规则（"法律"）得以颁布，而宪法自身也凭借那些法律而得以运作。存在特定的法律裁判机构，这又意味着什么？这仅仅体现了以下事实。第一，为了进行法律裁判，某些人基于法律而被任命，且他们实施了由法律所规制的行动，即裁判。第二，根据法律，法律裁决在特定情况下会获得法律效力。例如，裁决借由一条具体规则所具有的法律效力令其得以运用。① 所有国家机构都必定要以这种方式加以定义。然而，如果只能通过那些具有效力的制定法去组织社会，那它又怎么能够成为组织化社会意志的表达呢？这就好像是说一个人之所以存在，源于他本人所做的自愿决定。此外，显而易见，如果现代社会特别强调制定法，那么即便在特定案件中，习惯法、法之精神等因素会对制定法造成补充和废止进而影响法律裁决，但这也只意味其他原则可以修正社会组织的性质。作为具体裁决，尽管那些不为制定法所决定的法律裁决会成为现行社会规则体系之部分，但该体系在本质上仍然是法定的。因此，要想把组织社会"意志"当成评估其他法源有效性的标尺毫无意义。组织性权力的内在特征是由那些实际运作的规则决定的。

克鲁克曼（Krückmann）以一种极为有趣的方式解释了为什么即便在具有法定基础的现代组织化社群中，法官也不可能仅仅适

---

① 例如，可参见瑞典法中国王的"法官"任命权以及任命何人为"法官"的相关法律规则。

用制定法。① 这当然不是因为法官在适用制定法时有可能会犯错。除制定法外,习惯法、衡平法以及法院实践等因素都会有所作用,以至于法官会有意超越或违反法律字面意义进行裁决。但克鲁克曼认为,无论如何,这种情况在法律上不可能是正当的。从严格的法律观点看,通过某种实质错误的裁判,胜诉方并未依法获得任何真正意义上的权利,他获得的仅仅是"对某种权利的占有",即根据制定法,他仿佛处于拥有某种实际权利的地位。② 该论证的基础在于,克鲁克曼认为法律仅仅是"法律共同体"所颁布的意志决断的产物。③ 法官则由"共同体组织任命"。因此,除了根据共同体所颁布的制定法,法官适用其他原则去裁判都是错误的。④ 即便法官可以令某人仿佛处于拥有实际法律权利的有利地位,但他也不可能超越制定法所创设的权利。前文我们已经提醒大家古斯论证中的错误,此处,同样的错误再次发生。作为法源,制定法之所以具有优势地位,是因为人们认为它是组织化社会意志的表达,而并非组织化社会本身的构成因素。此外,在克鲁克曼的论证中,可能还存在一个更为明显的逻辑谬误。他认为法官由共同体组织"任命",这就好像在说生物体可以缺少其所必需的四肢那样,国家组织也可以不包含法官。这倒不如说,作为生物体,人的脑袋或心脏只是工具。

在《法律发展史》(*Entwicklungsgeschichte des Rechts*)中,诺

---

① 《法学导论》(*Einführung in das Recht*),1912 年,第 73 页及以下诸页。
② 同上引书,第 95 页及以下诸页。
③ 例如,参见上引书,第Ⅰ页。
④ 例如,参见上引书,第 82 页。

伊坎普（Neukamp）同样滥用了虚构的"共同体意志"。① 在书中，一方面，他认为"令人满意的'法源理论'"仅可能通过考量"实在法之规定"而获得；另一方面，"实在法在发展其规定时，又可以极为自由地利用'法源'"。也就是说，制定法与习惯法之间的特定关系是可以科学定义的。因为，正如"个人意志"那般，"共同体意志"亦可事先决定它的何种专门"自发性活动"形式具有"法律意义"，即"法律产品"。因此，共和时期的古罗马人认定，仅有以某种特定形式（官员提出的法案等）体现的意志才具有法律品格。② 但是，假定某种"公共意志"决定了——我们不妨认为是通过其立法机构——仅当某部法律合宪生效时，它才在私法领域具有意义，并且适用法律的法官在个案中仍然会通过援引习惯法或衡平法增补甚至修正制定法，那么，如果法官所做裁决获得法律效力，习惯法和衡平法自然就具有法律意义。即便在那种情况下假定"公共意志"具有法律权威，它仍然是通过法官才能创设真正的法律。此时，具有法律效力的裁决当然不能因为"公共意志"偏离其自身规定而被视为是无效且毫无意义的。假如诺伊坎普举罗马法的那个例子是想表达只有那些真正起作用的法律规则是通过以某种方式表达"公共意志"而存在的话，那我们只能把他的观点视为法学家的解答（*responsa prudentium*）。看上去，这可以算是固有市民法（*proprium jus civile*）的实际内容。③ 研究表明，通过这些具有实

---

① 《法律发展史》，1875 年，第 41 页。
② 同上引书，第 35 页及以下诸页。
③ 埃利希（Ehrlich），《法源理论文集》（*Beiträge zur Theorie der Rechtsquellen*），卷 1，1902 年，第 1 页及以下诸页。

际权威的释疑解答,法律在其适用中会为了更大的公平而发生重要改变。① 如果我们将对"公共意志"权力的讨论限于其为未来所做的某种形式的法律产品之上,那么无需进一步探究也足以表明"个人意志"与"公共意志"之间的类比是错误的。那些对自身具有约束力的个人意志行动的有效性,当然取决于规制它的法律。

此处,从"国家意志"通过自身意志表达实现自我确认的这种观念中,我们可以找到评估诸种法源意义的标准。这种表达被认为具有真正约束力,即它是真正意志的指征。但是,如果对同一意志而言还存在其他表达,且该意志最初表达所要求的形式并未得到遵守,那为什么只有那个可以决定其他不同表达意义的表达才具有决定性呢?例如,立法机构决定制定法永远优先于习惯法就属于这种情形。然而,如果认为"国家意志"(可将其理解为在某个群体内适用规则的权力)在习惯法中也必然表达自身,那么习惯法就会对制定法造成贬损效应。那又为什么只能把基于制定法认可的习惯法裁决视为国家意志的有效表达呢?恰恰相反,在这种情况下,制定法除了被搁置在官方的法律汇编中,看起来并无其他意义。这样一种毫无实际效能的东西又如何可能是国家权力的表达呢?事实上,在此处,某人会想当然地假定,国家意志会在从未作出任何表达之前就可以决定哪些表达算是对其自身意志的表达。这种做法是为了获得某种超越所有实际意志表达的规范。耶利内

---

① 例如,参见梅因(H. Maine),《古代法》(*Ancient Law*),最新版,1908年,第30页及以下诸页。

克就识别出两种这样的法律规则,它们皆由国家颁布。① 第一种规则先于所有制定法,并能将制定法确定为国家意志表达。另一种规则把习惯法的适用以及特定情况下的"事物本质"确定为国家意志。这样一来,国家意志就可在其以某种方式表达自身之前被识别出来。然而,除了在他将国家视为法律承载者的理论中对此有所涉及,这位杰出法学家丝毫没有给我们提供任何迹象,告诉我们他是基于何种思想渊源了解到未表达的国家意志。

第七节 自然法思想的"暗度陈仓"

目前为止,我们已经批判了那种试图找寻国家意志的理论。那种理论把国家意志视为维护法律的权力意志以及判断主要法源意义的标准。我们的批判主要有两点根据。其一是一般性根据,其表明这种观点的虚构性质以及推理后承之无效。其二是特定性根据,其表明如果某人(极为自然地)将国家意志赋予国家机构本身,并由此同样自然地推出国家意志在以某种方式表达自身之前就具有规范性,则会导致倒逆论法(ὕστερον πρότερον)。然而,如果我们不提出另一个关于此种法源适用理论的反驳,我们的批判就还不完整。这一反驳与自然法思想的"暗度陈仓"有关。

当法官适用合宪生效的制定法判案时,是否存在某些法律规则可以使他确定自身适用的制定法的效力,而非其他规则才是他

---

① 《制定法及其适用与价值判断》(Gesetz, Gesetzanwendung und Zweckmässigkeitserwägungen),1913 年,第 174 页及以下诸页。

裁判的原则呢？这样的规则是何种规则呢？是能实际确定宪法有效性的规则吗？显见，此处涉及的规则不会是法官指令，因为法官指令的法律有效性本身依赖于宪法。阿迪克斯（Adickes）断言，确实存在这样的法律规则，但他又认为这种法律规则依赖于"事物本质"，即自然法则而非实在之法。①耶利内克认为，存在一种赋予所有法律体系有效性的至上法律规则。"如果在人类社群单位中存在至上掌权者，那么必须服从他的命令。"②根据耶利内克本人的观点，该命题是"思维之必然"而非规定，因此其明显属于自然法。同时，这当然不意味该命题具有很大价值。拉斯科（Lask）认为，法学所关注的"应当""凭借公共意志在实际制度中具有形式基础"，而哲学上的"应当"则源于某种绝对价值标准"。③此处明显存在混乱。第一，拉斯科认为，法学所关注的"应当"是一种由"公共意志"所确定的无条件"应当"。但在缺少绝对价值的情况下，能够想象出这种"应当"吗？第二，除非假定共同意志所发出的命令应被服从，即人们必须服从"应当"所蕴含的某种意义而不是适格权威所颁布的特定命令，否则"共同意志"怎么可能成为无条件"应当"的基础呢？

实际上，法官根据宪法适用制定法，依赖于那些使宪法得以维护且一开始就令"制定法"成为真正法律规则的力量。这样一来，以下因素就在其中发挥作用：法官的正义感、法官就职誓词、法官

---

① 《法源学说》(*Zur Lehre von den Rechtsquellen*)，1872年，第24、73页。
② 同上引书，第27页。
③ 《法哲学》(*Rechtsphilosophie*)，载《费舍尔纪念文集》(*Festschrift für Kuno Fischer*)，第2版，1907年，第304页，并参见第270页及以下诸页。

坚信合宪有效的制定法为其履行职责提供了规则（正如职业医生会觉得在履行其职责时当然应该适用医学），以及对超越法律所遭致惩罚的恐惧等。毫无疑问，法官会受制于这些要点以至于他自身所期望适用的规则无关痛痒。然而，并不存在事先决定宪法有效性的司法规则。此外，又是什么法律规则授权法官在个案中适用习惯法、法之精神等法源，甚至是超越或违反法律字面意义而裁判呢？根本找不到这些规则，只是因为诸如正义感，或某种在科学上极可能是错误的理论——这种情况下的国家意愿要求使用这种法源——等一般性超法律因素，才导致了这类法律适用发生。同样地，宪法也以这种方式从这些因素中获得力量，真正的法律规则也因此得以产生。所有试图为法官构建这样或那样的法源适用义务的努力必然失败。正如拉德布鲁赫（Radbruch）所言，法官依法裁判这一义务类型"根本不可能建立在以法律为基础的司法理论之上，而必然建立在以誓言为基础的伦理学之上"。只有依靠这种誓言，法官才会自我约束。① 而我们则根本没有必要去考虑它是否构成某种科学基础。

尽管如此，如果有人认为仍然可能借助国家意志理论而以某种实证式的司法方式评估诸种主要法源的有效性，那这就与人们使用的实在法这一概念极为模棱两可相关。一方面，"国家意志"概念源于这一情形，即特定群体中的行为规则体系，因被某些特定的被任命者（例如法官）有目的地适用规则而被付诸实施。法理学所关注的就是这种被视为表现"国家意志"的实在法。根据这种解

---

① 《法哲学的主要特点》(Grundzüge der Rechtsphilosophie)，1914年，第182页。

释,实在法在本质上就是基于那种目的并由法律指定权威实际适用的规则。法学则仅仅将这些被实际运用的规则内容当成权威机构的行动指南,而权威机构基于某些权力行为使得那些规则成为了他们行动的基础。然而,某个特定规则体系往往并不会以一种纯粹形式而被百分之百地适用。无论是必要补充还是对既有支配体系的实质修正,其他种类的规则都会强制权威机构在适用规则时必须适用它们。于是,就会产生下面这个问题:在这些案件中应当适用何种规则?有人可能会认为,虽然那种可以确定实在法的国家意志仅仅意味着它表达了某个特定规则体系得以实际适用的事实,但要解决这个问题,还是需要诉诸"国家意志"。据此,国家意志期望这样或那样的规则并不意味规则被实际实施,而只代表规则应当被实施。如此一来,在与国家意志具有联系的这个意义上,实在法这一概念就意指某些规则应当被适用。然而,那样的话,自然法元素就会潜入"实在法"之中并成为法理学研究的对象。此外,由于人们认为我们关注的仅仅是国家意志的实际意愿,因此,即便此处的国家意志确实意指某些规则应被遵守,但这种自然法元素还是被遮蔽了。

  凯尔森认为,"法官不适用具有形式效力的规则,这在形式上就是违法的",因为在原则上,法律规则的效力独立于其是否被适用。[①] 这事关"应当"世界,而非"是"的世界。然而,他不同意将这种"应当"理解为自然法理论,因为这种"应当"依赖于法律规则中

---

① 《公法理论的主要问题》(*Hauptprobleme der Staatsrechtslehre*),1911 年,第 333 页。

所表达的国家意志。尽管如此,凯尔森断言,实质性错判要想具有法律效力,某人必须从司法视角出发,假定国家意志期望在这种案件中存在某种有效的规则例外。① 如果不存在针对判案法官的相关法律行动,那在这类案件中要求适用形式有效规则的国家"意志"实则已化为虚无。然而,如果我们还认为应当适用这种形式有效规则,那么这种"应当"很明显可依照自然法理论加以理解。如果某人将国家意志期望规则得以适用还原为规则应当被适用,那么他就在如下两种观点上摇摆不定:一方面,他认为国家意志作为公设,强调的是从规则的实际运用而为"应当"提供意义;另一方面,他又认为规则自身的意义源于"应当"。当凯尔森将"何种规则应被国家机构适用,②应被人民遵守"这一问题当作司法问题予以提出时,他实际上是将一个特定的自然法问题描述成了司法问题。但是,这一关于国家意志的神奇公式为凯尔森提供了一种工具,使他剥离了在此讨论的这种"应当"的自然法意义。

然而,凯尔森借助国家意志将法学中指涉自然法的"应当"意义予以剥离的尝试,使得"国家意志"和"应当"都变成了空洞的虚词。"国家意志"不再表示任何实际意志。这样一来,此概念很明显就完全沦为法学构造。然而,凯尔森认为,法学关注的是"应当"的世界而非"是"的世界,且"应当"通过法律规则的具体适用以及对国家意志的个案判断将其自身融入其中。③ 也就是说,法律上的"应当"仅仅意味如果国家意志通常期望在特定情况下以某种方

---

① 《公法理论的主要问题》,第 247 页。
② 同上引书,第 353 页。
③ 此定义参见上引书,第 348 页。

第二章　实在法是对意志的表达吗？（1916 年）　　55

式行动，那在相关个案中它也会期望根据这种一般性规则行动。例如，法律规则：国家期望以某种方式惩罚盗窃者。法律义务：此人盗窃，国家期望以那种方式惩罚他。这样一来，至多就像正义与一块石头的构成毫无关系那般，这种"应当"又与日常语义中的"应当"有什么关系呢？法学是一门与伦理学为伍的规范性学科，尽管作家们会那样定义，但"应当"还是依日常语义而使用。这即便在凯尔森以长斜体对"应当"所下的定义中亦是如此。① 大多数人认为，刑法规则宣布了一种与规则所描述行为直接对立的行为义务，②因此，我们才有理由认为，在试图剥离"应当"自然法属性的努力中，"国家意志"和"应当"会因为这种使用方式而丧失所有意义。

　　如果法源理论被视为一种关于应当被规则适用权威视为基本规则的规则理论，那我们的观点就与阿迪克斯的理论很接近，即法律的主要渊源是"主观理性"，或对正义的个人确信。③ 很难想象，人们应当不按照他所认为正确的方式行事。然而，阿迪克斯可能会认为，④在任何情况下法官不适用制定法都是错误的，即便这是基于法官自身对正义要求的确信使然。然而，这或许清晰表明了这一研究与实在法几乎没什么关系。

　　我们通过适用此前对国家意志理论的批判，已经将其融入至

---

　　① 《公法理论的主要问题》，第 348 页。
　　② 例如，参见上引书，第 435 页。
　　③ 《法源学说》，1872 年，第 6 页及以下诸页。还可参见施洛斯曼（Schlossmann），《论合同》（Der Vertrag），1876 年，第 177 页及以下诸页。
　　④ 同上引书，第 75 页及以下诸页。

54 对法源意义的评估之中。即便在以国家意志概念确定实在法的适用过程中有意将自然法观念从法理学中消除,但自然法理论的特征必定会渗入此种理论之中。此处的批判与荷兰法学家克拉贝在他那本有趣的《法律主权学说》中对国家意志理论的批判毫无关系。[①] 克拉贝之所以批判意志理论,是因为意志理论会导致国家无法承担遵守既有法律的义务,然而,克拉贝认为国家确实应当承担这一义务。他从自然法的角度展开批判,他对不同于"国家主权"的"法律主权"的实际考察也完全根据自然法。在第 95 页,他写到:"正如其他伦理规范那般,法律亦具有有效性。那就是法律主权理论。""法律是掌权者与守法者之间关系可获证成的唯一基础。"[②] 在这个意义上,法律是唯一的权力渊源。显而易见,实在法本身具有义务性这一命题与存在独立于实在法的自然权利这一命题,都是自然法理论的组成部分。某人当然会从这一属于社会或个人本质的原则出发得出必须遵守实在法的结论。因此,克拉贝将法律提升至国家之上的做法与我们对"国家权力"的下述说明无关。"国家权力"只不过是在特定群体内借助其内部活性力量而对规则体系的体现。在众多因素中,最重要的是特别的被任命者有目的地适用了这些规则。简言之,国家权力是获得实际施行的法律体系。在这个意义上,法律的"优越性"与自然法无关,因为此处的问题仅仅是指在我们所谓的国家法或实在法(具体为何,视情况而定)中得以呈现的东西实际上是什么。

---

① 《法律主权学说》,1906 年,第 78 页及以下诸页。
② 参见上引书,第 167 页及以下诸页。

另一方面，虽然谢恩贝里对法源理论的批判与我们的呈现方式不同，①但思路却是类似的。

第八节　概要

如果意志理论将实在法视为法律掌权者的命令或意图宣告体系，那么它就陷入了循环。如果假定"共同意志"存在，那就必须认为这种意志要么是所有人的意志，要么是某种超个体意志。前者与事实不符，后者则显得荒唐。如果该理论的基础是某种社会中所谓的掌权者意志或权力实际拥有者的意志，那么在把法律作为那种实际权力的基础和限制时，也会产生困难。最后，如果将实际实施法律的权力（"国家意志"）作为起点，那么我们则不可能将这种权力赋予任何实际意志，而这将使得这种理论穷途末路。

---

① 《论所谓的纯粹经济范畴问题》，1902年（瑞典语）。

第三章 法律的概念问题

(意志理论,1917 年*)

第一节 意志理论适用于旧时法律体系的困难以及事例

当运用于当代文明国家的法律体系时,意志理论看上去有几分正当性。在那些国家中,"制定法"占据绝对统治地位。然而,当运用于旧时法律体系时,由于当代意义的制定法并不以同样方式占据主导,故这种理论的弱点就暴露出来。在此,我将举一些例子表明此点。

一、神法在古罗马法中的意义

在旧时的古罗马法律体系中,神法(fas)和人法(ius)并未区

---

* 原著前言如下:本著作直接与实在法意志理论的介绍性研究相关,作为论文,它于 1916 年在《维特尔斯·诺斯罗姆纪念文集》(*Fetskrift tillägnad Vitalis Norström*)中以题为"实在法是意志表达吗?"(*Is positive aw an expression of Will?*)(瑞典语)发表。此外,该著作还作为整体独立发表。然而,由于本著作以一种不同的角度处理了问题,故它可独立成篇阅读。与先前论文类似,本书主要以批判一种可称之为实在法本质的流行理论的方式呈现。但是,我的批判绝不局限于此。我还试图阐明使得这种理论表征形式通常显得是可理解的心理事实。此外,我也意在通过批判性研究阐明法律的真正本质,并对法理论家在进行概念建构时所实际遮蔽的事实形成一种法律概念上的阐明。

第三章 法律的概念问题

分。几乎所有法律交易都采取宗教形式,而法律执行也事关宗教。[57] 这解释了为什么神父在法律执行中占据支配地位,因为只有他们掌握神法知识。① 这也解释了为什么当民众认可《十二铜表法》时,会对(对法律实施极为重要的)历法以及同样重要的法律诉讼和法律交易规则的公布[通过所谓的《弗拉维市民法》(*ius civile Flavianum*)]如此看重,因为这些规则在此之前都属于祭祀秘密。然而,这并不意味着人民于是就可不受过往规则的烦扰而全然自决。这绝不可能!因为法律对此存在的神圣权威一劳永逸且不会改变。问题的关键仅仅是知晓法律是什么。

那么,此时就存在这样一种实在法,在人民的信念中,它在一定程度上高于任何人类权力,同时它在一定程度上又是完全独立于"国家权威"意志的。一旦被神父保有的某种法律理念被分配至它的每一个法律领域,这种理念就会进入人们的心智,其力量也就像其他任何外部力量一样行之有效。它会对任何违法者设定报复

---

① 参见库伦贝克(Kuhlenbeck),《罗马法演进史》(*Die Entwicklungsgeschichte des römischen Rechts*),卷 1,1911 年,第 46 页、第 98 页及以下诸页。库朗热(De Coulanges),《古代城邦》(*La cité antique*),第 2 版,1910 年,第 219 页及以下诸页。耶林(Ihering),《罗马法精神》(*Geist des römischen Rechts*),第 4 版,卷 1,1878 年,第 207 页及以下诸页。关于祭祀在法律执行中对旧时日耳曼民族造成影响的类似原因,参见格林姆(Grimm),《德国法律古代史》(*Deutsche Rechtsaltertümer*),第 4 版,卷 2,1899 年,第 359 页。布伦纳(Brunner),《德国法律史》(*Deutsche Rechtsgeschichte*),卷 1,1906 年,第 172 页。关于祭祀对原始人的一般影响可参见马卡列维奇(Makarewicz),《刑法哲学导论》(*Einführung in die philosophie des Strafrechts*),1906 年,第 172 页及以下诸页。维鲁斯基(Wilutzky),《法律史前史》(*Vorgeschichte des Rechts*),第 3 版,1903 年,第 128 页。卡瑟莱茵(Cathrein),《法律、自然法与实在法》(*Recht, Naturrecht, und positives Recht*),1909 年,第 256 页及其以下诸页。诺伊坎普,《法律发展史》,"绪论",1895 年,第 183 页。

行为,而法律体系也因此得以维持。这种反应当然不取决于想要维持该体系的先前合意决定,而是直接根据法律的终极内容而进行。无论是显性还是隐性,若在此处把人民对神法或神父政治权力的接受视为法律体系的基础,那就是毫无根据地引入当代视角。①

二、论英国普通法与古代德国司法程序

我们要再次从英国普通法的角度谈谈法官的初始地位。某人可从一种古老的法律观开始,据此,法官裁决时仅仅是在适用法律。当然,由于普通法的权威表述理应体现于每一个已宣告的裁判当中,因此所有已宣告裁判对后续裁判而言都是重要的法律先例。但是,人们大体认为,对于那些"悬而未决(in nubibus)或存在于官员同行信念之中(in gremio magistratuum)"(梅因语)的可直接适用于个案的法律,却没有先例指明应当如何解释它。② 对于约定而成的不成文法而言,那些连同教会法和罗马法要素成型

---

① 然而,古斯认为[《一般法理论演讲》(Lectures on the general theory of jurisprudence),卷1,1889年,第93页及以下诸页。(丹麦语)],根据他的法律概念观,可以将这种神圣法(ius sacrum)划入"某个有组织社会在法律管理时所遵循的决策指导性原则"。

② 在黑尔(Hale)1713年出版的《普通法历史》(History of the Common Law)中[被萨尔蒙德,《法理学》(Jurisprudence),第4版,1913年,第55节引用],这一古老观点以这样的形式得以体现,即据说法庭只是公布了"什么是国王的法律"。参见梅因,《古代法》,1908年新版,第28页及以下诸页。布莱克斯通(Blackstone),《英国法评注》(Commentaries),第68—71页[被格雷(Gray),《法律的性质与渊源》(The Nature and Sources of the Law),1909年,第207页引用]。

于法律裁决中的旧时习惯则构成其事实基础。①

显而易见,在司法理论中,人们并不认为国王是"法律"的权威性支持,根据这种理论,既存法从远古时代起就具有超越国王意志的约束力。而这种观点一旦被民众知晓,那么当国王把持司法权力时,他在现实中就会受到约束。这种约束体现为如下两种方式。第一,他对规制司法机关运作的现行规则有所自觉;第二,他的臣民(特别是法官)认为他应当受到普通法约束。国王缺乏自由的这一观念既是控制实际生活法律面相的一种理想力量,故它也是实在法的构成要素。因此,国王实际上是不自由的。当然,在理论上,国王有可能对既存法律进行革命性变革,但同样地,这会令立宪君主成为专制君主。或许,征服者威廉所制定的"国法"之所以能获得承认只源于某种政治上的精明,②但是,第一,正因为他顺从了民众关于国法超越国王意志的信念,他在政治上才是精明的;第二,相应地,当国王的法官采纳了这种观点,法官自身以及通过他们才得以体现的国王权力自然也会受到这种观点的约束。

我们谈及这些丝毫没有否认王权通过掌握司法功能对英国法发展造成了最重要的影响。正是借助于此,法律统一性才能生发,各种地方性法律才会被清除,特定案件中的裁判才能成为其他类似案件的先例。③ 然而,这里的问题仅仅是司法权力是否会被某种关于既存法的观念所限制,抑或是它可根据自身意愿随意定义

---

① 詹克斯(Jenks),《英国法简史》(*A Short History of English Law*),1912年,第2章。
② 詹克斯,同上引书,第17页。
③ 克拉贝,《法律主权学说》,1906年,第63页。

法律。即便在法律体系已经是由立法发展的情况下，凭借解释以及先例的实际重要性，司法权力也依然在真实生活的个案中对何者构成实在法具有重大影响（关于此点的更多阐述见后文）。但是，要是据此认为司法权力全凭自身意愿就可完全决定实在法，那又大错特错。在正常情况下，那些根据普通法裁判的英国法官的立场是，即便他已在判决中表达出个人正义感，他也只是在适用既存的实在法。

当然，法官是国王的公仆，虽然针对他们的皇室训令甚至会在实践中对实体法施加影响，但大体上，它们仅事关程序法。[①]因此，并不存在针对王权大体受到既存实体法约束这一观点的反论证。

然而，认为是人民的意志赋予了整个法律体系以力量也是不对的，因为人民本身就受到当下讨论的这一观点的支配。认为民众会决心维护这种观点的单纯想法，与认为主流道德氛围取决于民众决定对其加以维持的想法同样荒唐。

对此，我们可以谈谈日耳曼的法律传统。起初，民众大会本身就是借助某种特殊的"法律认定者"进行裁判的，例如"拉欣布尔格"（*Rachinburgii*）和"斯凯彼尼"（*Scabini*）。[②] 他们的工作是根据从父母长辈那里了解到的关于祖先的见闻（*ex relatu suorum progenitorum, seniorum et antecessorum semper audiverunt*）"展

---

① 詹克斯，同上引书，第 17 页。

② 在旧时日耳曼司法体系中，"拉欣布尔格"和"斯凯彼尼"起初是选举出来帮助地方法院裁判的辅助人员，后来则逐渐发展为终身任职的法官。前者一般出自大地主，后者一般出自社群长老。另，原书似存笔误，"Rachinburgii"应为"Rachimburgi"。——译者

第三章　法律的概念问题

示法律、道出法律和真理(*legem dicere*, *veritatem dicere*)"。①

要是认为是国家通过"明示或默示的法律"使得"古代习惯"具有约束力,那就是对这些事实乖张的当代解读,②这与事实本身和当时盛行的法律观都不相符。其实,潜藏在默示法假定下的国家"许可"(Gestattung)仅仅源于系争规则在实际生活中具有效能的这一事实,而与最高权力机构的意愿无关。③ 同时,此处牵扯上国

---

① 格林姆(Grimm),同上引书,卷 2,第 388 页及以下诸页。布伦纳(Brunner),同上引书,第 152、第 203 页及以下诸页。布里(Brie),《习惯法学说》(*Die Lehre vom Gewohnheitsrecht*),卷 1,1899 年,第 203 页及其以下诸页、第 225 页及其以下诸页。基尔克(Gierke),《德国私法》(*Deutsches Privatrecht*),卷 1,1895 年,第 159 页及其以下诸页。关于旧时瑞典法律观中执法官的司法管辖权(lawman's *lagsaga*),参见韦斯特曼(Westman),《瑞典法源史》(*History of the sources of Swedish law*),1912 年,第 4 及其以下诸页。(瑞典语)关于将一般性法律的原始阐明视为对个案中普遍法律信念的言语表达,参见斯莫尔德(Schmölder),《作为民法基础的公平》(*Die Billigkeit als Grundlage des bürgerlichen Rechts*),1907 年,第 45 页。

② 霍兰德(Holland),《法理学基本原理》(*The Elements of Jurisprudence*),第 9 版,1900 年,第 59 页。与之一致的是,奥斯丁(Austin),《法理学演讲录》,第 5 版,第 538 页。类似表述请参见加雷斯(Gareis),《法学方法论百科全书》(*Enzyklopädie und Methodologie der Rechtswissenschaft*),第 4 版,1913 年,第 40、48 页,以及《正义概念论》(*Vom Begriff Gerechtigkeit*),1907 年,第 30 页。萨尔蒙德,同上引书,第 155 页。宾丁(Binding),《刑法手册》(*Handbuch des Strafrechts*),卷 1,1885 年,第 212 页。还可参见温德莎伊德(Windscheid)所引文献[《潘德克顿教科书》(*Lehrbuch des Pandektenrechts*),卷 1,第 7 版,1891 年,第 39 页,注 1]。

③ 参见斯塔尔(Stahl),《法哲学》(*Die Philosophie des Rechts*),第 3 版,卷 2,1854 年,第 237 页。温德莎伊德,同上引书,第 39 页,注 3。齐特尔曼(Zitelmann),"普通法与过错"(Gewohnheitsrecht und Irrthum),载《民事实践档案》(*Archiv für die civilistische Praxis*),第 66 卷,第 363—364 页。贝克尔(Bekker),《法的基本概念与立法误区》(*Grundbegriffe des Rechts und Missgriffe der Gesetzgebung*),1910 年,第 53 页。荣格(Jung),《自然法问题》(*Das Problem des natürlichen Rechts*),1912 年,第 105 页。雷格尔斯伯格(Regelsberger),《潘德克顿》(*Pandekten*),卷 1,1893 年,第 86 页。哈杰勒普(Hagerup),《法律百科全书》(*Encyclopaedia of Law*),1906 年,第 18 页(丹麦语)。

家通过司法权认可习惯法的这一思想也是不对的。格雷鲍斯基(Grabowsky)说到:"仅当国家真正赋予它(即习惯法)奖惩时,它才成为真正意义上的法律。习惯法是通过涉及它的司法附带意见才在法律上首获有效性的。"① 如果规则在真实生活关系中获得实际运用是判断法律成为"实在"法的标准,那说制定法是因为法官的附带意见才成为实在法这没有什么不妥,但这根本推不出国家借由法官的身份,通过法官对某一给定法律的适用予以考量而重新赋予其奖惩。基于宪法的效力以及法官曾宣誓自身负有将法律视为其履行职责指引的义务,法官在这一事项上并无自由。在作出细节修正(mutatis mutandis)后,这一观点同样适用于法官对待原始习惯法的立场。法官对应当适用习惯法以作为其决定权利义务的确信本就是法律的一部分,在法官的履职过程中,它是无条件有效的。因此,法官在对待习惯法时与其对待制定法一样,他几乎都没有什么自由。在各种情形中,他拥有的只是一种拟制的自由,这就好像一位技术纯熟的医生在履职时可以无视自身技术知识一样。因此,在这些情况中,根本就不存在国家通过法官而承认某些规则的问题。

当然,我们在此并不打算在立法成为支配因素的现代条件下处理习惯法的效力问题,我们更不关注法官在不参照规定习惯约束力的实证规则的情形下,他应当在何种程度或条件下视习惯为法律。此处,真正的问题是,在原始社会情形下,习惯法是否是因

---

① 《法律与国家》(*Recht und Staat*),1908 年,第 42 页。参见布鲁诺·施密特(Bruno Schmidt),《作为共同意志形式的普通法》(*Das Gewohnheitsrecht als Form des Gemeinwillens*),1899 年,第 39 页及以下诸页。

第三章 法律的概念问题

国家立法或司法承认功能对其认可才得以存在。对此,我们必然要给予否定回答。

除此之外,历史法学派将人民"共同意志"概念作为习惯法决定要素的做法同样在原始社会情形下是不可靠的。他们认为,正如法律是立法权威意志的表达那样,习惯本身就是共同意志的表达,而这一观点则可追溯至罗马法学家将习惯法视为塔西佗式的人民共识(*tacitus consensus populi*)的这一观念,①并流传至今。② 这一观念假定,人民没有权力通过革命决定法律。习惯在本质上源于因个人行为节点对他人造成的直接影响以及通常运行的行为机制所共同形成的人类社会生活条件。在一定程度上,导致其发生的力量正是维持其运行的力量,而违反习惯所造成的不便也在一定程度上维持了习惯,尽管这通常无法表明存在对某种特定习惯应予维持的一般性欲望。然而,在某些情况下,习惯或多或少会受到有效的必然意见(*opinio necessitatis*)的约束,从这个概念的

---

① 萨维尼(Savigny),《当代罗马法体系》(*Das System des heutigen römischen Rechts*),卷 1,1840 年,第 35 页,第 168 页及以下诸页。(参见第 24 页)普赫塔(Puchta),《习惯法》(*Gewohnheitsrecht*),1828 年,第 144、165 页。(参见第 141 页)还可见齐特尔曼所引处《民事实践档案》,卷 66,第 389 页,注 109)。

② 我们还可援引如下例子。阿伦斯(Ahrens),《自然法》(*Naturrecht*),第 6 版,卷 1,1870 年,第 325 页。冯基尔希曼(von Kirchmann),《法律与道德的基本概念》(*Die Grundbegriffe des Rechts und der Moral*),第 2 版,1873 年,第 124、125 页。他甚至认为当今文明民族的道德取决于人民意志。马卡列维奇,同上引书,第 68 页。贝克尔,同上引书,第 79 页。他认为习惯法是一种人民不借助国家机构直接表达自身意志的"国家意志"。克鲁克曼认为,习惯法是因其建立者的命令而使得它对官员具有约束力。(《法学导论》,1912 年,第 79 页)。布伦纳在他的《德国法律史》中,则以"人民的和平"去反对"国王的和平",前者是在原始条件下自发形成的大众法律体系,其取决于人民意志,后者则取决于国王命令。同上引书,第 169 页。

角度上看,对违反习惯的行为施加直接外部强制是正当的。① 这与义务概念有关,如果义务被忽视或违反,那从其外部方面看,就应当通过强制赋予权利拥有者等价赔偿而令其得直。这就影响了关于权利义务的客观规则概念,而如果法官是在真正裁判而非实施暴力,那他就必须适用这种规则。这种规则要求,当权利受侵害时应根据受损方之诉求施以等价赔偿。当下,人们认为这一规则由习惯所确立并在法律体系中客观存在。② 包括法官在内的广大人民都受到自身对这一事情看法的约束,而"习惯法"在法律裁判以及行政执法中的功能则强化了它们。

布里认为(同上引书,第246页及以下诸页),德国的主流法律观点认为,基于以下事实,在单纯的习惯和习惯法之间存在区别。对习惯法而言,在那些遵守习惯的人们心中,他们会确信其所遵守的习惯具有法律有效性。因此,根据这一观点,对那些人而言,他们就一直被视为拥有仅仅通过自身主观确信就可将单纯习惯转化成客观有效法的权力。对此,用以支持这一观点——只有正义或良好的习惯才能被视为习惯法——的理由绝不会证明上述命题的正确性。由此可以推出的仅仅是,如果某人在考虑某一习惯的法律有效性时得出了

---

① 参见阿诺德(Arnold),《文化与法律生活》(Kultur und Rechtsleben),1865年,第363页及以下诸页。

② 斯塔尔将实体法的本质表达为包容于某种客观体系之内的与自然必要性协调一致的道德理念(同上引书,第197、235页)。这正是对那种流行于原始习惯法中的法律确信(Rechtsüberzeugung)的片面化产物。

肯定答案，那么那一习惯看上去必然是正义且良善的，而这完全独立于习惯遵守者对这一问题的看法。对此，布里所引文献（第30章注9至31）毫无例外地表明了此点。可以说，对那些习惯遵守者的法律确信的意义而言，最为重要的就是这点了。对他们来说，习惯的实在法品格由其自身的正当或良善决定，以至于他们具有的这种确信对以强制方式维持习惯所包含的关于权利义务的客观有效规则是决定性的。显见，由于法官或"法律认定者"一般皆来自遵守习惯的人民，因此法律也就被这些人关于习惯正当或良善与否的确信所决定。但是，这绝不意味着可将这种确信的事实存在视为习惯法律品格的基础。

此外，将某一习惯的正当或良善视为决定其法律有效性的命题，并无法通过任何诉诸完整普遍性的主张获得断定。有时，尽管习惯看上去不正当，但它在法律上也是有效的，而要废除它则需借助必要的立法手段（参见布里，同上引书，注32与33，第30章）。在这样的情况下，习惯明显具有实际法律效力的事实使得人们认为它是一种通过强制手段予以维持的权利义务有效规则，而关于正义感的不良反应则被置之不理了。类似地，通常只要"国家权威"维持某条法律存在，那么就可认为该法律所确定的实际权利义务与正义感的指示无关〔参见耶利内克，《法和国家的一般理论》（*Allg. Staatslehre*），第3版，1914年，第337页及以下诸页〕。

至于历史法学派的奠基人，我们应当注意，与那些当代追随者采取的较为粗糙的理论形式相对，他们的理论则徘徊于意志理论和将一般法律确信视为习惯法决定力量的理论之间。即便以超然方式刻画，从自然法学说的纯粹意志理论来看，习惯法也依然被视为实在法。正如我们在下引篇章所见，他们会交替使用"人民意志"与法律确信。正因如此，齐特尔曼(《民事实践档案》，第66卷，第389页)才可正当地控诉那些理论家对此存在自相矛盾。虽然舒佩(Schuppe)言之凿凿地主张[《普通法》(Das Gewohnheitsrecht)，1890年，第18页]此处并无矛盾，但这同样缺乏充分根据。他认为，历史法学派论及的法律确信"明显取决于行动观及其价值感，而以这种方式去行动的意志则由此生发，这是不证自明的。在特定情形下，它还构成一个独立整体……"虽然普赫塔自称反对意志理论，但他挑战的也仅仅是这一观点，即存在某种由"深思熟虑的决议"以及"对当下个案中法律应当为何的反思"所决定的自觉意识。在前述意义上，他并不否认习惯法与意志相关。与舒佩的观点不同，他坚称此处的关键问题是：运用"人民意志"和"共同意志"的表述是否就意味存在某种对所有人一样的或是属于超验"民族精神"的统一意图使得某些行动规则在法律裁判及其实施中对个体有效呢？[关于历史法学派作家所使用的"民族精神"概念的含混模糊，参见布里，"黑格尔及其历史法学派的民族精神"(Der Volksgeist bei Hegel und der hist. Rechtsschule)，《法哲学与经济哲学档案》(Archiv für Rechts- und Wirtschaftsphil)，卷2，第2期，第199页及以下诸页。]如果这仅仅是一般法律确信对法律规则的运用效力问题，那么这种意图就与这种情形毫无相关。假定,"社会中的一般法律确信"这一表述是这样一种确信,即法律对社会整体具有约束力之类的东西,并假定后一表述意指存在某条规则,它设定权利义务以及当它们被违反时的强制执行方式,那么,在法律机构以强制作为最终手段而实际适用该规则的意义上,"社会中的一般法律确信"就使得该规则变成实在法。但是,当它如此行事时,根本不存在维持该规则的任何共同决定。在绝大多数情况下,法律确信直接扮演的只是某种行动趋势,无论是作为行动时所遵守的需求(规范)还是事实规则,这一趋势本身都不意在维持系争规则。此外,法律确信的普遍性会对个人以及法律机构施压,使得其大体上能够完成自身使命。当与法律确信无关的个人利益直接导致对侵权人的反对时,这种反对就不依赖于维持规则的一般性共同意图,而至多取决于对特定侵权者所违反之规则加以维持的共同意图。因此,"即便强制,意志仍起作用"(coactus tamen voluit)这一惯用语,可适用于那些害怕反对行为所造成压力的个人和法律机构身上,但这也仅仅是在一定程度之上。因为这种压力连同某人的法律确信,还会在一定限度内对违反其所认定的实在法的可能性并未发生的这一想法造成影响。在这样的情况下,就根本不存在什么根据个人确信予以行动的意图。一个对越狱可能性毫无想法的囚犯,根本不会下定决心画地为牢。但是,因心理压力所导致的意图却是重要的。这远远不是一个协同他人维护一般规则的意愿问题,虽然对所有害怕惩罚的个体而言这足以令其趋利避害,但这明显是另外一个问题。① 然而,尽管那些理论家的表述存在含混,可当萨维尼和普赫塔论述人民意志如何成为习惯法基础之时,他们心中所想很可能是一种虽无反思但却统一的意图,而这种意图则可使得特定规则以上述方式运作。一方面,此处使用的"集体意志"的表述当然借自于自然法学说;另一方面,如果"集体意志"不是通过在习惯中表达自身去创造习惯法,那么它就是一个毫无意义的假定。但正因如此,其中矛盾已显而易见。

一个类似的含混出现在滕尼斯(Tönnies)1887年所著的《社区与社会》(*Gemeinschaft und Gesellschaft*)的第254页当中。一方面,习惯法作为自然法,本就通过"社群"自身而体现为某种"自然法制度"。换言之,通过社群的整体存在,习惯法本就是社会的构成形式(参见第225页)。另一方面,正是出于这一原因,习惯法又是实在法,即社会发布的约束个体的法令。此处,关于习惯约束力的普遍确信——被认为是构成社会统一体本身的确信——已在同一个统一社会中转换成一种维持着在习惯中予以自我展现的体系的意图。

古斯(同上引书,卷1,第125页)以下述方式试图证明在习惯法中存在某种共同的立法意志。每个人之所以遵守特定行为规则,是因为他认为这是其他所有人的共同意志,即意见义务(*opinio obligationis*)。然而,即便这种集体意志今后不会形成条理,但这种代表每个人的仿造却意味着存在某种具

---

① 参见本书前文,第23页及以下诸页。

有规则内容的集体意志。这样一来,上面提及的意见就得到了辩护。"因此,对既存意见义务的遵从就不单是一系列顺从意志的总和。同时,法律规范也通过社群或共同权力得以确立。"然而,当每个人都只受到心中既存规范调整时,这种整体意志如何可能确立规范呢?当某人已经确信什么是法律时,诸如某人意志这类东西又如何成为法律呢?(参见齐特尔曼,《民事实践档案》,第66卷,第370页)除此之外,此处对意见义务的描述亦谬之千里。从古代德国法中的法官地位清晰可见,此处的问题根本不是"社会中的其他成员希望实在法是什么",而是"传统法究竟是什么"。

在洛宁1907年所著的《论法的根源与本质》的第19页中,我们可以发现一个对所有试图将习惯法指涉特定意志的决然反对,但洛宁对此没有给予充分的根据。

三、罗马共和国时期法学家解答的意义

接下来,我们可以回忆一下法学家解答在罗马共和国时期所获得的重要性。[①] 此处,涉及"精通法律"的个人对法律体系的影响,而这明显不同于立法权所产生的影响。[②] 究竟是什么给予"法律精通者"这种权威?除了参考应实际生活需求解释《十二铜表法》的必要性以及法律精通者的声誉,其他所有解释都是有缺陷

[①] 参见古爱尔兰法官在发展旧时爱尔兰法时的重要性。梅因,《早期制度史讲演集》(Lectures on the early History of Institutions),第7版,1905年,第2讲。

[②] 梅因,《古代法》,第30页。库伦贝克,同上引书,第1卷,第200页及以下诸页。

的。此处的情况是,无论是否与公民大会或人民的意志契合或对立,所有事情都因自身力量而发生。

四、罗马万民法

此处还可提及罗马万民法。罗马法学家的意见对所有人而言都是法律,并且它与以自然理性(naturalis ratio)为根据的自然法(ius naturae)并无绝对区分。① 万民法其实就是一种法律原则系统。在罗马帝国境内,外国人之间以及外国人与市民之间较为活跃的交易关系自然催生了它的形成。借助外事裁判官(praetor peregrinus),这些原则主要用于解决外国人之间以及外国人与罗马市民之间的法律关系,但在此之后,它逐渐取代了适用于罗马市民之间的市民法。贝格勃姆以及一些其他法实证主义者断言,罗马法学家从未认为万民法具有自我约束力。然而,卡瑟莱茵(Cathrein)已极为清晰地展示出他对他们的反驳。② 在权利只能通过市民法或万民法获得的理论中,两者间的平行关系显而易见。③ 同时,就裁判官告示所包含万民法要素而言,裁判官或人民也基本不可能将其视为国家或类似东西的宣告意志。那么,是人民委托官员任其喜好采用某些法律原则以决定社会生活的基础

---

① 盖尤斯(Gaius),《法学阶梯》(Inst.)(I,2,I).参见布伦斯,莱纳尔(Bruns-Lenel),《罗马法的历史与渊源》(Gesch. und Quellen des römischen Rechts),载霍尔岑多夫-科勒(Holtzendorff-Kohler),《法学百科全书》(Encykl. der Rechtsw.),第1卷,1904年,第103页。

② 《法律、自然法与实在法》(Recht, Naturrecht und positives Recht),第2版,1909年,第195页及以下诸页。

③ 参见埃利希,《法源理论文集》,卷1,1902年,第92页所引段落。

第三章　法律的概念问题

吗？不是,因为普遍认为,裁判官无权造法。[1] 理解该问题的唯一自然之法是,在杰出法学家的支持下,裁判官鉴于诸方压力建构出某种万民法作为持续性义务规范从而处理特定情境下的法律关系。而在裁判官告示中,裁判官会宣布他已将自己作出的这种建构视为实在法。[2] 建构所用之素材似乎是不同民族都众所周知的法律习惯。从中提取出的共同要素,其适用独立于法律规则,并可满足情势之需求[其中的一个例子是在所有权变动中运用"traditio"(交付)]。人们认为,这类要素构成了法律习惯的精髓,而其他要素则是偶然且并非不可或缺的。[3] 民众之所以敬畏裁判官的法律建构,是因为其由官方作出,并且官方的职责本就是运用实在法。

如果上述正确,那么论及意志——无论是国家的还是人民的——决定法律那就是一种懒惰。对实在法而言,在那些规定权利义务的固定规则以及官方表述的意义上,那种为法律机构和人们所共享的确信才是决定性因素。这一确信使得规则在实践中得到实际遵守而无需以抽象国家意志或人民意志作为中介去维护它们。同时,这还使得那些规则成为实在法。

罗马法中的万民法由实际获得遵守的规则组成,它在特定区域内直接具有效力而无需国家意志协调,要否认它是法律,唯一合

---

[1] 参见宾德(Binder),《法律规范与法律义务》(*Rechtsnorm und Rechtspflicht*),1912年,第31页。

[2] 参见萨维尼(Savigny),同上引书,卷1,第117页。"另一方面,裁判官并不会在其告示中宣布今后的法律是什么,但是他会宣布他所认为的以及运用的法律。"还可参见普赫塔,同上引书,卷1,第40页及以下诸页。

[3] 参见梅因,《古代法》,第44页;滕尼斯(Tönnies),同上引书,第238页。

理的理由是如下事实:我们在此关注的法律原则,即那些应民族间日益增长的交往所需的原则,是通过裁判官解释才在具体情境下始具约束力(如果忽略立法),而这种解释由于系争原则的模糊性必然是恣意的。这使得法律解释机构看上去就是立法者。① 但应注意,即便是(现代意义上的)法律,它也只能在自身解释被接受后才在个案中有实际约束力。只有这种解释才具有不可置疑的力量。然而,只要具有抽象品格的法律对那些有权借助解释将法律适用于个案的机构具有实际约束力,那我们就不能基于这一原因否认它们也是实在法。因此,这种法律构成了规制实际生活具体情境的基础。在古罗马,亦是如此。上面谈及的原则以同样的方式对法律机构具有实际约束力并成为调整具体情境的基础。② 诚然,那些原则很可能在本质上是模糊的,但是,第一,应当注意,即便是在技术上具有成熟形式的制定法,它也无法在不运用某些解释原则的情况下就超出其文字内容而获得普遍适用。因此,制定法本身并不是调整现实情况的一个绝对充分的基础。第二,我们不能夸大系争原则的模糊性。如果活跃的经济交往以个人的自由经济活动为基础,那在这个意义上,有些法律原则就必然会获得运用,此点毋庸置疑。罗马法作为成文理性(scripta ratio)在不同民族间世纪连绵,正是这一事实之明证。③

---

① 迪尔德·蒙森(Theoder Mommsen),《古罗马宪法》(Römisches Staatsrecht),卷3,1887年,第604页,注2。
② 参见希尔登布兰德(Hildenbrand),《法哲学与国家哲学的历史与制度》(Geschichte und System der Rechts- und Staatsphilosophie),卷1,1860年,第608页及以下诸页。
③ 参见斯莫尔德(Schmölder),同上引书,第34页及以下诸页,第92页。

五、雅典民主中"主权"者的法律地位

在此,还应提及,即便在雅典民主鼎盛时期,法律也被视为在主权者之上。因为,即便主权者也无改变既有法律的绝对自由,当他们变动法律时,依然需要遵守适格的法律形式。此点从这一事实中显而易见:如果某位公民对一部新通过法律的提案人所作誓词进行控诉,那么在公民法庭对此作出无罪判决前,该法律尚未生效。控诉可能会涉及提议本身的非法性[非法的创作(γραφὴ παρανόμων)]或是法律的无用性[创作无法通过的法律(γραφη εἴ τις μη ἐπιτηδειον νόμον γράφειε)]。[1] 不仅如此,即便提议者的责任随着时间推移而流逝,他所提议的法律依然可被法庭审查,而它要生效则需公民法庭作出无罪判决。在那种情况下,法律本身是被诉方。在狄摩西尼反对勒普提涅斯(Leptines)的演讲中,虽然后者被视为"法律"的喉舌,但他本身却不负有任何责任。检察官被视为针对法律提出诉讼,[2]所作判决则事关法律本身"是否构成权宜"。[3] 当然,如果某部已接受法律成为后续法律审查的对象,那么特定的法律喉舌也总是可被确定。[4] 此外,这一点也很

---

[1] 狄摩西尼(Demosthenes),《演说 24》(Orationes 24),特别是第 710 节 33 段。坡吕克斯(Pollux),《词类汇编》(Onomasticon),卷 8,88。舒福曼和利普修斯(Schoemann-Lipsius),《希腊古代史》(Griechische Alterthümer),卷 1,1897 年,第 411—416 页。布索尔特(Busolt),《希腊国家与法律古代史》(Die griechischen Staats- und Rechtsaltertümer),1892 年,第 263 页。

[2] 狄摩西尼(Demosthenes),《演说 20》(Orationes 20),第 477 节 67 段。

[3] 同上引书,第 482 节第 83 段。

[4] 狄摩西尼(Demosthenes),《演说 20》(Orationes 20),第 501 节 146 段、第 503 节 152 段。

有趣。在某段时期内(至少始于15世纪末),(除了法庭经常有可能进行的法律审查之外)法律变动并不用通过公民大会(ecclesia),而是从宣誓法官中挑选成员组成法律委员会[(立法者)nomothetes]而最终作出(有可能法律委员会也属于它)。① 在新法替代旧法的过程中,相关程序以两者间的法律诉讼形式进行,由此显而易见,宣誓法官充当了立法者角色,这点真的非常重要。立法者必须选出五位反对新法提案的旧法支持者。② 在狄摩西尼看来,立法者的决定同样具有"确立接受"(dokimasi)新法的本质。也就是说,新法所经受审查就如同对抽签挑选官员的法律能力的考察。因此,法律变动所具有的法律裁判品格意味着法律必须根据自身精神(即公平原则和公共利益)才可变动。注意,鉴于法官的宣誓,在法律本身不能解决问题时,他们必须根据自身的法律确信全神贯注地进行判决。狄摩西尼认为,当所提法案已进入庭审时尤其如此。③ 现假定进一步考虑以下事实:即便新法已被立法者接受,法院总还是可能对其加以审查,那么法律变动在本质上显然就不是主权者所试图解决的事情,而是官方机构对新法是否有权替代旧法生效所做的宣告。也可以这么说,当胜诉方一旦通过法院判决获得权利时,新法就具有了构成性判决的特征。然而,这

---

① 如参见赫尔曼(Hermann),《论古希腊的法律与立法权》(Ueber Gesetz und gesetzgebende Gewalt im griechischen Alterthume),1849年,第65页。舒福曼和利普修斯(Schoemann-Lipsius),同上引书,卷1,第415页。布索尔特(Busolt),同上引书,第265页。利普修斯(Lipsius),《阿提卡法》(Das Attische Recht),卷2,1908年,第385页。

② 狄摩西尼(Demosthenes),《演说24》(Orationes 24),第707节23和20段、第484节89段。请注意,提案人是旧法[文本(γράφεσθαι)]之诉的原告。

③ 《演说20》(Orationes 20),第492节18段。

一判决必须根据法律作出。

因此,在那些对法律变动具有最终决定权的机构权力与古罗马裁判官对万民法具有的权力之间,明显存在类比。通过对万民法进行权威解释,后者赋予那些在相互交往中不可或缺的法律原则以法律效力。但是,他这样做仅仅是表达个人的法律确信,他所宣称的也只是自身关于何为实在法的个人观点。同样地,在雅典,法律变动机构的行为也只有在它体现这一官方宣言——即鉴于公平和公共利益这些最高法律原则法案理当生效——时才是有效的。①

六、即便存在上述情况依然试图捍卫意志理论的努力

萨尔蒙德认为,即便在更为原始的情况下,只要以法律的形式渊源作为理由就可捍卫意志理论的运用。② 因为法律(此处指实在法)的形式渊源总是由"国家的权力和意志"或是"有组织的联邦"所给予的。而且他认为,无论法律的实质渊源是什么,此点都是真的。他的意思是,那些令特定法律生效且对实在法形式品格不可或缺的东西,无论是何种理由使得这种东西令法律生效,③它都总取决于国家意志。但是,此处的"国家意志"究竟是什么意思?现假定它指的是国家中的最高个人权力。萨尔蒙德自己断言,④

---

① 此外,我们还可以将裁判官的法律地位与法兰克王室法庭和英国上议院法官的原有功能进行对比。
② 《法理学》,第50页及以下诸页。
③ 同样观点可见拉森(Lasson),《法哲学体系》(*System der Rechtsphilosophie*),1882年,第413页。
④ 同上引书,第132页。

看待这些问题的原始方式也绝不是"政治统治者在其权力职能范围内按其所好地变动和推翻法律"。如果这类观点在原始社会中盛行,那么政治统治者要想维持他的法律地位,他将必然发现在贯彻法律时不可能无视民众对他的期望。就其权力取决于其法律地位而言(在稳定的社会条件中当然如此),政治统治者也无法根本不考虑在他之上的法律。在这种情况下,可以赋予统治者支持或反对法律的意志以何种意义呢?如果真是这种意志赋予法律以效力,那么同样是下属机构遵守上级命令的意志给予这些命令法律效力。但众所周知,由于上级的强制力,下属机构对此并无自由可言。假定"国家权力"意味由人民形成的组织化权力,正如我们已经展示的那样(见上文第66页及以下诸页),在具有法律至上这一确信的社群中,这种确信无需其他任何中介式的集体意图支持某些规则为实在法,它就可自我生效。因此,无论采纳这两种解释中的哪一种,国家意志都不是令法律生效的根据,即给定条件下法律约束力的根据。仅当存在某种执行特定行为规则的意志时,国家权力才处于行使状态。倘若如此,就根本不存在先于依照某种方向进行决策的意志的权力,否则这种假定的意志就仅仅是一种怪异之物。

梅因对当下的问题持有一种奇怪的态度。在论及将奥斯丁的意志权力理论适用于原始法律条件的可能性时,他说到(《早期制度史讲演集》,第364页):"作为一种理论,意志理论完全站得住脚,但其实践价值与真理程度在不同时代和国家中差异悬殊。"如果某种理论"完全站得住脚",那么梅因关于它所具特征的观点就着实怪异。此外,还应注意针对这一观点真值的反驳。"如果世界被完全探明,那人们就会发现的确存在某些独立的政治社群,而且还能进一步证明,主权者在某些这类社群中虽然拥有无尽力量,但在对待法律规则上却几乎不抱有创新的梦想。"显见,这不是一个针对该理论真值的论证。看上去,一切东西依然取决于主权者意志。但为何不以如下方式提问呢?"真的不存在主权者鉴于舆论而在面对既存规则时完全无能为力的历史事例吗?且因此真的不存在他的'意志'在面对这些情况时无关紧要的历史事例吗?"如果这一问题必须得到肯定回答(对此,没有任何人比《古代法》和《早期制度史讲演集》的杰出作者体现得更为确定的了),那么这种声称颇具一般性的理论在实际上就是假的,因此它绝不可能"完全站得住脚"。

第二节 意志理论面对现代法官适用法律时所产生的困难

在现代,即便宗教法、习惯法、自然法以及其他制度已不像法学家解答那样发挥相应作用,但事实上,我们还是能将上面适用于原始法律条件的论证扩展覆盖至现代情形。此处,我们关注的是制定法对法官的意义。

一、可将判决视为包含立法者意志的表达吗?

法官所考虑的法律与立法者的意志内容一致吗?贝格勃姆断

言,对法官而言,"无论法官在判决前与不确定性、不恰当性,以及为了揭示法律的标记(indicia)与潜在法律规则间的不协调性做了多么艰苦卓绝的斗争,法律"总是在他判决时就已完全预定、完美、自洽"。① 法律的标记[法律的证词(Rechtszeugnisse)]可以是不协调、不确定和充满瑕疵的,但最终存在于法官判决时的法律却是完美的。毕竟,"法律的标记"是立法者意志的唯一权威表述。因此,我们必须得出结论:法官所适用的法律不可能像贝格勃姆认为的那样与立法者的意志内容等同。②

如果法官真的必须要对相关表述中所传达的立法者的实际意思冥思苦想,那恐怕他就要面对一个西西弗斯式的任务(Sisyphus' task)。当立法者为团体时,此点尤其明显。完全没有理由认为,团体中的绝大多数成员不会包括那些在为法律投票时抱有完全不同考量对象的成员。不仅如此,他们中的某些人对法

---

① 《法理学与法哲学》(Jurisprudenz und Rechtsphilosophie),1892 年,第 384 页注,并参见第 375、391 页。施洛斯曼,《合同》,1876 年,第 384 页。萨洛蒙,《法律的概念问题》,1907 年,第 65 页。考夫曼(Kaufmann),《国际法的本质与情势变更》(Das Wesen des Völkerrechts und die Clausula rebus sic stantibus),1911 年,第 48 页及以下诸页。布伦斯,艾克,米特艾斯(Bruns-Eck-Mitteis),"学说汇纂法"(Das Pandektenrecht),载霍尔岑多夫,科勒(Holtzendorff-Kohler),《法学百科全书》(Encykl. der Rechtsw.),卷 1,1904 年,第 304 页。那格勒,《违法性学说的现状》,1911 年,第 89—90 页。对此的精彩阐述还可见拉德布鲁赫,《法哲学纲要》(Grundzüge der Rechtsphilosophie),1914 年,第 187 页及以下诸页。

② 沃泽尔(Wurzel)强调[《论法律思维》(Das juristische Denken),1904 年,第 26 页],实证主义者对上述问题的观点通常以如下方式发生矛盾,即据说实在法存在缺陷,但这些缺陷又要以实在法加以修补。

律在某些方面的含义毫无所知是难以想象的吗？[1] 当然，历史调查（包括纯文本研究）在一定程度上总可能帮助我们发现法律制定者、法案提议者、筹备委员会，或是立法团体中举足轻重的成员所秉持的法律观点。但即便如此，这也仅具有程度性。一定要记住，立法通常在当下特定社会阶级的正义观中有其基础，而这种正义观则体现了他们的利益。这些观念会影响立法工作者，然而鉴于它们在本源上具有直觉性，因此其不总具有人们所期望的清晰性。对此应当补充的是，在当代，立法通常是对立正义观的折中表达，因此，它通常缺乏统一思路。[2] 此外，在确定团体立法者真实意图时，通过前述方法所能获得的结果令人很不满意。人们需要的立法意图绝不可能等同于法律委员会、专门委员会，以及它们成员的观点。因此，在关于发现立法者意志的方式上，认为可以描述出某种历史性的解释方法是错误的。即便立法者只是某位君主，但考

---

[1] 参见哈格斯托梅尔（Hagströmer），《瑞典刑法讲义》（*Swedish Penal Law*），1905 年，第 45 页〔瑞典语〕。毕洛（Bülow），《法律与司法机关》（*Gesetz und Richteramt*），1885 年，第 35 页。施米特（Schmitt），法律与判决（*Gesetz und Urteil*），1912 年，第 22 页及以下诸页。上述情境完全被下述作者忽略。例如，温德莎伊德，《潘德克顿教科书》，卷 1，第 7 版，第 51 页及以下诸页。耶利内克（W. Jellinek），《法律、法理适用与恰当性》（*Gesetz, Gesetzesanwendung, und Zweckmässigkeitserwägung*），1913 年，第 139 页及以下诸页。赫法特（Herrfahrdt），《法律漏洞》（*Lücken im Recht*），1915 年，第 46 页及以下诸页。所有这些作者都将"立法者"视为历史中的个人，在法律适用时，这些人内心深处的思想可通过历史方法解密。赫克（Heck）认为〔《法律解释与利益法学》（*Gesetzesauslegung und Interessenjurisprudenz*），1914 年，第 13 页及以下诸页、第 59 页及以下诸页、第 64 页及以下诸页〕，如果社群利益决定所有法律，那么他就可以通过参考"法律社群"这一立法者克服上述困难。

[2] 朗夫（Rumpf），《法律与法官》（*Gesetz und Richter*），1906 年，第 108 页。梅克尔，《法律百科全书》（*Juristische Enzyklopädie*），第 5 版，1913 年，第 55 页。

虑到当代复杂的立法情形，类似困难依然会出现。例如，俄国沙皇在将法案变成实在法的过程中如何可能对法案的所有细节都持有清晰的观点意涵呢？此外，关于法律委员会等团体提案动机方面的研究也无法对立法者意志提供真正知识。①

除此之外，作为确定诸种情形下——即在法律通过时可能无法预见但却必须根据法律裁判的各种情形——法律恰当适用的关键，这种解释方法远不足够。对此，必须补充，解释法律应始终将法律体系视为整体。当将诸多法令结合一体并考虑潜藏在法律之后的所谓动机时，根本不可能总产生一致自洽的整体。单凭这一理由，以其他更为客观的方法限制和补充系争解释方法就总是必要的。有些人会寻求特定法令的"合理意义"，②这种意义是他们假定的对诸种典型适用具有清晰全局观的当代理性立法者（据解释者之见）的真正意图。③ 显见，此时，道德、经济、社会政治等价

---

① 参见沃泽尔，第 48 页及以下诸页对法律文献中关于"立法者意志"意义争议的讨论。毕洛，同上引书，第 48 页及以下诸页。伍斯滕德夫（Wüstendörfer），"法律发现理论的社会诠释学"（*Zur Hermeneutik der soziologischen Rechtsfindungstheorie*），《法律与经济哲学档案》（*Archiv für Rechts- und Wirtschaftsphilosophie*），卷 9，第 3 期，第 307 页及以下诸页。

② 对此的典型表述是所谓的客观解释理论，其体现在诸如科勒、宾丁、瓦奇（Wach）等作家处。法律应当"根据特定情景下的情理"去解释。"历史解释是毫无作用的"（科勒）。参见拉德布鲁赫，同上引书，第 190 页。赖歇尔（Reichel），《法律与判断》（*Gesetz und Richterspruch*），1915 年，第 71 页。朗夫认为（同上引书，第 120 页），客观解释理论在法律文献中占据主流。

③ 关于当代法理学中这种合理假定的论述参见施特恩贝格（Sternberg），《法理学导论》（*Einführung in die Rechtswissenschaft*），第 2 版，1912 年，第 134 页。参见施塔姆勒，《法理学理论》，1911 年，第 609 页。考夫曼（Kaufmann），同上引书，第 86 页。宾丁，《刑法手册》，赖歇尔，同上引书，第 76 页。

值判断必随之而来。① 然而,保障法律确定性的欲望催生出对法院行为加以一致性解释的努力。② 这样一来,以解释者立场进行评价的主观倾向就会得到审查,某种特定的评价模式则会成为正确模式而突显流行。显见,社会统治阶级的价值标准对此影响重大。③ 此外,法令与法令之间必理应相互协同,而这与立法者的身份或不同情况下潜藏于法律之后的有效动机的一致性无关。④ 通过这种方式,基于诸多法令在理论上的可能解释与其语言形式契合(在可能之处可由历史解释方法补足),就可建构出被法官视为其裁判基础的法律体系。⑤

---

① 关于此点的清晰阐述可见鲁梅里(G. Rümelin),《价值判断与意志决定》(Werturteile und Willensentscheidungen),1891年。沃泽尔,同上引书。朗夫,同上引书。

② 参见施米特,同上引书,第71页及以下诸页。

③ 施皮格尔(Spiegel),《制定法与法》(Gesetz und Recht),1913年,第61页。

④ 沃泽尔说道:"没有哪位法学家会在解释某一法律时因要参考另一法律而犹豫,即便后一法律源自不同的人和不同时期,也无丝毫证据表明立法者在通过某一需要解释的法律时他心中就想着另一法律。"(同上引书,第54页)关于法官如何通过"发展法律"去解决法律冲突的考量,参见赫克,同上引书,第179页。

⑤ 萨莱耶(Saleilles)认为,可将解释艺术定义为"一种将自身与导致法律形成之目的、满足当下需求之适应、对未来生活条件一般态度相协调的法律适用理论"。转引自荣格,《自然法问题》,1912年,第6页。当代法学家通常认为在解释法律时考量社会需求是正确之法。例如,参见赫克引用了科勒和伍斯滕德夫的社会学理论(同上引书,第278页及以下诸页)。施特恩贝格,同上引书,第124页。克鲁克曼,《法学导论》,第149页。以及赖歇尔,同上引书,第78页之引证。

在当代法理学所运用的法律解释方法中,语法解释、"逻辑"解释、历史解释(指涉法律建制的发展)这三种互补方法,只有第一种与探究立法者真实意志具有紧密关联(例如,参见马卡列维奇,《刑法哲学导论》,第21页)。施洛斯曼在其论文中着力强调["论错误"(Der Irrtum),载费舍尔(O. Fischer),《私法与民事诉讼文集》(Abhandlungen zum Privatrecht und Zivilprozess),第九卷,1903年],特别是通常所用的"逻辑"解释——朗夫"以内部证据"识别解释(同上引书,第138页)——根本不涉及立法者意志。

在这一体系中，即便有习惯法补足，但该体系仍然无法充当法律适用的重任。人们必须求助于"法的精神""事物本质"以及正义公平等特殊法源以进行（总是由目的考量决定的）法律类比。此处更为显而易见的是，如果认为立法者意志是客观可查明的，那么独立于立法者意志的诸种考量则可发挥作用。

某人在适用法律时运用类比，可能会认为自己熟悉立法意志目的。基于该假定，他可能认为他了解立法者。如果立法者面对他手头上的这个案件，立法者也会以对待其他案件的同样方式处理手头案件。然而，这并非事实。根本不存在通过发布命令或宣告意图而发挥作用的立法意志。尽管如此，当某人在法律适用中运用类比时，他的根据并不是由立法者实际意图所确立的某个命令，而是潜藏在立法者意图之后的目的。因此，他实际上已经超越了立法者作出决定时拥有的具体意图。此外，如果立法者不知道法律有漏洞，那么此人不仅超出了具体意图，而且还违反了那个意图。对立法者而言，他绝不会想到当下案件而只会受制于如下观念：系争法令的确立将产生他所欲的结果，即实现某一特定法律政策。这种观念作为其决策的决定因素，就是具体意图。既然如此，法官为了与立法者意志保持一致，他在行动中就同样受制于这种观念。然而，在法官运用类比判断案件的层面上，他的行动会对体现立法者具体意图的那种观念有所偏离。例如，旧时德国商法规定，当面要约除非被即时接受，否则视为拒绝。然而，远距离要约则在一段时期内有效。如果法律未能预见以电话方式作出的要约,那么通过对这类情形的有效规则进行类比适用,则可认为此时的要约接受者是在场的[参见齐特尔曼,《法律漏洞》(Lücken im Recht),1903年,第10—11页]。那一决定立法者制定法律的具体意图必定会被认为建立在这种思想之上。比如说,给定规则将确保双方当事人在要约应当维持效力的时间利益上获得合理关注。但是,鉴于会发生立法者一般无法预见的情形,因此法官恰恰认为这种思想是错误的。因此,法官在运用类比时,他就拒绝了立法者的具体意图,而以其目的作为决定因素取而代之。另一方面,如果法官已经洞察到立法者动机中的错误而在这类案件中不适用类比,那他就绝不可能在其判决中与立法者具体意图保持一致。因为此时法官遵循了限制解释,且他完全了解这样做会与立法者所设定的目标背道而驰。比尔林说到,仅当既存规范"无法完全满足法律所欲调整的特定法律关系或关系类型的意图之时"(《法律原则理论》,卷4,第383页),法律漏洞才会被视为存在。因为类比这类方法是填补法律漏洞的手段,故它旨在促进"法律意图"在某些规定中的实现。

关于类比的当代观点可进一步参见朗夫,同上引书,第147页。厄尔特曼(Oertmann),《法律强制与法官自由》(Gesetzeszwang und Richterfreiheit),1909年,第27页。赫法特,同上引书,第44页。对此,厄尔特曼在论及立法者的"价值判断"时,他将其视为"法律的客观有效规则"(第28页)。同样的思路在上面涉及的赫克的《法律解释与利益法学》以及米勒-埃茨巴赫(Müller-Erzbach),《作为法源的情感或理性》

(*Gefühl oder Vernunft als Rechtsquelle*),1913年,第12页及以下诸页亦有体现。从这种观点来看,那种认为只有立法者决策时的具体意图才具有法律效力的意志理论则被束之高阁。赫法特意识到了此点。(同上引书,第38页及以下诸页)而法尔克(Falk)则通过指涉某种神秘化的"法律共同体意志",将其作为国家意志的根据,而试图维持意志理论与类比法律效力之间的关系[《法律中的类比》(*Die Analogie in Recht*),1906年,第52页及以下诸页]。

萨维尼曾断言:"每一个类比运用都依赖于法律具有内在一致性的这一假定,但这种一致性并不总像理由和后承之间的纯粹关系那样仅仅是逻辑一致性,恰恰相反,它是从关于法律关系及其原初形式的实践本质的概览中得到的有机结论"(《当代罗马法体系》,卷1,第292页)。萨维尼认为,如果某人考虑到法的有机品格是由给予法律目的整体的民族精神所决定的,那么即可推出法学中的类比会涉及目的论观点的运用。萨维尼对类比运用中逻辑观点与目的论观点之间差异的论述存在模糊性,伍斯滕德夫对此表示出不满(《法哲学与经济哲学档案》,卷9,第2期,第179页)。

基于意志理论的真正法律类比绝不可能是一种纯粹逻辑论证。那些以某一或某些特定法律规则为基础而从中推出的立法式概念,不可能具有广于其被推出之基础的更大的适用范围。因为,它既不是法律规则本身,也不是导致法律必然产生的原因,它仅仅是人们造法时的决策基础。因此,从意志理论的观点看,从中得到的关于新规则的所有推导都是荒唐的。

有论者忽视了此点而将类比运用视为某种具有说服力的演绎[例如参见宾丁,同上引书,第214页及以下诸页。基尔鲁夫(Kierulff),《一般民法理论》(Die Theorie des gemeinen Civilrechts),1839年,第25页及以下诸页。参见法尔克,同上引书,第48页及以下诸页。伍斯滕德夫,《法哲学与经济哲学档案》,卷9,第3期,第291页]。

然而,人们通常实际上几乎不可能说清法律起草者的目的。更不用说确认真正立法者的意图以及"民族精神"那种极为混乱的东西。因此,类比之运用通常是由法官自身的价值评价或目的决定的。他会假定这些评价构成了在某些案件中法律所实际给予规则的法律基础[理由(ratio)],从这个角度看,规则也才适用于其他案件。借助评价,法官可以获得某条规范以使得他能决定那些在不同事态[事实(Tatbestände)]间具有法律重要性的相似之处以及不具有法律重要性的相异之处。此点也被所谓"自由法律学派"极力推崇[例如可见朗夫,同上引书,第147页。施米特,同上引书,第12页。伍斯滕德夫,《法哲学与经济哲学档案》,卷9,第2期,第179页。参见施塔克(Stark),《对法律之分析》,1916年,第122页]。

然而,即便通过对特定法令加以历史客观解释所获得之体系的确提供了法律适用时所需之规范,即法律案件可被涵摄其下的大前提,某人依然可能会运用到我们刚刚谈及的那些法源。如果规则涵摄所导致的结果与某些道德、经济、一般社会价值、正义或公平之要求发生剧烈冲突，那么就会发生这种情形。此时，无论是从立法者还是从释法者的立场看，以类似方式对待类似案件这一原则根据就非常重要，它也应当对其他可同等适用该原则的案件有效。① 此时，会发生齐特尔曼所谓的法律中的"虚假漏洞"，也就是说，即便严格遵守常规法律解释原则只允许一种程序，但某人仍会运用那些大体上仅在填补真正法律漏洞时才有效的法源。

对此，可见齐特尔曼，同上引，赫法特，同上引，伍斯滕德夫，《法哲学与经济哲学档案》，卷9，第3期，第301页。

这种漏洞有两种可能情形。要么在事实上不存在与案件相关的裁决，然而通过宣告系争事实无法律后果，仍可在给定规则框架内作出裁判，但这种裁判会与立法者意图冲突。要么是存在形式上的相关裁决，但某人相信自己知道如果立法者考虑案件则会对此设定例外。相关例子可见齐特尔曼，同上引书，第10页。赖歇尔，同上引书，第115页第8小节和第121页第1小节。关于德意志最高法院的宣告原则见法尔克，同上引书，第8页。在后一种情形中，人们会谈及"限制解释"。然而，如果"解释"被理解为对立法者制定规则时实际含义的确定，即言辞背后的思想，那么这种解释就是错的。因为，此时立法者没有规定任何例外。即使因为立法者忽略了

---

① 参见齐特尔曼，同上引书，第10页及以下诸页。以及被如下作者所引用的法律案例。朗夫，同上引书，第71页第3节第1小节，以及第75页及以下诸页，第4节第1、2小节。赫克，同上引书，第173页及以下诸页。赖歇尔，同上引书，第113页及以下诸页。

第三章 法律的概念问题

所讨论的情形,他也肯定想要规则毫无例外的有效。与"扩大"解释类似,仅当某种错误的表达形式获得运用,"限制"解释才是恰当的,因为这并不与立法者的真实意义冲突。但是,如果断言存在某个实际存在的错误,并在这种情况下假定所谓的法律意图将以此种方式实现,那么这就与立法者通过言辞所要表达的意义这一问题无关。①

此外,应当注意,即便在这些案件中可在给定规则框架内作出裁判并因此认为只存在虚假法律漏洞,但从另一个角度看,漏洞也可被视为是真正的。此处,人们总是认为"立法者"作为真正意义上的法律草案创始人,在他制定规则时并不会考虑这种情形。因此,如果某人运用既有规则判案,那就总是无法确定他是否真的与立法者真实意图保持一致。特别是如果根据既有规则,给定事实不产生任何法律后果,尤其如此。我们无法从规则给案件提供答案,就推出如果案件以这种方式裁判,那么"立法者"的意图就不会遭致挫败。然而,显而易见,这样一来,漏洞的可能范围则没有边界了。每个法律案件都有特殊性,"立法者"无法百密而无一疏,在给定规则框架内基于此所作的任何裁判,都可能导致与他意图不符的结果(参见施塔克,同上引书,第402页)。因此,漏洞的范围界线之确定必然是武断的。在给定规则体系的框架下,仅当裁决非常明显地偏离利益者意图的时候,一个真正的漏洞才被视为存在。鉴于难以知晓立法者的意图,故这意味着解释者价值感

---

① 参见本书下文第306页及以下诸页。

被触动的程度实际上是决定因素。因此,当比尔林批判齐特尔曼依照我们刚刚表明的方法去刻画事实时(同上引书,第384页及以下诸页),他大体是正确的。参见鲁伊特斯基尤德,《法与社会一般理论的基本特征》,1908年,第92页(瑞典语)。然而,比尔林忽视了从某一特定角度将这些漏洞描述为"虚假"漏洞可能是正确的这一事实。

至于第一种情形,即根据立法者的意图,在给定规则体系中应当存在与特定事实相关的法律后果但却并无任何此种后果的情形,法律可能会认为自身并无权通过裁判赋予其法律后果。至于第二种情形,即直接在个案中适用给定规则会与"立法者"意图冲突的情形,我们总可以主张,即便可能是因为疏忽,但立法者也未对系争案件设置任何例外,其总意指规则应当得到普遍适用。倘若如此,那么在这类案件中就不存在需要法官填补的漏洞。

为了避免上面提到的漏洞范围缺乏界线而对法律确定性造成巨大的确定损害,赫法特作出了如下断言(同上引书,第20页及以下诸页)。他争辩到,"虚假"漏洞的标准并非立法者如果了解案件就可提供令人满意之裁决,而是立法者根据已有的不尽人意的规则会支持对案件进行某种特定裁判。因为,人们并不会假定立法者在此处应要增补法律,仅当立法者意识到并且案件需要根据其意愿特殊处理——情势变更(*rebus sic stantibus*)——的时候,此点才是可理解的。除了法律规定的类似情形,根本无法想象立法者会对其事前并不知道的情形发布命令或宣告意志。因此,抛弃意志理论显得

第三章　法律的概念问题

更为清晰了。由此观之，衡量漏洞范围的标准甚至不是所谓的假定意志，而仅仅是一种假定的愿望。

在这种情况下，法理论就不仅仅在给予"立法者意志"内容最真实考量的意义上引领方向，它自然还会对法律适用造成特殊影响。如果价值判断对法律体系化以及填补"真正"和"虚假"漏洞必不可少，那么法理论就无法摒弃价值判断而独自发展。不难理解，在法理论中，关于这些问题的主流思路必定作用重大，因为它为基础体系化和漏洞填补提供了一般性原则，而法官要想一致性地适用法律，这些原则总是必需的。① 特别是当"裁判的理由内容不如作出他种裁判更为重要时"，②这些原则还会与先例天然具有的（极利于法律安全性）重要性结合。即便明显与"立法者意志"相左，克鲁克曼的下述评论或许最佳地体现了这种影响究竟有多强烈，而诸多法学家也当然愿意同意："……时隔数十年，某人可能会在众多记录中偶然发现在其中所确立的关于某条特定法律规则的解释是错误的，这着实令人烦恼。同时，规则可能反而在一开始就具有一种不同意义，而现在则必须抛弃过往数十年已被接受的意义而对其作出相反解释③（关于此点的进一步评论将马上结合另

---

① 参见雷格尔斯伯格，《潘德克顿》，卷1，第87页。
② 施米特，同上引书，第107页。
③ 同上引，第150页。还可参见邓恩伯格（Dernburg），《潘德克顿》（*Pandekten*），第4版，卷1，1894年，第65页。雷格尔斯伯格，同上引书，第108页及以下诸页。

一语境作出)①。"

因此,当考量在法律适用中有所作用的那个复杂的要素网络时,确定立法者实际意图真的只能扮演配角,而如果有人将这一过程描述为"艺术而非科学",②那也着实无需惊讶。

二、可否认为是法官的意志使得法律变得完整?

然而,某些人可能认为,法官职责作为一种原初或委托的法律权力,其履行职责的立场在法律字面意义的框架内是自主决定的。根据这种观点,法官会发挥其司法功能并拥有一种不同于立法者的权力,他有权决定实在法,当然这只限于真实个案。真正的立法者会在他颁布的法律中为法官立法奠定一般性基础。在那一基础之上,法官就可以自由活动并根据自身定义的原则解释补充法律。③

---

① 博纳霍夫特(Bernhöft)主张,即便在当代社会,习惯作为法律的主要渊源,也绝不会仅发挥某种无关紧要的作用["民法"(*Das bürgerliche Recht*),载比克麦尔(Birkmeyer)的《法学百科全书》(*Enzyklopädie der Rechtswissenschaft*),1904年,第370页]。他说道:人们总是容易忘记,"所有法律,一旦其在实践中被运用,它就成为习惯法的上层建筑而具有广泛的重要性"。如同罗马时代一样,"当下也是通过法学与法律实践工作,以及人们的观点和使用惯例去解释、补充和修正法律"。"法律就是由无限量习惯法积累所形成的中心,因此,仅当它与之适应时,它才一定能契合当下与未来的需求。"对此,我们仅需补充,此处的"习惯法"概念是极为广义的,因为它可用来涵盖所有通过超法因素所产生的法律。并非所有这类法律都需要取决于习惯。

在讨论对制定法解释的影响上,施皮格尔更是正确地将"非制定法"与"制定法"比较对照(同上引书,第18页,第30—31页。还可参见第57页及以下诸页以及当中所援引的例子)。

② 例如,沃泽尔,同上引书,第28页所引用的普法夫-霍夫曼(Pfaff-Hoffman)。贝克尔,《法的基本概念与立法误用》等著作,第194页。

③ 因此有了如下观点。毕洛,同上引书,第40—41页。基什(Kiss),《公平以及对迁徙自由权特别考量的法》(*Billigkeit und Recht*),载《法律与经济哲学档案》(*Archiv für Rechts- und Wirtschaftsphilosophie*),卷3,第4期,第547页(对此,基什并未给予十分清晰的表述)。

在那种情况下，立法者意志与那些对法官具有效力的法律之间可能缺乏的一致性问题就变得与考察意志理论的可靠性无关。于是，法官意志取代了立法者意志。当然，实在法仍对法官有约束，法律的字面意义也构成他的行动框架，但是，法律此时仅可被视为立法者的意志，而法官则应将自身行动限定于法律字面意义之内。除此之外，将没有针对他司法功能的有效法。他自身意志将决定个案中的有效法。由此观之，将没有什么阻碍人们将法律视为以某种方式加以表达的意志内容。

对此而言，需要解决的第一个要点是法律意见面对问题时的通常态度。显而易见，根据实在法，某个具有既判力（res iudicata）之裁决无论正确与否都实际决定着个案中所适用的法律。此外，先例对后续案件所产生的法律重要性也绝不可能被排除。在某些方面上，这对英格兰毫无疑问确实如此。但这并不是此处问题之关键。相反，问题的关键在于法律意见是否认为法官在面对法律案件时，只要他遵循法律字面意义，就可以通过自由解释和填补真正或虚假的漏洞而有权按照自身意愿决定案件应当如何裁判。法官或许缺乏那种权限，然而，同样有可能的是，具有法律效力的裁判，无论法官对此是否超越其权限限制，它都对当下案件和未来类似案件具有法律有效性。如果问题以这样的方式呈现，那就几乎不可能存在多种答案。正如荣格指出，如果法官集中关注纠纷一方当事人履行义务或放弃权利这一点上，那么这就预设了义务是从给定情境中客观生发而来的。[1] 否则，败诉方会觉

---

[1]《自然法问题》，第44—45页。

得裁判是为了对手的利益而对他进行的明目张胆的抢劫。立法者调整未来的生活条件,而法官则基于过往案件裁判。此处我们应当注意这一原则:既判之事应被视为真理(Res iudicata pro veritate accipitur)。此处的"真理"(Veritate)不仅关涉法律事实,而且与法律正确适用有关。① 虽然罗马的执政官在万民法(ius gentium)和衡平(aequitas)上是实际立法者,但不仅其他人认为,而且他自己也会认为自身仅有权宣告什么是实在法。② 即便是"利益法学派",他们虽然要求法官在考量那些与法律冲突的公平要求时应有更大自由,但他们也认为法官不应以任何符合自身意愿的方式裁判手头案件。对受过充分法律训练和具有充分案件知识的任何人而言,裁判对公平需求的表达是显而易见的。也就是说,那种约束法官的公平必须被认为是能够客观确定的。同时,毋庸置疑,法官不仅在根据自身价值判断解释给定案件的法律时会认为自己是根据客观有效规范行事,而且在补充法律甚或是违背法律字面意义裁判时(contra legem)亦是如此。③

存在一种要求判决应当正义的强烈情感需求,即判决是对客

---

① 参见克莱因菲勒(Kleinfeller),"立法与案例法"(Gesetzgebung und Rechtssprechung),《法律与经济哲学档案》(Archiv für Rechts- und Wirtschaftsphilosophie),卷1,第2期,第204页。克鲁克曼,同上引书,第95页。赖歇尔,同上引书,第109页。
② 见上,第67页及以下诸页。
③ 斯莫尔德(Schmölder)为某种更为自由的法律适用观辩护,他认为公平本身就是法律的组成部分(《作为民法基础的公平》,第32页)。因为,"如果公平不属于法律,那么只有拒斥它对司法裁判的影响才是恰当的。因为司法裁判应当生产法律而非其他任何东西"。参见《作为民法基础的公平》,第45页。

观存在的权利义务的宣告。这一要求在过往文明史中有深刻根源。无论在古希腊、古罗马,还是德国,法官最初都体现出公断人的品格,而当事人则自愿服从。① 在国家已发展出稳定权力而以外部方式保障和平之前,他必须借助理念手段发挥仲裁人的功能。大多数古希腊立法者就是这样的公断人,他们主要通过理念方式为交战阶级带去和平,故他们也被描述为是"aisymnets"(在《荷马史诗》中意指"仲裁者")。② 赫西俄德(Hesiod)认为,受到缪斯尊敬的国王之所以出类拔萃,不是因为威势,而在于他有能力通过"软语"[柔性执行(μαλαχοῖσι ἐπέσσιν)]打动对手、唤起他们爱的崇敬,从而"精妙地实施正义"以终结"一场哪怕极为重大的冲突"。③

在古罗马,誓金诉讼(legis actio sacramenti)的程序看上去就是"德高望重者"(vir pietate gravis)作为仲裁者对进行中的争斗作原始和解的生动体现。④ 证讼(Litis contestatio)——即法律过程之开场——最初也是在执政官在场的情况下对选定法官的共同接受,因此,法官主要就是公断人。⑤ 对于那些可能握手言和且事关侵权的程序而言,德国人设立它的目的正是为了化干戈为玉

---

① 见维鲁斯基,《法律史前史》,第 126 页及以下诸页。耶林,《罗马法的精神》,卷 1,第 167 页。
② 舒福曼和利普修斯(Shoemann-Lipsius),《希腊古代史》(Griechische Alterthümer),卷 1,第 162 页。
③ 《神谱》(Theogony),第 81 行及以下诸行。
④ 见梅因,《早期制度史讲演集》,第 253 页。
⑤ 邓恩伯格,同上引书,第 186 页。诺伊纳(Neuner),《私法的本质与类型》(Wesen und Arten der Privatrechtsverhältnisse),1866 年,第 27 页。基尔鲁夫,同上引书,第 43 页,第 1 节。

帛。① 除非法官将自身呈现为对客观权利义务规范具有深刻了解的专家,并愿意将这种规范不偏不倚地适用于手头案件,否则这种和解程序合意如何借助理念手段发挥作用? 只有对法官这方面的专业知识抱有信心,②且坚信法官会道出且只道出真相,这才能给予和解所需的理念力量。因此,出于社会和平的需要,就会产生一个与之形影不离的要求,即那些承担法官职责的人必须从始至终地将自身置于争议两造中间而不能偏私。③ 此外,他还必须在不剥夺任何一方正当权利的情况下道出如何终结冲突的客观真理。这一要求催生出荷马和赫西俄德推崇备至的"审判"($i\delta\varepsilon\tilde{\iota}\alpha\ \delta i\kappa\eta$),即一种关注案件真相的直断。④

虽然执行法官裁判在当下会由国家机构通过外部手段保障,但法官依然会借助理念方法履行同样的和解职能。正如梅克尔所言,法官不仅仅是法律权力机构,他还是事关权利义务学说的法律机构。人们对于法官在法律争议中确实可以真实表达出超越诉讼诸方且适用于其手头案件的客观权利义务规范的这种信心,仍然构成社会和平的基础。对此要求的强度在很大程度上取决于这一

---

① 布伦纳(Brunner),《德国法律史》(*Deutsche Rechtsgeschichte*),卷 1,第 253 页。

② 应注意,在《荷马史诗》中,公断人被称为"ἵστωρ",即具有专业知识的人。如可见《伊利亚特》,第 18 卷,第 501 行以及第 23 卷,第 486 行。

③ 在我俩间作出公正评判,而不要偏帮(ἐς μέσον ἀμφοτέροισι δικάσσατε, μηδ' ἐπ ἀρωγῇ)(《伊利亚特》,第 23 卷,第 574 行)。

④ 席策尔(Hirzel),《忒弥斯、狄刻与相关物》(*Themis, Dike und Verwandtes*),1907 年,第 95 页及以下诸页,第 108 页及以下诸页。对于德国古人中的"法律认定者"而言,他们有责任"道出真理"。见上,第 60 页。

事实：虽然法官的确体现出某种不可抵抗的外部权力，但依然存在某种针对任何看起来是纯粹暴力的正义感之回应。

关于法官这一职能的看法，在英格兰法官对待法律的立场有所凸显。毋庸置疑，法官会受制定法、先例、习惯法的约束，但他并不觉得自身仅仅是抽象规则的适用者。他认为，在决定那些源于其手头特定案件之本质的真正法律关系时，其自身职能至关重要。因此，英格兰法官在裁判时比大陆法系法官具有更广泛的自由。参见门德尔松-巴特霍尔蒂（Mendelsohn-Bartholdy），《法官帝国》(*Das Imperium des Richters*)，1908年，第150页及以下诸页。此处潜藏于后的观念是，要想真正实现正义，不能仅仅通过适用抽象规则，而要依次考量权利义务真正规范将要适用的所有重要情形。英格兰法官在对待抽象规则上的这种自由催生出一种法律定义，其不时出现在英国法学家和美国法学家那里。他们将法律"视为法院认可且依此行动的规则"（萨尔蒙德，《法理学》，第9页），或是将法律视为"法院在决定法律权利义务时所设定的规则"（格雷，《法律的性质与渊源》，第82页）。然而，否定法官对法律对其约束有所自知却是彻头彻尾错误的。除了制定法、先例与习惯法会对英国法官具有约束力之外，法官还总有义务在其法律意见中宣告那种客观存在于当事人相互关系中的法律立场。毕洛强调，在本质上，法律裁判仅仅是依"正义"行事[《自认法》(*Das Geständnisrecht*)，1899年，第90

页],①即就独立于裁判当事人间的既存法律关系予以官方确认。

但是,如果根据当前的法律意见法官在裁判中有表达可适用于手头案件的客观法之义务,那么他在实际上就会受到自身法律观以及公众法律观的约束。因此,即便在法律字面意义的框架下,说法官自身就决定了案件的裁判方式是错误的。认为那些在法官裁判中或通过裁判得以具体确定的适用于个案中的法律等同于法官意志,也是错误的。通常,法官在宣判时会想要宣告适用于手头案件的客观法之主旨以表明他作出了实质正确判断。这一愿望可能源于义务感或对惩罚的恐惧,抑或两者兼有。但大体上,他不会仅仅为了满足宣判在假定或确定意义上具有法律效力的这一愿望,就愿意作出某种特定宣判。当然,法官实际上知晓其决定将会产生那种效力,但这与认为法官期望如此并不相同。虽然基于给定理由,他会觉得自己应当以某种特定方式裁判案件,但对此他也有可能漠不关心,甚至是反感排斥。此外,即便法官确实期望如此,这也不是他的行为动机。关于法律的种种期望的确可能在法官确信何为适用于手头案件的客观法时成为决定因素,但这些存在于背景中的期望通常不构成他的裁判动机。且一旦这种确信产生,义务感或对制裁的恐惧(或两者兼有)才是决定因素。

因此,在常规案件中,法官会以某种方式受到约束,基于形势所迫,他无法依自身期望就断定何为实在法。另一方面,无论在何

---

① 原文1890年系错误,应为1899年。——译者

第三章 法律的概念问题

种程度上,现代立法者关于某某东西将成为实在法的期望决定着他所发布的法律声明。因此,在那一范围内,他在决定法律成文规则的意义这点上拥有自由(然而,即便在现代,立法者与法官两者的地位对比也并非泾渭分明。除了规制立法者权威正式范围的规则之外,立法者也会觉得自身受到高于他之上的权利义务客观规范的约束。他会觉得自身有义务赋予这种规范实在法效力。然而,对此深入研究已超过当下问题之限定)。无论是立法者还是法官,都无法通过个人权力依其意图形成某种法律后果从而赋予其所作宣告以法律效力。此处,起决定作用的是一种高阶法律权力。[①] 实际上,这种意图预设了这样一种认识:法官和立法者以某种特定方式所为之宣告是通过某种独立于其宣告的因素(即高于他们的法律体系)而获得法律效力的。然而,此处存在一些差异。那些基于法律体系之故而获得法律有效性的宣告,在某些情况下是(在特定界线内)由关于何者将成为法律的期望所决定,而在另一些情况则否。因此,如果可将立法者之意志视为可供法官适用的实在法,那么尽管会有超出这种意志的行为——法官在解释和补充制定法时必定会有此行为,那也不能认为法官在处理手头案件时是通过自身意志而令这种行为获得了法律有效性。通常,法官所作的解释会获得法律效力,在这个意义上,法官当然会变成真正的立法者。他不仅仅是一部计算机,他关于客观法的主观确信充当着媒介并可能受到其他诸种偶发因素的浸染。但切忌由此得出,可将由法官裁定所决定的法律内容视为以某种特定方式表达

[①] 席策尔,《忒弥斯、狄刻与相关物》,第28页及以下诸页。

的法官的意志内容。①

然而,法官确信中的主观成分可能易被夸大。无论如何,在制定法占据支配之处,当然存在客观要素使得法官的职能履行具有规律性,并使得人们能够客观地依赖它,而这对法律安全性将极有裨益,由这些客观因素所提供的理念式的行为规则在法官的职业活动中找到用武之地并共同构成了法官的有效法。除法律字面意义外,其中涉及的要素还包括解释与补充法律的一般规则,以及法理学与法律实践中的主流思路。

三、可否认为法官有权适用现行的解释规则与补充规则?

因此,我们似乎可以接受上述所得结果,即存在某种不同于立法者意志的实在法约束着法官,因为在考量诸多外在因素的情况下,立法者意志并不是唯一的决定因素。当然,某人为了对立法者意志与实在法的同一性进行辩护,他可说明如下。有人可能会说,

---

① 在《法律与司法机关》这本小册子中,毕洛的考量存在混乱而有所误导。无论如何,其考量未能清晰界分如下两方面。一方面,是法官确实具有的历史性的既有造法权;另一方面,则是类似于立法的初始造法权。参见第16页及以下诸页,第40—41页。就那些适用于实践的行为规则而言,无论是一般意义上还是特定案件中的权利义务规范,法官关于某某东西是实在法的主观确信无疑可以形成新的法律规则。(参见德国对罗马法的继受)之所以发生这种情况,是因为对手头案件具有法律效力之裁判,其作为先例会决定后续案件。但是,此种造法不同于立法,因为法官的主观确信是通过其裁判才有效,而并非像立法者那般由他关于某某东西将成为实在法的愿望所决定。类似混乱可见赫克,同上引书,第248页及以下诸页。阿迪克斯,《法官的立场与活动》,1906年,第13页。格雷,同上引书,第164页、第209页及以下诸页。施塔克,同上引书,第101页。

法官在解释和补充法律字面意义时，正是立法者意志使其考量了其他因素。有人还可能说，正是立法者表达出了这种意志并令其生效才赋予法官某种一般性权威。[1] 当提出应当如何解释那种权威的问题时，意志理论的弱点很自然地再次显现出来。[2] 此处，我们暂且存而不论。

但是，通常没有证据表明这种一般性权威是存在的。[3] 它仅仅是为了给意志理论辩护而驱动形成的一种拟制，我们还可将这种拟制与作为一般意志的习惯法所具有的类似驱动的拟制加以比较。

例如，在论及类比时，有人会认为，如果基于特定理由在某个法律领域内（例如刑罚威胁）禁止类比，那么在他处的"沉默"则体现了他在一般意义上允许类比（赫法特，《法律漏洞》，第20页）。然而，这种论证方式是武断的。因为还可能存在这种情况，即立法者认为根本不可能以某种会被实际遵守或足够精确的方式规制类比。当这是一个法官自身都觉得受到约束的法律问题时，根本不可能论及立法者的许可，而这会使

---

[1] 此点在考夫曼，同上引书，第96页注1中得以明确体现。这种观点似乎也徘徊于施塔姆勒心中，见《法理学理论》，第617页。一些模糊的表述，则可见博纳霍夫特，同上引书，第379页。还可见齐特尔曼，同上引书，第26页对类比的论述。关于作为法律规定的解释规则的论述，可进一步参见耶利内克（W. Jellinek），同上引书，第158页。比尔林，《法律原则理论》，卷4，第226、264页。

[2] 参见霍尔德（Hölder），《意志宣告理论》（*Theorie der Willenserklärungen*），1906年，第28页。试着想象一下某条控制着类比在法律适用中的运用规则！

[3] 《瑞士民法典》第一条及其前身构成一个极为明显的例外。关于此点意义的阐述旋见后文。

得法官觉得自己有义务宣告的仅仅是何者决定了案件。如果这等同于立法者意志,那么此问题也仅仅事关命令或禁止而绝不可能是许可。无疑,有人可能会说,这种意志在特定的固定界线内给予了法官依照自身权威并根据某些原则——立法意志在立法时仅对其有所参考——解决案件的自由,如交易习惯、公平、在刑法中具有突出地位的刑罚目的等。但是,法官此时接受的肯定不仅仅只有许可。可想而知,立法者无疑会以类似方式默示法官依照他所认为的恰当方式去运用类比。然而,如果就那些立法者未能事前预见且可能存在于所有案件的"虚假"漏洞而言,那么是否存在某种无法通过诉诸法律规范或"法律精神"之类推适用而得以解决的案件呢?立法者绝不可能愿意类比被毫无限制地使用,如此一般性的规定在法官适用原则进行裁判时并没有给予他任何指引。宣称立法者会对类比适用给予实际指引是反事实的。如果立法者能用沉默支持某种实践,那从意志理论的角度看这也没有多大法律意义。

此外,立法者意志应具有一般有效性,如果立法者还必须颁布命令或作出意志宣告以表明现行解释规则和补充规则的正确性,那这就等于认定蕴涵在立法者特定命令或意志宣告中的具体真实意图就完全不是决定性的。在那种情况下,立法者所欲之事只是假设性的。然而,真正的命令或意志宣告绝不可能是假设性的。即便所构想的行动指涉的是作为其发生条件的某种特定情形,但像"你应当"这样的命令或"我将要"这样的宣告也是直言式的。正如同对实践行为而言,如此这般的行为通常"应当"在如此这般的情境中实施（当然，在另一关联中不仅于此）。但是，在解释或补充特定声明的情境下，一般性命令或意志宣告就只针对法官。当然，此处不需赘言，法官所采用的程序是由其解释或补充的结果决定的。为了便于结果获得遵守且能付诸实践，对此当然有必要不留任何含糊而使得法官能够毫无疑问地确定正确程序。为此，则需要有详细立法对诸如类比的适用界线以及现行实践意义等进行解释和补充。然而，在何处可以发现这类东西呢？

如果《瑞士民法典》第一条确实人为设定了这类东西，那它也仅仅是对真正命令或意志宣告的模仿。它没有给予法官任何可供填补法律漏洞的指引，它只要求法官诉诸"如果他是立法者所要设立的"规则。这意味着，"法官在确立何为正当之时，应从法律体系整体的角度去看"。同时，它还要求法官参考"既有学说和传统"（这同样适用于解释）。然而，它并没有回答法律何时会存在漏洞这一问题。见赖歇尔，同上引书，第50页。赫法特，同上引书，第44页。朗夫，同上引书，第19页。

当赫克争辩到（同上引书，第49页及以下诸页、第170页及以下诸页），如果某人命令解释者不单要考虑权威机构颁布命令时的意图，还要将这些考量作为探究命令者实际利益的手段，那他就完全忽视了命令的典型特征。当他断言这种对统治者命令"更为深刻的解释"（第51页）是那些具有独立思考能力的仆人的日常职责时，仆人的职责更可能是考虑主人的真正利益而搁置命令。除非主人的命令恰好与其利益一致,否则这根本算不上遵守命令。在那种情况下,主人的利益根本不是通过解释实际存在的命令而是通过考虑他在不同场合所宣告的愿望而被发现的。然而,鉴于命令接受者对命令者留给他的利益情境具有主观评价的自由,因此,人们可能会质疑如此一般性的命令在心理层面是否真的可能。为了让命令如此那般地发挥作用,命令接受者必须觉得自身受到命令者的限制影响。

然而,即便这种授权存在,其对法律适用也毫无意义。事实上,无论法官对法律有多忠诚,他都必须根据从其工作媒介中所形成的原则去对待法律字面意义。整体上,无论立法者是否授权或禁止他考量那些曾被法理论或法实践所接受的用以解释和补充法律字面意义的原则,这都无关痛痒。① 例如,一条绝对禁止适用类比的法律规则,在制定法和习惯法都无法提供规范且又必须进行

---

① 沃泽尔强烈反对解释规则是法律规定的这一观点(同上引书,第13页及以下诸页)。他认为,解释规则是"自然规律"。而厄尔特曼则说,"超越国家的普遍的解释原则"是在"自然法的必要性下"运作的[《法律秩序与惯例》(*Rechtsordnung und Verkehrssitte*),1914年,第370页]。

如果全面引入《瑞士民法典》第一条(上引第94页),那么最可能导致如下整体效应。法律裁判的表述将可能被修正,在某些地方(如德国),那些既存于法律实践中的且法官在面对"法律字面意义"时所拥有的自由将会因此条款之规定得以扩展。原则上,该条款在任何地方都独立于任何授权而存在。德国法官也就"总是可以自己主张"该条款所设定的填补漏洞原则。此点被赖歇尔,同上引书,第107页所强调。根据法尔克,同上引书,第5页所提供的信息,此点具有代表性。然而,《普鲁士一般国家法》第49条对类比适用的允许却几乎对与之相关的裁判没有吸引力,根本没有任何裁判以该规定为基础。

裁判的所有案件中都必然是虚弱无力的。①不仅如此,当在某些案件中,直接根据规则涵摄会强烈地颠覆人们的正义感或是普遍适用规则会摧毁更为重要的社会利益的时候,②情况同样如此。在法律适用实际依赖于司法先例情况下,尽管常常缺乏法律授权,我们依然清晰可见某些不可化约为立法者意志的法源是如何在法律适用中发挥作用的。当然,我们表达这一观点并不是否认立法者可以通过颁布某些特定解释规则(如法律定义)去影响法律适用。

《普鲁士一般国家法》第六条规定:"后继裁判不应考虑法学家的意见或之前法官的附带意见。"无疑,如果某人不考虑法律裁判的官方表述,那么该规则似乎也就仅仅沦为某种虔诚的愿望(对此可见斯莫尔德,同上引书,第170页)。

自毕洛的《法律与司法机关》(1885年)发表以来,德国法学家普遍认为,即便没有立法者明示或默示的同意,司法实践同样具有真正的立法性(见厄尔特曼,同上引书,第19页)。对此,耶利内克用一种颇为独特的术语谈到,相比于(立法者)

---

① 见宾德,《法律概念与法律观念》(*Rechtsbegriff und Rechtsidee*),1915年,第253页。

② 虽然类比对于填补真正漏洞不是必需的,但施皮格尔展示了(奥地利法律)在刑罚威胁上类比适用并不总是被禁止的(同上引书,第128页及以下诸页)。例如,故意破坏国家的电话就被当成是破坏国家电报机的问题来处理。电话就这样被公然宣告为一种电报机!如此一来,类比好"悄无声息地进入到了解释之中"。(第130页)然而,应当注意,出于保护公民自由,禁止适用类比具有充分根据。见齐特尔曼,同上引书,第17页。

"通过自由去造法",这是一种"借助实在的造法"(同上引书,第26页)。关于先例的实际意义,施皮格尔说到:"如果司法实践赞同某一法律,那么法官遵守该法律时则可忽略关于它的知识。如果这种知识与法律相左,那么它对法官就没有规范性。然而,实践会令其与教义反思保持距离而体现出这样一种显著倾向,即通过彰显法官眼中的先例而影响他对法律的解释。当法律允许多种解释时,如若可能,法官将应按照先前裁判作出裁判。"(同上引书,第42页)

在该问题上(《瑞典民法典》,总论部分,1891年,瑞典语),努德林(Nordling)的立场有所混乱。在第34页中,立法与法院实践和法律学说在法源上被置于同一层次。关于法院实践,他特别提到:"这些(如立法)规定要适用于个案必须经过或多或少的修正。在法律适用过程中,要将这些修正与立法者的命令联系起来,而后者则是通过法律实践或法院实践所定义的法律规范(注意)。"但是,在第36页中,问题却被如此提出:"根据我们的法律(注意),先例在何种程度上算得上执行法律的规则?"正如如果"我们的法律"仅仅由制定法决定,那么根据制定法此处的回答毫无疑问是否定的。然而,此点在前面章节中已被质疑。

只有在一种情况下,法官在法律上被真正禁止适用任何常规的解释和补充方法才是可想象的。那就是在所有法律的意义可能遭到质疑的案件中,立法者都准备亲自给予权威解释。但是,除了解释自身必然会不断要求进一步解释的这一困难,无论是出于实践理由还是基于一般正义感的要求(法官应独立于立法机关），这种方法皆与现代文化相左。毫无疑问，这种方法是专制主义原则的体现，在理论上，这种原则认为统治者武断的意志决定了所有案件中的"法律"。

关于查士丁尼对此点所作之规定可见萨维尼，《当代罗马法体系》，卷1，第304页及以下诸页。在之后专制体系中，与之相应的立法提请（référé législatif）可见施皮格尔，同上引书，第100页及以下诸页。

四、可否认为立法者有意令法律字面意义成为法官适用法律的决定性根据？

然而，为了至少能在相对意义上为意志理论辩护，我们还可将该问题如下视之。现假定，无论是立法者在诸种规则中的具体意图，还是关于解释和补充方法的抽象意图，都不是法律适用的决定因素。某人仍然可能认为那些被当作法律加以适用的制定法文本必定总是立法者有意为之。虽然可能有争议，但此点在制定法存在草拟错误的情况下才得以体现。因为，可证明为立法者有意表达的东西是对其适用的确定。毫无疑问，实际情况如下：立法者将已被接受且不为其支配的法律技术作为起始要素，并认为自身只能通过法律言辞表达才可具体（in concreto）决定有效法。他不会认为自身在决定法律时还会借助与之相关的具体意图或一般性的解释和补充规则。因此，立法者会根据已被接受的法律技术表述法律，而他会认为这种技术以某种不受自己支配的方式发挥着作用。① 如果立法者是一个团体,那么唯一能够展示给所有参与者的意图,同样只是立法者对某种特定法律言辞形式所赋予的法律权威。② 此外,如果立法者是个人,那通常而言,唯一可确定的清晰意图正是法律的言辞形式。因此,无论是就立法者自身观点而言,还是从确定其意图的可能性来看,我们都不得不得出这一结论:在立法者那里,大体上唯一能被视为实在法的意志因素只有使用某些表述的意图。

然而,必须注意,切忌将立法者说出某种法律言辞形式的意图与其他意图分离处之。如果他真的只想表达这一言辞而不让其他任何东西构成法律字面意义,且他不会在不考虑言辞表达内容的情况下单纯地批准某一法案,那么他必然会对特定规则基于通常法律技术而产生的法律后果了然于心。只有他希望这些后果应当得以遵守才会使他选择那种言辞表述。不仅如此,我们只能将适用某种表达模式的意图视为确立特定法律后果而加以适用的意图。实际上,下位意图总是包含它的上位意图,反之则不然。概括地说,我可能有赚钱的意图。但我不能因为那一理由就愿意去创办企业,除非我认为它的确有利可图。我所意愿的并非绝对,它只

---

① 参见科勒(Kohler),"论制定法解释"(*Ueber Interpretation van Gesetzen*),载格鲁恩福茨所编的《当今公法与私法杂志》(*Grünhut's Zeitschrift*),卷13,第3页、第20页及以下诸页、第30页。

② 参见博纳霍夫特,同上引书,第370页。萨洛蒙将制定解释规范的意志定义为"统一于共同目的的造法因素,在其依此统一中所形成的整体"(《法律的概念问题》,1907年,第74页)。由于只有法律的字面表述可明确确定某种"共同目的",因此,那种为解释法律字面意义提供规范的意志,就化约为对那一目的的共同追求。当然,这并没有为法律字面意义的解释提供任何规范。

是因果链条中的一个环节。也就是说，下位的直接意图总是会将其目标指涉一个序列中的项，而这个序列中的末项则是上位意图目的之实现。因此，如果在法律适用过程中，立法者恰恰使用某种言辞形式的意图对法官构成实在法，那么在这一意图中，必然包括立法者恰恰以这种言辞形式作为导致这种或那种法律后果的选择。因为除此之外，再无他种意图了。如果制定法草拟错误，那么立法者实际想要作出的表述则被当成法律适用之基础，其决定因素则对法律适用而言就仅仅是某种客观规则，而这种规则作为某种特定因素在立法者的实际意图中被当成了基础。由于那种因素仅能作为语境项(an item in a context)而产生，且此处它被当作基础之时与语境分离，因此，立法者的实际意图根本不可能成为决定因素。

此处我们切不可因为立法者知道法律字面意义可能会导致意想不到的法律后果，就误认为他确实想承担这种风险，并因此期望其表述具有绝对的法律效力。因为，他想要的这种绝对法律效力只是他所期望的法律后果的必要条件。立法者要想实现目的，除了置身于那些不期而遇的风险之外，别无他法。因此，在抽象意义上，以某种方式表达自身的这种意图根本就不存在。如果某人要在狂风暴雨中航行，那么他就有意将自身置于某种危险之中，但这仅仅是因为这种危险是获得航行所带来的快乐或益处的条件而已。正如，如果某人毁掉自身，那么他就可以很好地实现自身意图一样，切忌将以身犯险视为某种独立意志的内容。

在抽象意义上，将立法者以某种方式表达自身的意图视为法律适用的决定性因素,这种做法与根据秘密"意志宣告"而为意志理论辩护一样,都犯了同样的错误。动机错误的通常不相关性以这种方式与意志理论结合,使得只有关于法律后果的实际意图而非期望那些法律后果的动机才具有约束力(假设与动机相关的错误信念的正确性不能以任何方式被视为宣告的有效性条件)。例如,参见齐特尔曼关于意志理论的优秀著作,《错误与法律交易》(*Irrthum und Rechtsgeschäft*),1879年。但是,如果某人在作出意志宣告时期望某些法律后果无条件地发生,那么他所期望的那种结果就只是他为了实现其他东西的必要条件。如果我买马来骑,且假设我能学会如何骑马,那我当然会买马而不会将该假设之正确性作为购买条件。但是,我愿意无条件买马只是我骑马的一个条件。不存在什么关于法律后果的抽象意图可以约束某人曾经作出的意志宣告。如果关于法律后果的意图真的具有约束力,那么他也只是在法律后果能够真正实现终极目的的意义上受到约束。因此,在不存在动机错误时,必然总会预先假定宣告是否会形成某种权利(关于此点详述见另一相关之处)。同样地,如果约束法官的是立法者通过法案所表达出来的诸如此类般的实际意图,那么立法者的任何动机错误将令法律无效。

仅当立法者在其法令中所体现的实际意图被当成法律适用的基础,才能认为他以某种方式表达自身的这种意图构成了实在法。由此可断定,前面已经讨论过的立法者意志与约束法官之法律的同一性难题已然再现。因此,在立法者意志对法律适用的意义上,意志理论已被赶出了它的最后一道防线。

五、可否认为"法律秩序"本身的意志具有决定性？

为了避免识别出约束法官的立法者意志的困难并同时维持意志理论，人们常会诉诸"法律秩序"自身意志这一概念。据此，那些约束法官的实在法就独立于某位立法者。① 显见，这种假定是为了绝境求生。然而，在抽离于具体立法者后，它并没有解释法律秩序的意志究竟是什么。② 此处假定的依自身意志而存在的客观法律体系仅仅是根据某些原则对立法表述进行法律解释和补充的产物，而这些原则所起的效果则受到环境影响。法官受法律字面意义的约束是宪法自身力量的一个体现因素。法官不得不以某种方式解释和补充法律，则是那些在法官履职时对其具有一致性作用

---

① 持有这种观点的典型代表有宾丁、科勒和瓦奇。参见鲁伊特斯基尤德，《论法律解释》(*Ueber Rechtsauslegung*)，1899年，第22页及以下诸页。在瑞典学说中，其出处可见哈格斯托梅尔，《瑞典刑法讲义》，第45、50页(瑞典语)。他极为杂混地论及了"法律的意义"和"法律的意志"。施皮格尔将这种理论与从君主专制主义到宪政主义的转换相勾连(同上引书，第17页及以下诸页)。赖歇尔亦是如此(同上引书，第10页)，他认为这种理论是一种有用的拟制，然而，这等于抛弃了意志理论。

② 施米特断言，此处讨论的措辞术语是仿效立法者意志观点而形成的，"除此之外，无论在形式上还是在实质上这种意志都是不可想象的"(同上引书，第27页)。

塞利格曼(Seligmann)认识到，人们对法律之批准通常是轻率的且不可能对其进行全方位探究。因此，他说到："某人按其意愿，通过法律拟制的方式赋予某个法律命题以法律效力是不符合逻辑的吗？正如宾丁、瓦奇和其他人所做的那样，捏造一个不存在的意志者的意志，其逻辑性减损了多少呢？"(对于这些观点在何种程度上符合逻辑是口味问题。但是无论如何，它们都缺乏科学有效性。)同样还是那些作者，他们为了赋予所谓"法律意志"以某种意义，还将个体立法者的意志偷偷注入其中(第139—140页)。

博纳霍夫特说到："法律是独立于个人的意志内容。即便立法权的承载者死亡，甚至是发生宪法上的暴力革命，其亦持续有效。"(同上引书，第379页)参见对瓦奇的引用，赫克，同上引书，第74页。但是，他并没有解释意志内容在缺乏主体时如何存在。

的法外因素所造成的结果。此处，即便不排除在立法表述形成和对法律解释、补充中充斥的诸种有效利益，也不存在某种包罗万象的单一意志。

当温德莎伊德断言处理法律漏洞的解释事业就是"识别法律体系真正思想"的时候（《潘德克顿教科书》，卷1，第7版，第58页），他就与教条的拘泥字义者采取了同样站不住脚的观点。后者认为，在那些由身处不同时代并持有极为不同目的的作者所著的《圣经》综合体中，可以发现某种融贯的单一思想。毫无疑问，那种他相信可以发现的单一思想是他自己的，而非《圣经》的。赖歇尔说到，在与宪政主义具有联系的法律专制主义时期，法官在法律中发现"启示"。"他将法律视为那种被旧时路德教教义奉为圣经的不可动摇的正统"（同上引书，第10页）。

宾丁说道："因此，最好不要选择立法者的意志，而是指明法律本身的意志，这种法律体现为单一法律体系的法律规范条款，并将其内容、权威和有意实现的效果作为解释这一法律规范的目的。"（同上引书，第456页）之后他说道："法律会思考是什么使得对民族精神的合理解释变得可理解并将其作为自身意志。"参见梅克尔的评论，引自鲁伊特斯基尤德，同上引书，第21页。此处，可将充满神秘色彩的"民族精神的合理解释"替换为法律解释和补充的流行方式，于是乎，那种被描述为法律自身思想和意志的实在就得以正确呈现。

同样的评论也适用于鲁伊特斯基尤德将"法律与正义之

精神"辨识为"社会意愿之事"或"真实的集体意志"的这种做法(同上引书,第62页及以下诸页)。据说,普遍法律意识("allgemeines Rechtbewusstsein",第65页)决定了这种意志。与"法律精神"等相对应的实在实际上是法律规则体系,该体系则是遵守关于现行法主流解释和补充规则所形成的结果。可以肯定,这些规则包含社会需求以及"普遍法律意识"。但是,切忌由此得出存在某种社会共同意志,其以"普遍法律意识"作为解释和补充法律之原则的决定性基础。

毕洛认为自己发现了民事诉讼程序中自认的真正关键。(《自认法》,第243页及以下诸页、257页、271页)自认之所以无需探究即可成为判决基础,不是因为自认方具有放弃争辩自认事实或是接受其为真的意图,而是因为民事诉讼之目的是为了定纷止争。因此,如果法庭对双方合意之事进行调查,那么将妨碍这一目的实现。不要干涉已解决之事(*Quieta non movere*)!因此,自认的基础并非私法问题,而是公法问题。由此可得,《德国民事诉讼法》第288节关于事实自认的规定可类比适用于对解决法律纠纷案件极为重要的法律关系的承认。毕洛认为(第273页及以下诸页),假定《民事诉讼法》的作者对相关原则或其后果没有明确观点,那么它所包括的"具有法律约束力的有效命令"就可因其后果而超出第288节的范围而得以适用。因为法律并不仅仅是一堆规则,而是"调整我们公共生活的统一力量,作为一种精神整体,其全部内容以及最为深刻的意义",立法者"是无法完全表达出来的"。比立法更为深刻地洞察法律,既是司法机关的最高使命,也是法理学的灵魂所在。

就此,下述评论足矣。某人认为法律所具有的这种统一力量真的独立于表达它的制定法而存在吗?关于民事诉讼程序目的的法律原则,其效力不是应该首先源自立法者根据它才确立民事诉讼程序的这一事实吗?相反,如果立法者在塑造程序法时没有一直遵守原则,难道他不是在破坏它吗?应当注意,在毕洛写作之时,他所建议的对第288节进行的类比扩展绝不可能在法律实践中已被公认为是正当的。此外,对法官和法理学而言,此处讨论的"统一力量"真是某种独立的知识对象吗?司法实践对毕洛原则的普遍接受难道就不可能不是该原则成为法律本身具有的"统一力量"因素的先决条件吗?总之,是不是那种据称潜藏在法律特定命令之后以及法律自身中的假定力量反身创造了法律、司法实践与法理学的结合体呢?因此,对立法者、法官和法理学而言,难道诉诸某种作为既存实在法的命令不是某种倒逆论吗?

尽管假定在法律中"住着"某种意志在科学上站不住脚,但如果这种意志只是对制定法解释和补充主流方法的一种拟人化省略,那也无伤大雅。不仅如此,这种拟制还可能源自某种社会需求,因为法官为了让自己看上去不是根据自身偏好裁判而伤及人们的正义感,他就必须诉诸某种在他之上的权威。如果立法者无法充当这一角色,"法律"被赋予这样的权威就是必须的。[1]但是,

---

[1] 对此,可见沃泽尔,同上引书,第94—95页。

这会面临两方面反驳。

第一，这极易导致这样一种观点：主流的法律适用原则不再是基础法源，而是由那种作为超级法源的"法律意志"所授权的法源。因此，据认为，这些原则作为次级法源就不仅要接受应然法（de lege ferenda）的批判，其有效性还要承受司法上的批判。①

第二，这极易导致这样一种倾向：认为那种假定意义上的意志必然会指向法律解释者心中的最高目的，并由此得出关于实在法的结论。这类倾向在施塔姆勒及其追随者中体现得极为明显。②

---

① 见本书上文，第41页及以下诸页。

实际上，在言辞达意的恰当意义上，对用于解释和补充制定法的正确原则的通常阐释绝不可是法律上的，而只属于实践哲学和社会学。例如，如果某位作者推荐历史文献法，那么他同时也就主张了立法者的真实意图应当成为调整社会关系的基础。如果他支持社会学方法，或是认为正义感具有规范性，或是将根据立法者意图探究社会利益视为基础，那在作出细节修正后，情况同样如此。在这样的情况下，认为某人在一般意义上从事着法理学研究的这一信念只可能源自这一事实，即他要从法律本身或法律体系的概念着手，将其作为存在于某个模糊之处（in nubibus）的意志，并坚信自己知晓这一意志的内容。与实践哲学或社会学不同，真正的法理学研究的是法律实践中实际运用规则的内容。

② 关于施塔姆勒随意引入"正义观"作为实在法规范但在技术上却缺乏法律表述的做法，见本书上文第22页。

格拉夫·祖·多纳（Graf zu Dohna）是施塔姆勒的一位信徒，在其1905年出版的《违法性》一书的第50页中，我们读道："现在我知道，当法律秩序认定某一系列行为是违法的时候，从社会共同体的最终目标来看，这绝不是一种实现正确目的的正确手段。因为，对于期望引导人们如此行为的法律秩序而言，如果它在特定情境下禁止这些行动，那么它就会自相矛盾。"如此一来，打着科学证成的旗号，法官就获得了全权委托（carte blanche）。同时，鉴于不同阶级对社会"最终目标"看法不一，由此导致的后果几乎不可预见。

第三节　从意志本质看意志理论的困难

现在我们要转入基础探究，其事关将法律化约为某种命令或自我宣告意志后适用法律的可能性。为了使得该探究在这种情况下是可能的，必须假定某人可以从给定的且被视为某个特定意志内容的法律材料中，推出同为那一意志内容之部分的诸种东西。假定某一法律意志已由命令或宣告体现，那在一般情况下，意志内容的某些部分则会发生。例如，以这样或那样的方式惩罚某种特定犯罪。于是，必须假定这种属于同一意志内容的特定犯罪（其可被划入那一犯罪种类之中）将根据一般性规则施以刑罚。再假定在诸如此类的特定案件中有这样或那样的规定，并且通过分析可将某些一般性目的表述为针对该事项的意志动机。于是，鉴于那一意志在其意动上具有假设性一致，故在对其他特定规则的解释上，或是在那些直接无法可依而又必须裁判的案件中，这些动机就会必然得到运用。否则，毫无疑问，建立在意志理论上的法律适用将是异想天开。

一、为了法律适用在形式上可以逻辑涵摄的方式进行，意志理论必须假定立法权威决议在法律有效期内完全固定

假定意志通常会决议以某种特定方式行为，为了执行初始决议中已计划好的行为模式，该意志还需对每一个特定案件作

出这样的决定。此点还可表述如下。在每一个决议中，会涉及某种特殊的意动性经验，某人可用"我将做这样或那样的事"表达它。为了令法律适用成为可能，人们必然会认为，在与客观法相关的法律意志决议中，意动性意识会在每一个特定案件中根据初始决议已计划好的行为模式的执行条件展现自身。在特定案件中，我们必须假设意动性经验可按如下方式表述："因为这件事是对一般行为模式的实施——即初始决议所决定的事项，因此它将会发生。"例如，因为刑法（初始决议中关于刑罚的法律意志内容）对这类案件确定了这种刑罚，故这种犯罪将以这样的方式被施以刑罚。

如果这样假设是可以的话，那就可以假设那些以基本客观法为意动性经验内容的主体总会在其面对的情境中推出正确的实践结论，即那些确实可从给定前提中推出的实践结论。当然，即便给定前提在某一单一意识中悉数存在，某人实际上也不可能从中推出那些结论。假设我知道两点之间直线最短且我还知道这是一个三角形，那我理解这两个事实就同在某个意识行为之中。但是，这却无法确定我将得出三角形的两边长于第三边的结论。这些边之间的量级关系并不必然会通过这种意识行为而被理解。尽管如此，根据这种统一意识的内容以及上面谈及的方式，还是可以确定这些边之间的量级关系。至于这是否发生则取决于某些心理学或精神物理学上的条件是否存在，如科学旨趣。因此，为了让人们认为法律意志主体在所有案件中都能得出正确的实践后承，就必须有某些心理学或精神物理学条件。用日常语言简化之，即所谓的

"决议的固定性"。① 现在,我们在此关注的只是以意志理论为基础并对法律适用而言是可能的某种特定法律意志的必要构成。因此,此处的问题仅仅是当个案已处于理论涵摄下根据预期行为规则推出正确实践结论的条件。因此,我们在此可以不用考虑从行动规则和所呈现出来的特定案件中推出正确理论结论的条件。后者关涉的是法律适用权威人士。但是,无论法律意志是否通盘了解情况,只要假定它可实际得出正确结论,那么根据意志理论,它们都可为那种根据法律行动规则适用于特定案件的程序的合法性进行成功辩护。如果法律适用在当下情境下是可能的,那意志理论必须假定的就仅仅是决议的固定性。然而,在此处,只有某种相对固定性远不足够。如果仅仅如此,那就无法确定在特定案件中一般规则是否真的会被适用以及法律适用是否会停滞不前。事实上,决议一定会被假定为是完全固定的。

说得更全面些,为了使得建立在意志理论上的法律适用成为可能,我们必须预设法律意志具有如下特征。它必须完全固定地决定何种行为方式体系将被付诸实践,以及根据那种决议决定何者会在所有个案中进入其意动意识。它必须根据自身对预期行为体系如何适用于案件的洞见去判断。然而,这种意志断然是某种不受任何其他事物限制的(ab omni alio solutum)东西。我们必须认为它不会受到那种能对任何属于自然秩序之意志起作用并可修正其决议的复杂因素的影响。难怪为了解释建立在意志之上的法

---

① 在"事物永恒持续固定"的意义上,施塔姆勒形容法律意志具有"无可辩驳的"本质(《法理学理论》,1911 年,第 105 页)。当然,这并不排除法律根据自身所设定的形式进行变动。

律，人们发现，必须假定某种超感官的意志存在。① 然而，只要问题事关在这种自主实体与自然秩序之物之间寻找连接环节，那在与自然秩序的关系上就不可能贯彻这种关于自主实体的思想。②

二、对意图及其固定性条件的心理学研究

然而，看上去，仍有可能将给定意志理解为某种相对自足的（self-contained）统一体。只要意志以某种决议作为其原则，同时与之相关的意动性意识在适用这种原则时继续保有相对的逻辑一致性，那它看起来就是一种相对自足的统一体。其统一性通过该原则获得，自足性则通过其逻辑程序实现。对这种程序而言，似乎存在某种我们通常称之为自主思维活动的东西。当然，自足统一性对那种意志而言至关重要。同时，相对性则仅仅表明给定意志的意志特征存在某种限度。因此，如果某人忽略绝对事物这一概念所具有的一般性的内在困难，那么认为意志是绝对的似乎就并非不甚合理。某人通过忽略体现给定意志特征的自足性限度并专注于体现意志本质的自主性，就可实现此点。

虽然在一般意义上对意图本质进行更为细致的研究很方便，对借助意图固定性可理解什么以及对与意图相关的意动性意识的逻辑进程的可能性进行个别研究也不困难，但我在此将仅对解决当下问题的重要方面进行研究。

---

① 拉森认为，他眼中的国家是最主要的法源，其拥有普遍有效性，并具有合理且自洽的意动性内容（《法哲学体系》，1882 年，第 289 页）。据此，对他而言，法律是"宇宙理性之镜像"，其拥有"某种内在于自身的且神圣圣洁的东西"（第 293 页）。

② 见本书上文，第 26 页及以下诸页。

在人们做决定时，我们可以用"我将会如此这般行事"这样的言词表达某种包含特殊意识的意图。相反，除非意图存在，否则这类意识不可能存在。不难看出，那种被刻画为如此这般的东西并非判断的本质。倘若如此，其则可以如下方式表述："我实际上将要如此这般行事"，或者"事实上，这种行动将会发生"。但显而易见，对于我们在此讨论的心智状态而言，这样的表述模式并不适当。可能会存在这样一种想法：行动实际上将要发生是意向意识的一部分。① 但是，像"我将会如此这般行事"这一被视为表达那类意识的表述，即便它与未来将要发生某事的想法关系紧密，它描述的也不是一种未来事态。显见，我可以(通过了解的我的真实性格)基于纯粹的理论根据预测我未来的行动而无需对相关意图知识哪怕有一点点了解。但是，我们在此关注的意识与意图相关。类似地，基于内省，我可作出这一判断："现在，我决定要做这件或那件事。"但是，这种判断并不是表述意图的一个要素。

因此，现在的问题是，当我说"我将会如此这般行事"而表述意图时，我表达的是什么？如果此处的意识包含意图本身，以至于意图在意识发生时必然存在，那么意识就很可能是存在于与意志所指涉行动一同被理解的那种意图之中的意动性要素。我们可将这种意动性要素称之为意动性神经冲动(conative impulse)。在不循环的情况下，人们无法切实描述出那种被理解为属于意图的意识。但是，基于那种意识与意图间的必然联系，我们可以推出必然存在

---

① 见艾伦菲尔斯(v. Ehrenfels)，《价值体系》(System der Werttheorie)，卷1，1897年，第243页。

某种东西与意图相关。另一方面，意动性神经冲动切实存在于判断之中，为了了解此种判断的特征，此处的意识似乎只需是独特的，但事实并非如此。

如果我们考虑其他情感，例如愉悦和不悦，也会发生类似奇怪情形。很明显，人们在情感中经历着某些东西，并因此产生出某种意识状态。然而，意识到这种情感状态却与之处于极为不同的层面，这也不意味着相对于那种"情感"经验而言它更为清晰。我们不能认为，当意识到情感时，体现在那种情感中的同一内容就能被理解。情感内容本身并不存在于情感意识中。通常，那种情感内容并无法嵌入至某种更为广阔的整体之中，因此，它也无法在不融入自我(the ego)的情况下就被视为某种既存复杂体的要素而被定义说明。总存在某个我经历着愉悦或不悦。因此，仅当某种经验存在于某种自我之中时，情感内容对我才是真实的。当然，那个我不同于精神物理学上的有机体，它对我们具有某种独特意义，因为对其自身而言，它是直接给予或可及的。因此，我们所理解的所谓内在自我是适于有机体而存在的，或者它会以某种方式由有机体所经历。那种自我拥有着愉悦或不悦等情感，而这意味着它经历着某种那样的东西。因此，对某种情感内容实际情况的断言总是对某种情感经验的断言。

此外，即便不诉诸自我融入并以此为媒介断言情感内容的实际情况，同样可以直接确立该要点。我们当然可以认为颜色、延展等是某种具有确定特征的真实事物，这毫无困难。倘若如此，我们就绝不会把它们当成我们所刻画的那样去关注我们对它们的描述。然而，任何试图将"快乐"刻画为某种具有特定性质的真实事

111

物，而不考虑诸如快乐的感觉、快乐的经验的做法都必然惨败。如果快乐不被任何人所经历，那它会是怎样的一种东西呢？事实上，对我们而言，我们常常用言词所意指的某些主观事物只表达了某种特定经验。

如果上述论证正确，那么牵涉于情感之中的意识就绝不可能以如下判断形式存在。在这种判断中，为情感意识所经历的同一内容被更为明确地刻画为实在系统的某种要素。意识到我自己的快乐绝不等同于意识到我在快乐中所经历的东西。

现在，我们清楚了，如果意向性意识与意图本身有关，那么它必然与关于意动性神经冲动的直接经验相关，而不仅仅是某种为人所经历的意识。然而，除非这种人们所经历的意动性神经冲动融入"自我"之中，否则它就无法被嵌入至更大的整体之中并成为那种将其刻画为实在体系要素的判断的对象。在虑及某种真正的意志行动时，总存在某个具有意志的我。但是，当这种融入发生时，那种冲动却只能被经历而无法被理解。因此，关于意动性神经冲动的直接意识具有某种特性，对此，我们刚在谈及情感时已经指出（当我们思考"情感"一词意味着什么的时候，这种特性显而易见。由于它区分了情感与其他意识形式，因此，当我们把意向性意识作为关于意动性神经冲动的直接经验时，我们就可将这一描述适用于它）。这解释了如何在主张意向性意识是某种关于意动性神经冲动的经验的同时，仍可以清晰独特的方式一以贯之地主张这种意识并不具有某种断言神经性冲动存在之判断的特征。

然而，即便"我将会如此这般行事"这一句子表达了意向性意识且该意识却无法将判断包含其中，但对意动性神经冲动这一情感的表述——词语"想要"——却在语法上将"我"作为主语。现假定,潜藏在这种表达模式之后的东西是:我在某种单一意识行为中认为自己"有意"以某种方式行动。那样一来,意动性神经冲动向"自我"的融入实际就已发生了。于是,全然清晰的意向性意识就具有判断性质,在这种判断中,"我"则被刻画为实在体系的某种要素。因此,对于那些内容无法关联至某种更大整体的情感而言,意动性神经冲动则无法在这种情感中被给予。故此,我们只能在一种心理范畴中将那种潜藏在表述之下的意识状态呈现出来。这一范畴就是联结(association),尤其是同步联结。在同一主体内,存在不同的同步意识状态,它们之间以某种独特方式互联结合,因此它们总是在同一个句子中被表达出来。于是,意动性神经冲动感以及我会以某种方式行为的想法就会成为两种被联结的意识状态。在形成意图时,运用"我将会如此这般行事"这一表述就会涉及这种联结。

人们会认为,在某种情感与对事件的想法之间,某种类似的同步联结构成了这一祈愿句——"这样或那样的事将会发生!"——的基础。所有试图将这种句子转化为一般判断的努力——如"这个事件是一个应当发生的事件"——都会失败。理由在于,"将会"是对愉悦感的直接表述,而不是对意识到快乐存在的表述。然而,即便这种表述采用陈述句形式,其中,情感表述是对事件想法表述的谓词,这样一种情感内容也绝不可能是判断的一个要素。这就说清了将那种潜藏其后的意识状态视为某种情感与事件想法间的同步联结之必要性。

然而,意图的重要部分似乎并不仅限于意向意识,它还包括人们实际经历到的意动性神经冲动。但是,如果前述说明正确,那么意动性神经冲动则只能通过融入"自我"而成为实在体系的要素并因此成为自我经验中的内容。但这意味着它实际上基本无法被刻画为某种真实的东西。因为,人们无法将意动性神经冲动视为存在之物,并认为它具有某种可经验的谓词属性。要理解的东西不能成为一个对象的谓词,因为那种对象只能通过理解而获得。要么这种谓词被呈现于对对象的理解中,要么通过理解,对象"被理解"为谓词而无需在这一理解中被呈现。在前一种情况下,理解将是对其本身的理解,这是荒谬的。在后一种情况下,则存在无限倒退。对于那种"被理解"为谓词的对象而言,它恰恰是因为这种属性而成为理解的内容,因此,根据初始假定,它又只能再次通过这种理解才能作为这种属性而"被理解",直至无穷。简言之,某种事物被理解仅仅意味着存在某种关于它的理解。如果它只能因理解而存在,那这必然意味着有某种关于它的理解存在,而非事物本身存在。[①] 因此,认为意图会同时牵涉意向意识与某种真正的意志行为是错误的。意图是我们在此描述的意识状态,或更准确地说,它是对意识状态的联想。

对于上述,还应补充如下:意动性神经冲动感是意图的一个组成部分,它必然与某种行为倾向感或是某种意动性倾向类似。通常,意动性倾向的发生会与某种行为观点有联系,而无需以关于那种行为的意图已经形成为前提。很可能是某种出现在意图中的特

[①] 对此的一个清晰说明可见弗伦(Phalén),《精神性概念的测定》(*Zur Bestimmung des Begriffs des Psychischen*),1914 年。

殊能量感(a special feeling of energy)区分了两者。很明显,这种能量感与行为必将发生的确信联系紧密,而这又是意图的典型特征。在此,无需对该问题深入探究。

然而,这已足以清晰说明意图本身并没有表明在意志中存在某种统一体。确实,某人可以假定那种由意图所构成的联结以某种意志统一体为基础。但是,人们要么必然认为这种意志统一体通过意志活动——即通过决策或意向——构成了意图的基础;要么必然认为它是某种行为模式无法言说的超自然性质(*qualitas occulta*)。前者明显是一种循环解释,后者既没有解释任何东西,又与作为心理现象的意愿无关,在这种解释中,它只是意图和意图的萌芽(意动性倾向)。

因此,显而易见,认为通过实践三段论有可能论及某种存在于意愿当中的逻辑过程的所有言论都是不着边际的,因为这一过程本就预设判断。有可能,是此点使得这看上去貌似可信:在意动性神经冲动与关于某种行为的想法之间存在着体现意图本质的联结,这一联结又有另一联结跟随,这就可能把同一种感觉与某种特殊行为联系起来。在这种情况下,这些行为就与原初意图所预示的行为具有逻辑关系。然而,这一系列联结当然不意味着存在某种推论过程。推论总会预设结论之推出需以判断为前提,以及存在某个单一意识对判断内容有所理解。

我们刚才谈到"意图的固定性"可以作为一系列联结的条件,对此,必须注意,切忌将其视为初始意图的某种特征。意图是固定的还是动摇的这个问题,并无法通过对其内省而解决。正如康德正确指出的,只有结果才可以决定人们能在何种程度上谈及意图的强弱。但是,"固定性"同样不属于那种作为意图基础的"意志"。

根据我们对此点的阐述，固定性既不是意图本身的特征，也不是某种无法作为解释基础而被运用的超自然性质。因此，要根据新意图一以贯之地落实最初所预期的行动过程，"固定性"作为其条件就只可能是某种存在于精神物理性个体之中且与意图具有生理关联的属性。因此，那种从某一意图发展到另一意图且与最初行动构想一致的这种过程，甚至不是某种具有心理学联系的实例。这一结论的重要性在于这一事实：在行动过程中，那种具有所谓意图固定性的常规发展，在特定情形下，根本无需通过形成新意图才能发生。如果我决定走某条我仅对大致方向有所了解的道路，那么我就无需在面对所有我不知道的弯道前，就继续是否维持原路形成特殊决议。确实，众所周知，我甚至不用在实施这一决定前就在脑中具有某种原初意图。在这种情况下，即便没有任何心理媒介，那种作为"意图固定性"的生理条件亦可发挥作用。

这已足以清晰表明，作为经验的意愿甚至无法被视为那种可充当绝对意志概念基础的相对自足的统一体。更为深入的研究表明，这种意愿只能依其结构成为自然体系的某一因素。因此，所有认为存在某种绝对固定的意志不受其他任何因素影响的想法，都断然是矛盾的。然而，如果法律真的是某种意志内容，那么为了使得法律适用成为可能，就必须假定存在某种绝对意志那样的东西。①

---

① 拉德布鲁赫主张，后承只能从判断而无法从命令中推出[《刑事司法系统意义上的行动概念》(*Der Handlungsbegriff in seiner Bedeutung für das Strafrechtssystem*)，1904 年，第 14 页]。因此，即便从命令理论的角度看，法律规则也不能被视为命令，而只能被视为某种描述立法者决定已然存在的判断。但是，拉德布鲁赫在此忽视了这种情形，即从立法者对某事具有一般性意愿的事实中，根本无法推出它对特定案件的意愿，因此，即便法律规则是命令而非关乎于命令存在的判断，同样的困难依然存在。

第四节　作为对意志理论所吸收的异质元素进行后续研究的基础，例如，决定基于常识正义观所理解的权利义务的法律规范概念，需研究命令的心理内容，以便之后可将其与义务概念的含义进行比较

我们在此讨论的这些理论的代表人物认为他们维护了这一观点：实在法仅仅是命令或意志宣告体系，因此，必须将法律视为某种仅能由纯粹理论意识才可意识到的真实存在的实体。现在，我们要更为细致地考察他们在呈现自身理论的过程中是否真的始终坚守于此而未将其他东西引入到法律之中。为了实现这一目的，有必要首先特别参考一下命令与义务概念之间的关系从而深入研究命令的心理学意蕴。在这一过程中，我们将准备转入讨论一种主流法律理论，该理论认为，法律是由权威机构颁布的关于权利义务观点的表述。

在一项命令中，命令者尤其会通过某种特定表达以试图使得被命令者以某种积极或消极的方式去行动。让我们将注意力集中在某种最常见的命令表达上。拥有命令特征的表达会具有某种特殊形式："你必须如此这般！"或"如此这般行事吧！"通常，命令发布者想要唤起的是命令接受者的何种想法或意识状态呢？

首先，我们必须强调，即便威胁有时会掺杂在命令之中，但两者的表述内容并不相同。某人运用威胁只是为了唤醒被威胁者的

这一想法——除非按照威胁者所要求的方式行为,否则他将马上遭遇不利后果,进而促使他以某种积极或消极的方式行为。威胁可能会与警告结合,这正是警告的关键所在。威胁者设身处地地想象他人的价值观,并参考在那种价值观中具有反面价值的东西,而试图说服他明智地回避某种行动。但在命令中,"你必须"所具有的特殊意蕴却不存在于威胁或警告之中。众所周知,即便没有任何威胁或警告或明或暗地与命令结合,人们依然可以发布命令。在那种情况下,我们发布的就是纯粹命令。显见,一般而言,"你必须"在所有命令中都意味着绝对性。就被命令者要趋利避害而言,命令不仅仅是为了唤醒他应当如何行事的想法。因此,借助某些附加动机,当命令者对某人说"你必须"而试图促使他以某种特定方式行为时,①威胁或警告只能成为"你必须"的附属。

然而,如果在命令所包含的"你必须"中没有针对接受者的任

---

① 豪德·冯菲尼克认为,没有惩罚的命令是毫无意义的(《违法性》,卷1,1903年,第75页及以下诸页)。塞利格曼亦是如此。见《国内法与国家条约学说文稿》(*Beiträge zur Lehre vom Staatsgesetz und Staatsvertrag*),第46页。格雷遵循了奥斯丁的思路(参见《论法律的性质与渊源》,1909年,第25页),这导致了这样一种结果,即在命令中唯一重要的事情是:接受者对某种行为不作为将使得其承担某种不利后果。根据这种观点,该问题要么是以某种纯粹理论话语(无论何种方式)有意触发某种行为,要么是就是建议命令接受者注意命令。宾丁同样注意到了这一点。见《规范及其僭越》(*Die Normen und ihre Übertretung*),第2版,卷1,1890年,第39页。然而,豪德·冯菲尼克坚持主张,因为命令包括命令发布者的意志宣告,因此它不同于那类表述(在定义规范时,亦是如此,第79页)。但是,如果重要的只是惩罚,那么这种意志宣告将毫无用处。然而,如果说意图宣告在表达命令的意图中不发挥作用,那一般又不会如此。现在,应当注意的是,如果这种情况发生,那它恰恰是通过"你必须"这种对命令具有特殊性且不同于威胁或警告的东西而发生的。因此,当某人假定某种特定的意志宣告是命令的关键因素时,他就假定了命令表述本身具有某种不同于惩罚的特殊意义。对后者而言,它只是在对命令过程的单纯表述中增添了强制力。

何价值指涉，那么人们可能会追问，命令发布者如何只通过发布命令就能影响接受者呢？(1)解释的关键肯定不在于那种试图唤起接受者产生如下观念的表达，即命令发布者具有某种特定的愿望或意志。① 接受者可能可以从命令存在而推出那类东西存在，但这并不意味着命令表达的意义可使得接受者意识到表达的目的是为了向他传达命令并在他脑中唤起那种观念。显见，除非接受者知道违背命令者意愿或意志的行为会给他带来不利后果，或是了解根据意志行为能够帮他实现某种积极价值，否则仅知道命令存在甚至无法对他产生哪怕一丝的实际影响。但是，如果命令发布者的唯一意图就是让命令以那种方式起作用，那么他就只需作出威胁或是针对某类行为发布警告，或是对他所期望的行为作出许诺，或是对其给予支持性建议。也就是说，从存在于命令表达中的"你必须"的内容来看，它对实现命令的目的显得毫无意义。应当特别注意的是，如果"你必须"等同于"我想要你做……"而不只是"我希望你做……"，那么对此的完整表述就必然是："我想通过某种特定过程令你以某种特定方式行为。"但是，如果此处考虑的"过程"就是命令过程，那么它就不可能是体现这种意志的表达过程。否则，某人不得不接受这一结果，即命令发布者通过表达其意志而表达其意志……以至无穷。对此，必须补充，尽管命令采用命题形式，但它也不可能表达出"某些东西实际上是这样或那样"的判断。这就如同在某一意图中的"我愿意"不可能等同于"我应当"一样。

---

① 对此，参见豪德·冯菲尼克，同上引书。还可见舒佩，《伦理学与法哲学精要》(*Grundzüge der Ethik und Rechtsphilosophie*)，1881年，第46页。

所有试图将命令中的"你必须"转化为"事实上,你将如此这般行事"的努力都必然失败。①

(2) 在命令中,"你必须"不可能是对命令者个人愿望或意志的直接表达。② 同样,基于前述理由,这对命令的目的而言也毫无意义。此外,在那种情况下,命令表述既不是"你会如此这般行事吗"(愿望表述),也不是"我将令你以某种方式行事"(意志表述)。还应当注意,命令发布者无需就其行为具有某种实际意志,后者在心理学意义上总包含某种特殊意图。通常,我们的"行为"并不伴以任何特殊意图(见上,第 115 页)。在这种情况下,我们所谈论的"行为""意志""目的"等东西取决于行为是否会以如同某种特殊意图存在的同样的目的性方式发展。

(3) 这不是通过意愿表达而唤起命令接受者以某种特定方式行为的问题。这种意愿总要指涉一些通过人类行动才可实现的价值。它既可通过某些附带行为方式的威胁或承诺间接唤起,亦可通过某种支持性行动建议结合威胁或承诺而被直接唤起。从建议接受者的角度看,建议恰恰向他指出了建议的可欲性。因此,建议预设某人会设身处地地想象自身的价值观。基于这种价值观,某人才会表达出意愿,而意愿则通过建议被直接唤起。当然,由此就可直接推出命令本身并不指涉接受者的价值观。

---

① 西格瓦特断言命令不表达判断,见西格瓦特(Sigwart),《逻辑学》(*Logik*),第四版,卷 1,1911 年,第 18 页注。以及梅尔(Maier),《情感思维的心理学》(*Psychologie des emotionalen Denkens*),1908 年,第 679 页及以下诸页。豪德·冯菲尼克对此点的全然忽视令其对命令的详细阐述毁于一旦(第 75 页及以下诸页)。

② 同样观点见凯尔森,《公法理论的主要问题》,1911 年,第 202 页。以及施塔克,《对法律之分析》,第 36、91 页。

这样一来，就只剩下解释命令表述意义的唯一途径。命令旨在直接生成命令接受者以某种特定方式行为的意图。根据前面第三节对意图概念的分析，这等于说，在没有唤起动机性意愿的情况下，命令使得意动性神经冲动感与某种行动观念形成关联。这种模式在被影响者缺乏相应动机的情况下具有实践建议的品格。当然，这种影响必然要以主动方和被动方之间存在某些特殊联系为前提。例如，前者具有权力优势而使得后者要屈从于他。通常，无论方式如何，命令发布者只希望通过"你必须"去唤起其他人的某种行动观念，但这样做会使得这种观念压制所有异见而彰显自身并进而直接实现。此时，准确地说，在主动方和被动方之间，后者的意志名存实亡。诚然，正如军队行动讲究令行禁止，当命令要机械式地起作用时，只要行动观念在命令者心中足矣。对于命令接受者而言，他们只需对命令进行听觉感知——如"齐步走！"——而无需在行动时抱有他想。因此，这也节省了反应时间。当然，在这种情况下，某人当然会在演习之初就令他人对行动命令的言词意义产生实际印象。然而，即便我们忽略机械执行命令的用途而只考虑那些导致实际印象的行动观念，命令之真义也不会显现。当没有其他可虑及的替代方案时，命令的目的只在于强化行动指示的暗示力并抑制其他可能的行动观念。然而，还存在这种可能，即便在命令发布者和接受者之间存在着有效命令关系，由于接受者的脑中此时可能存在某些冲突性的神经冲动，因此，要想全然压制其他行动观念也是不可能的。在那种情况下，命令要想有效，就必须唤起命令接受者实施命令行为的特定意图。此时，命令形式要想获得自身的独特意义，整个过程就不可能只以某种纯粹观念运

122 动的方式进行。当被命令所唤起的行动观念因接受者的反对意志而不占优势时，就有必要让接受者直接依照命令行事。通过强调命令形式本身，这种情况就会发生，而这又会瓦解接受者的反对意志。由于存在其他由对立性神经冲动所维持的行动模式观念，因此，此时仅对命令所针对的行动观念进行说教是不足够的。要想令行动观念变成实际行动，必须通过命令形式形成某种实施命令行动的意图以压制在实际意图中由对立性神经冲动所导致的倾向。

现在，我们可以理解命令形式是如何作为权力附属发挥作用的了，权力提及某种行为，就使得那种行动观念占据优势。当命令形式依照自身独特方式发挥作用时，它的用途是通过唤起依照命令进行行动的直接意图而瓦解由对立性神经冲动所导致的抵抗。然而，当命令形式无需发挥这种作用时，它所具有的唯一的意动性意义就是阻挡可能存在的对立性的意动性神经冲动这一消极功能。此时，这会令真正的意志名存实亡。当这一过程完成后，行动领域借助相关指示则成为了建议的领地。于是乎，虽然命令形式的独特功能会隐退至背景之中，但当它发挥作用时依然表现出这种功能。同样地，军事命令"立正!"要在特定情境下有效，并无需唤起听者的任何行动观念，这与命令的行动意义的有效方式完全相同。

对命令形式而言，其自身具有某种独特意义，对此，如下要点值得强调。根据上面第三节的分析，此处关注的意识状态（或更准确地说是关于意识状态的联想）是某种意图，而不是关于意图的观念。如果意图本身是某种意识状态，那就明显没有必要为了唤起
123 意图而多此一举地试图令他人对某种意图观念具有深刻印象。除此之外，从命令形式会阻碍所有试图将命令化约为判断的尝试这

一事实中,可以即刻推出此处的问题并在于唤起某种观念。当人们弄清这一观念时,它可能会变成断定某种特定意图切实存在的判断。然而,对于意向意识的如下两要素,即意动性神经冲动感和某种特定的行动观念,命令形式本身就会通过它自己的"你必须"而体现前者。在一个意图中,"我要"所体现的恰恰是它的意动性因素。因此,命令形式中的"你必须"和意图中的"我要"关涉的都是意图中的同一要素,只不过,方式有所不同。命令中的"你必须"旨在直接唤起那一要素,而意图中的"我要"则是对那一要素既存状态的表达。

但是,以这种方式区分这两者仍需有所限定。毫无疑问,命令形式中的"你必须"并未在给定命令中表达出那种既存的意动性神经冲动感,这种感觉我们将其称为意图的一个要素。诚然,"你应当"只是为了唤起命令接受者的某种情感,而命令形式如果要想有效唤起命令接受者的意向意识,它就必须携带某种真实意图表述的痕迹。然而,除非命令发布者心中已经存在那种他想要唤起的意向意识,否则命令形式根本无法完整表达这种意识。为此,仅有言词表达并不足够,还应当以体现既存意志表达的典型方式加以表达才行。正是那种伴以实际意图的情感状态,以一种特有的方式歪曲了意图表达,而它之所以独特,则主要是由那种标示意图的能量感所致。为了使得这一典型特征能够体现自身,因此,我们在此讨论的意向意识则应当实际存在于命令发布者之处。然而,某人如何可能拥有某种指涉他人行为而非自身行为的意向意识呢?注意,此处的问题并不是要令命令接受者以某种特定方式行为的意图问题,即便这的确可能存在命令发布者心中,那种意图的表达方式也颇为不同。然而,由前述第三节对意向意识的解释,我们却可以理解这种意识如何可能指涉他人行动。假定那种我们称之为意图的意识仅仅是将某种意动性神经冲动感与某人自身的行动观念联系起来,那就没有理由认为他人不能对此拥有一种对应的意向意识。当然,这种与意动性神经冲动感联结一体的观念可能在他心中不是某种关于"我的"行动的观念,而是一种事关他人的"你的"行动的观念。对于意图拥有者与拥有对应意向意识的人而言,这里虑及的行动当然是一样的。而与他人行动观念联结一体的意动性神经冲动感也完全可能与他人这一感觉类似。在这一类比过程中,除了要假定意动性神经冲动感在本质上必须是体现自我意志的感觉之外,则无需任何限定。然而,这种意动性神经冲动感却绝不会与自我意识相关。因为,当意志融入自我之时,意志经验就变成了感知客体,然而,对某种意志经验的感知却不同于意志经验本身。很明显,前者预设后者并与其不同。

A 对 B 的某一行动所拥有的意向意识,可以理解为其对 B 的某种意图所秉持的相关观念。我们可以认为,这种观念在将自身呈现为意动性情感与他人行动观念的联结中携带着意向意识。

简言之,我们必须假定,在某个命令中,命令发布者拥有一种与命令接受者特定行动观念相关的意动性神经冲动感。在将命令形式理解为对这种联结所进行的反射性表达的意义上,它能够有效地使得命令接受者产生某种对应的意识状态。因此,命令的目的并不仅仅是在命令接受者心中产生某种意向意识。虽然在命令发布者处,那种旨在形成意图的意识状态因为没有指涉自身行为而在一般意义上不会将自身呈现为某种意向意识,但在命令发布者心中，那种状态同样存在。与此类似，我们还可从反面上认为那种关于意向意识的特殊表述，如"我将要做这件事！"，通常不仅仅是断言了那种意识状态的表述存在。一般而言，它还意味着某人希望通过自我暗示而强化既存于心中的联结。因此，我们不仅可将命令类比为某种意图表述，而且可以将后者类比为前者。在"让我们！"这样的第一人称复数的祈使句中，意图表述和命令之间就存在某种不可置疑的联系。

正如我们之前所言，命令中的建议并不指涉接受者的价值体系。由此可得，其想要促成的意向意识同样也不会伴随着意动性神经冲动感而包含任何评价。因此，如果命令要具有效力但却无法借助威胁或警告之力，那它必然只能形成于某种评价无涉的意图之中。然而，有时可能会发生这种情况，即命令只在唤起某种与特定行为联结的神经冲动感上实现了自身目的，但这却无法唤起构成意图所需的那种能量感。在那种情况下，就不存在一种发育成熟的意图。显见，在这两种情况下，那一个感觉命令全然或部分有效的主体，会觉得自己的意志受到了约束。因为，决定他神经冲动的并不是对其自身具有重大意义的那些价值，而是命令的表达形式。因此，内在的限制感自然与命令的影响过程形影不离。

最后，应当注意的是，像"你不能！"这样的禁令最容易被理解为避免某种行动的命令，即抑制指向某种特定行动的所有意动性神经冲动。因此，根据前述，这种"你不能"表达的意动性冲动感会与压制禁令接受者做某事的神经冲动这一观念即时联结。在实践上，"不行！"要么表达的是一种对已经发生的做某事的意动性神经冲动的抑制，要么表达的是这种抑制观念。后一种表述与"你不能"正好对应。类似地，在理论上，"不行！"表达的要么是对既有建议的反对（"不行！事实并非如此！"），要么表达的是这种反对观念（"那是不可接受的！"）。

　　此处，或许可以顺带提一下，与建议和劝告相对应的那些表述与命令中的"你必须"具有关联。在建议中，它会试图通过"你必须"唤起某种意向意识，但此时并不是为了直接唤起被建议者产生这种意识。律师在给予建议时，会在推理的基础上运用"你必须！"，这是为了通过指涉被建议者心中既存的重要价值强化某种意向意识。从这些价值的角度看，它将被建议行动呈现为可能的最优之选。然而，此处的"你必须！"伴随着对意志的独特诉求，其重要性已所剩无几。因为此处的关键是适用那些已被接受的价值评估。在劝告中，当然会涉及通过提议去唤起某种意向意识的过程，因此，它与被劝告者之间也必然存在某种特殊关系。但相较于命令，某人此时还会通过特殊提议向意志灌输某种价值评估以表明遵循某种行为的恰当性。某人可能会劝诫他人从人生整体考虑自身行动而不要过于短视，但他并没有命令别人如此行事。

第五节　论义务观

一、通过讨论作为与价值评估无关的意动性神经冲动感的基础义务感的性质，论命令接受者意识状态与义务观间的关系

　　现在我们可以转入对义务观内容的讨论。纵观伦理学史，人

们普遍认为义务与命令联系紧密，由此显见，义务观念与命令接受者的意识状态具有亲缘关系。当然，这种通常假定必须以某种方式建立在可被观察到的心理事实之上。此外，这种两种意识状态对于那些体验到义务感并觉得自身不得不做某事的人而言似乎具有联系。因此，根据之前给出的解释，强制感会直接伴随某种行动观念而产生。某人以否定某种特定行为的方式——"我不能那样做"——去表达那种感觉就是对此的明证。即便"不能"在此表达的不是某种全然拒绝的意图，它也必定会被视为表达了某种与意志有关的拒绝性神经冲动。像"不得不""一定要"这类表述，的确体现出我们在此关注的是与特定行为相关的一种绝对性神经冲动，而不是那种指向同一方向且被主体价值判断所决定的神经冲动。但是，义务感还能在"我应当这样做"这一简单表述中体现自身。当下，"应当"有时确实仅仅是对某种与特定行为相关的价值评估的表达。例如，为了以捷径实现目的，我"应当"如此行事。因此，有必要探究一下义务感是否与那些构成我们价值评估基础的情感具有相同本质以及它是否属于我们的意动性情感。

某种针对特定行为的内在强制感总是密不可分地与义务观有所联系或内在其中。用康德的话说，这是一种迫使感。当我们经历某种内在强制感时，这种感觉本身就与不悦相关，或者说，它不可能是快乐的。例如，当这种强制感涉及某种行为时，它会将自身呈现为某人仅仅是为了避免某种特定的不悦而不得以如此行事。无论偷盗者基于何种理由行窃，刑法都对他施加了某种内在强制，以使得他觉得为了避免由盗窃所导致的后果他都应当克制这种倾向。仅就那些决定我们应当如何行事的不悦或者避免不悦的想法而言，我们的行为看上去取决于某种外在之物。正如昔勒尼学派

(Cyrenaics)和享乐主义者所言,快乐本身对我们而言就是某种自制的东西(οἰκεῖον),它属于我们自身。然而,在这种情况下,这种强制性的"应当"明显体现出从价值的观点看系争行动在某种真实情景下是所有可替代选择中的唯一正确选择。认可该选择,其他的则被弃之不顾。那么,这种在义务感中被体验到的内在强制会仅仅为了避免不悦而同样指涉某种关于特定行为的选择性价值评估吗?对此,有诸多反对性事实。

(1)根据这种观点,基于义务行事所避免的不悦仅仅是痛苦的内疚。应注意,在这一名称之下往往涉及的是某种极为复杂的情感网络。它可能包括对民意、社会外部关系以及宗教惩罚的恐惧。然而,就我能清晰意识到行为后果并将其作为我应如此行事的理由而言,我所被要求的行动就不再是义务,而是某种程度上的慎思,我所惧怕的不悦也不再是痛苦的内疚。如果我将这些因素视为不良反应,那么那些使我陷入不悦的行动则可能将自身展现为我的义务,而服从义务则可能看上去只是某种源于怯懦的审慎。对此,请考虑一下理性主义式的无政府主义者或道德革命创新者的心智状态。仅当这些情感与某种特定类型的不悦感联结一体而非迥然不同时,它们才是构成痛苦内疚的要素。这种不悦感的特征是,它与同某人义务相冲突的行动观念紧密相连。这是因为,我不如此行为正是我履行义务并感受痛苦的体现。因此,除非我已对对立行动方案具有某种义务感,否则我不会将这种痛苦的内疚当作是对某种行为后果的威胁。[①] 因此,这种感觉和与之伴随的

---

① 康德(Kant),《实践理性批判》(*Kritik der praktischen Vernunft*),科尔巴赫(von K. Kehrbach)编,1877年,第47页。

内在强制感，不可能是为了避免不悦（即痛苦的内疚）而对某种特定行为的认可。

（2）假定一名在逃杀人犯为了避免被人发现而遭受死刑，他不得不身无分文、饥肠辘辘地躲入丛林，可以确定的是，他承受着极大的精神压力。然而，此处关于他的这种"应当"却与义务无关。相反，义务感会要求他反其道为之。此外，奇怪的是，如果在这种情况下真的有义务思想产生，那么这就是如何以正当行动方案避免不悦的问题，而这会使得在义务有效的情况下自我以一种奇特的方式令自身具化。作为主体，我所负有的义务是指向自身的，而权利拥有者针对我的权利使我觉得自己处于某种义务之下。也就是说，我之所觉得我应该以某种方式行为，并不源于我的价值观，而在于我的对立者如何提出他的正当主张。这又把我们带回到了意识状态这一问题。基于他人权利，当某人觉得自己有义务以某种方式行为时，这种状态就是存在的。此时，权利拥有者及其价值看上去才是唯一的重要因素，而依照义务实施行为的价值对义务承担者而言则不甚重要。对某个基于他人权利而觉得自己负有某种义务的人而言，避免不悦绝对不是他应当以某种方式行事的理由。义务承担者会认为他人拥有权利，而自己则有根据某种特定方式行为的义务。在这一背景下，权利拥有者的地位得以凸显。此时必须对义务承担者的利益弃之不顾则是这一观点的主要特征。

此处应当注意，相对于义务承担者的义务观而言，将某种内在价值归属于他（即对他的尊重）是次要的。对我们而言，根据义务行事看上去本来就拥有某种内在价值。因此，并不是所谓的客观行动价值决定了义务之"应当"。因此，对于那种作为义务感必然构成的强制感，我们无法从所谓行动价值的客观性质中推出关于它的任何解释。

那么，如果那种我们所经历的作为义务感要素的强制感既不由为了避免不悦而必须作出的行动的价值评估决定，也不由某种超越个体的客观价值决定，那么对其解释就必须另辟蹊径。看上去，只剩唯一一种可能解释。我们此处关注的指向某种特定行为的神经冲动之所以人们觉得它有强制性，是因为它不是由主体自由的价值评估所决定的，而是由某种在那一方面外在于他的东西所决定。无论我们对相关行动采取何种评价态度，那种神经冲动都会强加在我们身上。也就是说，义务感是一种意动性情感，更准确地说，它是一种让人觉得必须要以某种特定方式行为的感觉。毫无疑问，在这种感觉中，对行动进行的自由式的价值评估不是决定因素。

显而易见，在这两种情况下，与命令接受者意识状态具有奇缘关系的东西就不单只与某种意动性情感有关，它还会涉及那种将自身呈现为独立于主体自身价值评估的意动性情感。

从亚当·斯密那个时代开始，人们常常试图将义务感解释为某种针对反社会行为的社会报复感。然而，这种报复感不会仅仅在那些针对具有反社会倾向个体的其他社会成员中产生。当具有反社会倾向的个人参与社会交往时，他也会受到同样一种情感的浸润而令其抑制这种倾向。这种对反社会行为的内在反应被称为良知。然而，此处应当注意，严格区分反应主体与反应所针对的主体是必要的。反应主体所拥有的情感不可能是义务感，因为，义务感绝对不可能是一种社会报复感。仅当个人作为反应的客体而非主体时，这种情感才能在个体处产生。因此，为了解释义务感，我们必须指涉个体在经历其社会自我（即良知）反应时所产生的那种情感。于是乎，如果那种情感状态十分确定以至于他之所以拒绝反社会行为是因为他对那些行为的社会自我反应令其遭受痛苦，那么这将无法解释义务感。为了使得人们惧怕违反义务所导致的不悦，即前面刚刚指出的"良心上的痛苦"，义务感必须已然预设其中。从我们对义务感性质所作的展示上看，要解释义务感只能取决于这一假定，即关于社会自我反应的经验能够立即唤起做某事的神经性冲动，而无需主体出于任何立场作出行动评价后才可唤起神经性冲动。如果这是对反应经验相关事态的正确考量，那这意味着社会自我就将自身呈现为对个体的命令。于是，个体为了能够解释其情感状态，就不得不认为社会自我对他而言具有统治权，而这与某人接受到命令时所产生的情况类似。

二、命令接受者的意识状态与义务感之间的区别。从客观立场上看，义务感与行动意识之结合构成了某种义务。要对此进行解释，则可从这种感觉的直接表述形式入手

然而，即便假设命令接受者处的"我必须"与义务中的"我负有某种义务"之间具有明显的亲缘关系，我们仍可追问后者是否真的体现出命令的本质。要探究此点，我们要考虑一种独特的意识状态，看上去，它与义务感包含的神经性冲动感直接相关，缺乏于此，

后者看上去将丧失义务感所具有的特色。与"我将要"这种对完整意图或不完整意图的表述一样,"你必须"这种纯粹命令同样无法以判断的形式加以表达。我们在第四节中已经作出了如下解释。此处所表达的不是某种单一的意识状态,而是神经性冲动感与某种行动观念的同步联结,在此之中,后者会形成它的独特表述。接受命令仅仅是对这种同步联结的复制,因此,它同样无法以判断的形式加以表达。然而,对义务感而言,情况却并非如此。对此,表述就可采取判断形式。例如,"如此行为是我的义务"或"我负有如此行为的义务"。由此似乎可以推出:义务感与某种真实的义务意识有关,而这种意识则决定了义务感的表述。

然而,要理解这种意识状态似乎有无法克服的困难。韦斯特马克(Westermarck)认为,必须将这种意识理解为某人对如下事实具有意识,即他对义务采取不作为将会导致道德谴责,且这种谴责对他而言就是义务感。① 但在那种情况下,即便没有意识到某种行为是义务的要求,义务感本身依然可能存在。然而,即便根据韦斯特马克的观点,这似乎是不可能的。因为对他而言,道德感首先是通过某种对其至关重要的公正感才得以凸显。② 无论如何,对义务感而言,这似乎没有什么可反对的。然而,这使得他在定义公正时就必须考虑客观权利。③ 但是,除非义务在与这些权利发

---

① 《道德概念的根源与发展》(Ursprung und Entwicklung der Moralbegriffe),卷 1,1907 年,第 1 页及以下诸页,第 114 页及以下诸页。
② 同上引书,第 85 页及以下诸页。
③ 同上引书,第 101 页及以下诸页。

生联系时被客观化，否则权利很明显无法被认为是客观的。① 基于其他理由，在客观意义上，他的义务意识明显也不可能等同他知晓某种行为极易导致道德谴责。因为，我可能只是作为纯粹中立的旁观者了解自己或是他人的精神生活，而这不需要我的意志一定要对这种不作为进行任何形式的指向。然而，如果意志不以任何方式对系争行为有所指向，那要求以某种方式行事的义务意识看起来就不可能存在。"负有义务"当然表达的是某种可意识到的意动性神经冲动，因此，除非这种神经冲动真实存在，否则它不可能具有任何意义。此外，我们在此关注的是义务意识，而非关于某种义务感的意识。显见，我们严格区分了义务与义务感。当某人判断自己是否存在义务感时，他甚至可以在不让自己被某种立即产生的义务感引导的情况下就决定什么是他的义务，这要么是因为行动后果可能并未获得充分考虑，要么是因为某种"肮脏的"动机决定了这种感觉。在涉及其他人时，我们仍然应当在他们不甚完美的义务感和真实义务之间作出严格区分。我们会说，你应当培养自己具有一种更为纯正的义务感。如果义务感等同于义务，那这么说就毫无意义。

然而，另一方面，我们同样无法将此处讨论的意识状态视为我们发现了某种构成自身义务特征的行动特质。毫无疑问，我们可以探究行动，发现诸如促进社会福利那样的行动属性，并可基于此去决定什么是义务。但是，义务的特征却不可能因为这一理由而

---

① 参见我的论文，载《灵魂》(*Psyche*)，1907年，"论道德心理问题"(*On moral-psychological Questions*)，第285页及以下诸页（瑞典语）。

等同于可被确认存在的属性。倘若如此，那么正如前述，"负有义务去做"就是对某种意动性神经冲动的表达，可义务似乎又不可能是某种特定行动的属性。正如前文所展示的那般，义务感的特征在于其内容无法单独地被置入到某种独立的实在语境当中，因此，它无法被视为某一对象的真实属性。仅当在实际经验中，这种置入才可能发生。

但是，反对者可能会提出以下反驳。他们可能会说，我们会意识到义务是行动的客观特征，而这一事实恰恰体现出"负有义务去做"——正如此处所暗示的——不可能仅仅是某种情感表达，它必须要在判断中以谓词表达出我的某个行动的特征。对此，首先应注意的是这一事实："义务"一词作为语法谓词出现在陈述句中并不能证明在这个句子后面有一个真正的判断。即便这是真的，仍然可能有很多现成的表达真实意识状态的表述潜藏其后。除判断外，还有其他很多东西也并非不可能以陈述句的形式表达自身，例如不同经验的联结。因此，在这种特殊情况下，我们仍要探究这种句子是否真的表达了判断。让我们更为细致地考虑下在包含"义务"的句子中究竟发生了什么。"如此行为是我的义务"这一表述与"我应当去从事这一行为"或"这应当通过我的行为得以实现"等值。因此，"义务"等值于"应当"。但在那种情况下，我应当在那些潜藏在句子之后的判断中，将某种对存在事物的修正表示成某种行动的真实特征而给予自身。因此，我应当将对现实的修正认为是某种绝对的实在。但是，这与我应当将灰色的东西视为纯黑色的东西一样，是不可能的。换个说法：就好像我应当在同一个意识行为中，一方面要将某种绝对意义上的实在归属于行动，并认为它拥有某种真实属性,即应然的实存(oughtness-to-exist)。另一方面,我又只能说它仅仅是应当存在的(ought to exist)。因此,在那种句子后面不可能存在真正的判断。然而,如果对关于义务的"应当"而言,其独特之物因为修正了存在而不可能成为判断的词项,那么在实在的语境下,无法作为一个可认知词项发挥作用就必定是它本质之体现。然而,这正是感情内容本身的独特之处。因此,这表明潜藏在义务的"应当"之后的是一种情感。如前述,在我们的义务意识中,我们会觉得自己无需任何价值评估就必须采取某种行动方案,由此可得,这种情感是一种意动性情感。

于是,此时看起来在意动性冲动神经感与某种行动观念之间也只存在一种同步发生的联结,而这种联结的唯一表达形式是陈述句。要解释此点,或许要假定当言语反射发挥作用时,关于行动确定特征的那些观念会占据支配地位,因此,它会强制地将情感表达内嵌入关于行动确定特征的表述之中。那样的话,情感表述就不像命令中的"你必须"和祈愿中的"你愿意"那样具有独立性。尽管后一表述具有句子形式,但这丝毫不意味其所表达的内容是命令所指向的行动的属性,或是某种视情况而定的可欲事件。由此观之,根本不存在客观意义上的义务意识,存在的只是一种以那种形式所体现出来的句子,这使得人们产生误解,以为在其之后存在判断。然而,针对这一困难的解决方案,必须先确立这一事实,即以陈述句形式体现的义务句并不仅仅是空谈(*flatus vocis*),它还影响着我的思维方式。实际上,"负有义务做"具有逻辑词项的功能。就好像我们真实处理客体的某种真正属性那样,我从它在某一实例中存在的假定，亦可推出它在另一实例中存在。请看下面这个例子。"因为这是盗窃，所以我有义务不做这种行为。"很明显，此处的出发点是，盗窃是一种人们有义务避免的东西，之所以应当避免这种行为，是因为它是盗窃。除非我们确实认为义务性是一种属于客体本身的属性，且在由客体参与的所有组合中它都维持不变，否则对我们而言，这一结论根本没有说服力。

在此，考虑一下价值领域中的类似情形颇有趣益。假定我说"他可能很快就到了！"，所有试图将该句子转化成真正陈述句的做法——例如"他提前到达是可能发生的事"——都只是空谈。所有试图在"到达"与"这将可能发生"之间寻求联结基础的做法都必然失败。我要是问我自己"为什么可能会发生这种情况？"是无法理解的。其理由自然是，我们在此运用的这一表述根本无法适应真正的陈述句形式。这意味着，这种句子根本没有表达出任何关于某物具有某种特征的想法。决定表达的仅仅是在愉悦感和某人能够找到这种想法之间的同步联结。此处，这种情感表达有其独立性。它抑制了从真正的陈述句到与之相关的真正判断之间的转换。然而，假定我们以"他提前到达是件好事"这样的形式表述，此时，即便潜藏在表述之后的的确是某种愉悦感以及关于某一事件实际发生的想法，但倘若在此表达了某种真正的愿望，也有某种意义被真实地表达出来。应当格外注意的是，如果某人确实采用了"我希望他提早到达"这种表述，那他根本不可能将其拥有某种愿望的意识表达出来。此时，我们所考量的表达毕竟采用了陈述句形式，而"可欲性"在此所具有的属性特征却是属于某个客体的，在此，它是一个逻辑词项。正如我们会基于其他一些事物的可欲性

第三章　法律的概念问题　　　　　　　　　　　　*147*

而相信自身可以确定某个事物的可欲性一样，由此可知这是显而易见的。某人可能会因为他能够尽快知道某一商业交易流程是可欲的而认为他人提前到达是一件好事。此处，次级可欲的事物之所以具有那种属性，源于它以某种更为确定的具体方式包括了最为可欲的事物，即信息。这样一来，后者就在更具体的限定情景中保持了它的价值属性。然而，另一方面，所有试图将可欲性确立为某一特定事件属性的做法都注定失败。可欲性既不等于某一事件是真实可欲的这一事实，也不能将那一事件视为现实情境中的一个项而认为可欲性是通过分析那一情境所发现的事件属性。

现在，我们可以将前面关于价值评估表述的例子与下面这个关于意动性神经冲动表述的例子加以比较。某人觉得自己有盗窃的冲动，为了克服诱惑，他会单纯地对自己说："不，我才不会做这么差劲的事。"在此，根本没有一个真实判断可依附的真正陈述形式，有的只是在某种意动性神经冲动感和不做某事的观念之间的同步联结。在这种情况下，表决心维持了这种情感表达的独立性。然而，影响克服诱惑的动机其实可能是一种义务感，其在某人"克服诱惑是我的义务"这一自言自语之中得以呈现。此时，我们所拥有的就不仅仅是上述那种同步联结。此处的"义务"与前一个例子中的"意志"对应，其具有某种内在于不作为之中的属性，而人们则将其当作逻辑词项予以处理。因此，在这两个例子中，我们就对两个类似的心理情境具有了两种不同的价值评估表述。

对于这两种情形，存在着一个共同的困难，即如何可能将价值

138

或义务（视具体情况而定）理解为某种客观价值。对此，我们应当要有一种统一的解决方案。在上面两种情况中，除了可用陈述句形式将同步联结表达出来之外，不存在其他客观化根据。"价值""义务"以及其他我们赋予类似意义的诸多表述被视为陈述句的词项，但实际上，它们主要指涉的是情感背景，这种背景处于某物是实在语境项（an item in the context of reality）的这种想法与它自身独特属性的同步联结之中。这些联结以陈述句方式表达自身，这是因为认知因素在决定这些表达时占据主导，并在表达被展示对象的客观属性时强化了情感表达。首先，这些句子并不像"这块石头是猩猩"这样是言词的随意拼凑，而是对必然产生的潜在意识状态的反射，并可与感叹词相容。其次，这些句子并非独立个体，而是在个案中由社会语言共同体的成员所确定的，这使得使用同一语言的不同个体的类似心智状态可以得到类似表达。显而易见，这些句子正是通过其绝对性和超个体的特征才拥有与那些真正表达潜在判断的句子同样的属性。因此，这种表述总会令人自然地将其与真正的判断联系在一起。

现假定某人和我说某些东西且我相信了他。在我结合自身对其所述事实的看法中，他的故事令我形成了某些与其话语相关的判断。即便我不相信叙述者，但他的故事也会令我形成与其话语相关的某些判断。在后一种情况下，我意识到的是，此时唯一真实的只是我对这一事件的想法。理由在于，任何一种关于特定事态的想法要想是真实的，它至少要具有以某种非自主且超个体方式决定自身表达的倾向，即以陈述句形式表达。由此可得，这类想法通常伴以对这种句子表达的理解。然而，这就使得反过来也说得通,即对陈述句的理解(只要这种句子不是言词拼凑,且对理解主体而言它也不仅仅是对潜在判断的表达)也使其与关于特定事态是真实的这种想法联系起来。然而,并不是任何观念都构成这种想法。所有观念性内容除了按照其被理解的样子而具有以某种非自主且超个体方式所决定的表达之外,它还可以有不同表达。就后者而言,这会形成一种与某种表达最初理解相冲突的理解。因此,就最初理解所坚持的东西而言,它所携带的只是那种具有以非自主且超个体方式决定所理解句子如何表达的观念。应当注意,正是这种非自主表达的超个体特征使得人际交往成为可能。在交往中,交往者的唯一意图是,通过使对方注意到那些由非自主且超个体方式决定的表达反射而有选择性地唤起听者的某些想法。正如我们在此所假定的那般,对一个真正存在的言语共同体而言,无论方式如何,话语本身并不是刻意形成的。仅就此而言,交往者并不会基于听者会以非自主且超个体方式表达那些想法,就把在交往中表达其思想所使用的自然表述刻意转译为可以唤起听者预期想法的句子。如果假定社会言语共同体存在,那么要想有可能唤起听者与交往者话语相对应的想法,与之相关的唯一意图就是专注于那些话语。然而,那些与交往者话语相关的想法会不由自主地出现在对这种话语的理解之中,并由于社会言语共同体的缘故而与交往者的自身想法同质。仅就此而言,这种共同体并不会刻意探寻交往者的自身想法并着力于解释。但即便如此,它也需要将给定表述转译为听者熟悉的表达。而一旦这种情况发生,关于可交流事宜的想法就旋即而生。

现在,让我们假定关于某一事态是真实的想法在与情感的同步联结中会按照前面所描述的非自主且超个体决定的方式以陈述句形式表达自身,且它还包含诸如"价值""义务"这类情感表达要素。那么,就可以得出一个关于主体自身一系列想法的独特结论。当一个真正的判断经验(judgment-experience)以陈述句形式表达自身时,它也只能在以同样方式表达自身的另一个话语理解主体那里形成一个新的判断经验。而对于以自身形式表达判断的主体而言,则不会发生这类情形。然而,在我们现在假定的情况下,话语必然会对主体产生反作用。因为,根据前述,每一个以陈述句形式进行理解的句子,只要它不是词语的简单拼凑且在其之后没有一个实际的判断经验,那它自身就会携带这种判断经验。现在的问题是,这种判断经验会导致何种后果?显见,新的判断主题会被理解为真实且有价值的东西,或视具体情况而被理解为某种真实的义务性行为。然而,"价值"与"义务"作为谓词究竟指的是什么?此时,人们能具体想到的任何东西都能基于实际情况形成一个在非自主且超个体层面上具有不同表达的判断经验,而这与后一种理解不符。然而,如果某些判断经验的形成必然与陈述句形式相关,那在根据具体情况而把"价值"或"义务"视为谓词时,就会必然丧失关于它们的所有具体性。也就是说,在运用这些词语时,某人的脑中只能对那些实存事物或所虑及行动的属性形成抽象想法而无法就那种属性实际为何形成任何观念。无论以何种方式,他只能将这些东西理解成为一种决定表述的实在。此外,当这些词语作为词项重现于上述那种句子中时,基于潜藏在句子之后的联结感,某人会认为那种东西具有同样一种属性,但是对于我们现在所讨论的"价值""义务"等词语而言,关于这种东西的具体想法却是不完整的。然而，一旦这种想法变得成熟，那么即便"价值""义务"作为词项，其基础仅仅是与之同时出现的关于情感表述的句子构造，我们也会将这种想象出来的事物作为逻辑词项加以处理。我们不会因为对其没有任何具体想法而受到阻碍。归根到底，我们只能将它理解为那种可以决定特定表述的东西。

至此，呈现在我们眼前的是一种体现通常学术思维意识的原型。此时，这里的问题同样事关自发形成句。这种句子有其基础，142但却不处于任何统一的意识状态之中。虽然它身处联结之中，但这种联结却不是情感性联结。此外，尽管这种句子没有表征任何东西，但它会使人以为真的存在某种决定表述的东西。"毕竟，是词语使得我们可以思考。"因此，某人会将这种东西视为逻辑词项并将它与其他词项勾连，陈述它的性质，并以其作为前提中的项而推出结论，诸如此类。例如，"自因（causa sui）之物自我生成并必然存在。""自因"一词表达的就是一种潜在联结。一方面，在这种联结中，人们输入了某种关于可感知实在的可变动想法，这些想法彼此竞争但又相互成就，以至于没有任何具体特征在人脑中得以保存下来；另一方面，人们又在其中输入了一些彼此竞争又相互成就的关于因果关系方面的想法，而这也同样使得所有的具体确定之物灰飞烟灭。"自因"这种表述表达的"只是一种因果融为一体的实在"。联结中的要素是这种简单性的第一来源，而因果关系则位居次席。但是，在"自因之物自我生成并必然存在"这一句中还存在第三个相关因素发挥作用，即自因事物概念。正是这一概念使得我们可能区分原因和结果，且这种区分总是必要的。因此，即便某人根本不知道什么是"自因"，他也可以相信真的存在由其所表达的东西。"自因之物拥有不同于它自身的原因。"在这一表述中，占据支配地位就是联结要素。"但是，这些原因是为其固有的。"此时，发挥作用的是另一个要素，即"内在因"（causa immanens）。同样，在运用这一表述时，人们会相信确存在某种东西是"自因"所表述事物的性质，直至无穷！

最终的结果是，某种与意动性神经冲动紧密联系的行动观念成为了真正的义务。然而，此处所考虑的只是某种与"责任""义务"等表述紧密相关且不可表征的东西，除非诉诸那种表述，否则人们根本无法将其与其他东西区别开来。当某人假定"义务"或由"义务"所指涉的某种东西存在时，就会产生这样一种观念："义务"这一表述是陈述句的一个词项，而这源于意动性神经冲动感与某种真实行动观念之间的潜在同步联结。具体过程如下：意动性神经冲动感与某种真实行动观念结合一体，由于在形成表述时这种观念会占据支配地位，因此，这一结合在陈述句中——即"如此行动是义务"——就将自身表达了出来。于是，这种句子就附着上了某种行动观念而具有与"义务"名称相符的属性。应当注意，在后一种观念中，人们不认为行动具有与原初观念同等意义上的真实性，也就是说，人们不认为它属于那种具有具体可感知要素的实在语境。仅因为它拥有那种根本无法感知的"义务"特征，人们才认为它是真实的。如果它也属于可感知的实在范畴，即它会实际发生，那么这就与它作为义务的实在性无关。这意味着，那种存在于不可感知实在——即义务世界——中的同一行为也存在于可感知世界之中。

三、与决定义务感及其表述之规范相一致的行动正确性观念

现在,我们必须更为细致地探究行动观念。根据我们的观点,这种观念是构成义务观基础的同步联结的两个项之一。现在的问题是,行动本身是否具有某种人们通常认为存在的特殊之处。倘若如此,义务属性必然与其直接相关,而这意味着实际上存在一种独特属性。通常,人们认为在实际情况下行动可以是正当的或恰当的。此时,人们所思考的究竟是什么? 144

由于义务感与命令接受者的感知状态具有毋庸置疑的亲缘关系,因此,我们可以假定,那种构想出来的正当性意味着其所指向的行为正是特定意志所命令的行为,让我们把这种意志称之为社会意志。然而,当我们在处理与义务感并行的权利意识时,总会遭遇一个发布命令的意志,由此产生的主要问题总是:"服从这一命令是正确的吗?"

也就是说,那种自身正当性可被断言的行动并不是命令所指向的最终行动,而只是服从命令本身。某一个被命令所要求的行动之所以是正当的,仅仅是因为它属于服从行为所蕴含的那个行动类。然而,如果服从命令意味着命令所要求的行为恰恰在那一命令之中,那么将服从命令视为正当行为就毫无意义。当然,上级权力可以命令人们遵守下级权力的命令,某人可以令其自身遵守他过往或未来所发布的命令。然而,在一个命令中要求遵守这一命令本身是不可能的。

然而,某人可以就此反面观之而认为某一行动的正当性意味

着对其不作为是对上级意志的反应。然而,将这种行为视为正当依然预设那一反应本身是正当的。如果无论这种反应多么激烈,其正当性总会受到质疑,那么它的正当性就不取决于这种反应的强烈程度。在此,我们切不可误入歧途地认为社会的反应方式会对我们就反应正当性的判断施加实际影响,并因此决定我们对某一行为正当与否的判断。当我们谈及社会反应的正当性时,我们所意指的并不仅仅是它发生了。应当注意,社会对某些行为的反应会通过如下确信得以强化,即行为不仅关乎权力,还与其正当性能被确证有关。当然,个人会受到这种确信的影响。[①]

然而,通过参照行为所能实现的预期结果并认为它决定了行为正当性同样是错误的。因为,对我们而言,义务并无法实际带来某种客观事态,它至多只能在我们的能力范围内尽量实现。否则,行为的正当性将成为通过正确手段实现外部结果的一种属性。倘若如此,手段式的无意识错误就意味行动上的错误。然而,从正当性事关义务意识这一点看,任何这类错误都是不可理喻的。但是,

---

[①] 加雷斯主张(《正义概念论》,1907年,第11页),反应的正当性的最初是指它与社会的愉悦感或痛苦感一致。然而,当他作出如下主张时,一种奇怪的矛盾又发生了。一方面,他将正当性本身描述为"社群"所具有的某种"愉悦感或痛苦感";然而,另一方面,他立马又同意温德莎伊德的这一观点:"权利并不是那种我所认为正当的东西,而是被我所属社群视为正当并因此断言其正当的东西。"(第21页)因此,是"社群"本身将某种东西当成是正当的。于是乎,社群之承认就不可能同时等同于权利,因为承认所预设的那种正当的东西早就在那了!然而,如果那样的话,个人当然也无法将这种承认视为权利。仅当个体认为社群观点确实指向是正当的事物且由此带来的反应方式基于此是正当的,他才能接受它们。显见,这预设了存在某种高于社群的正当性,而这种正当性则不可能等同于由反应方式所带来的愉悦感或痛苦感。类似错误可见施塔克,《对法律之分析》,1916年,第175页。

当我们认为某人的权利决定他人义务的时候,行为的正当性看上去在某些方面上就是一种有利于权利拥有者利益的属性。在他处,我们将更为细致地考虑那种可适用于主观权利的利益理论的实施可能性。在此,让我们假定权利观念是一种关于正当利益的观念,且相应行为的正当性并不取决于其属性是否促进了那种利益。如果我已花钱购买了某一物品,那我就有权要求对方交货,而卖家满足我的这一要求也总是正当的。这种正当性完全独立于货物交付是否会损害我的利益。当然,这总是可能的。例如,我购买了一种对我身体有所损害的药物。事实上,只有当所要促进的利益已被认为是权利的时候,权利拥有者的利益才与义务承担者行为的正当性对应。也就是说,利益并不是那种可在与对方关系的抽象意义上就可论及正当与否的东西。仅当对某人而言做某一行为是正当的且利益与这种确定行动相关时,利益才是正当的。然而,倘若如此,认为行为的正当性取决于它是否具有某种促进正当利益的属性就明显毫无意义。正当利益本身之所以正当,仅仅是因为促进这种利益会要求实施正当行为。那种在假定意义上被认为可促进他人利益的行为,主要拥有的正是正当行为所具有的属性,而人们的利益也因此而正当。

因此,在与义务意识相关的意义上,为了使得某些行为对某些人至关重要而将正当行动指涉(有时有人会这样做[①])某种所谓的客观价值的做法是错误的。毫无疑问,在这种情况下,我们依然可以在把客观正确性作为实现所谓客观价值条件的意义上论及正当

[①] 如见施洛斯曼,《论合同》,1876 年,第 316 页。

行为。然而,这种正确性却完全取决于行为的实际后果,而与主体可期待的后果毫不相关。这种判断行为正当性的方式完全与从属于义务意识的那种正当概念无关。现假定,某人认为一些在军事上训练有素的国民为其祖国存亡而战是正当的。因为,祖国存亡具有某种客观价值。就这种正当性的意义而言,其与人们认为良好的火炮供应是一种具有客观价值的手段完全相同。因为,这也是事关祖国存亡的一个条件。也就是说,为祖国而战以及战士本身,都只被当成实现高于他们的价值的手段。然而,在与义务感相关的意义上,行事正当之人是因为其具有某种非工具价值才得以鹤立鸡群,这从人们对他的尊重中显而易见。随着义务感作为行动决定因素的体现越发明显以及所需克服的动机程度越发强烈(即行为本身就呈现出它是真正正当的情形),这种价值评判也相应变得更加明显。因为,义务感的本质正在于其决定性以及它强得足以抵制其他行动方案的诱惑。上述并不排除这种可能性,即那种因对实现客观价值至关重要而得以凸显的行为同样可能因为在义务层面上是正当的而得以凸显(注意:这种行为应当是某人为实现客观价值而尽其所能的行为)。实际上,我们关于客观价值的观念在实践思维的世界中占据统治地位,同时,它们也是我们义务观本质的决定因素。然而,从义务感的角度上认为这种行为是正当的,却与从其作为客观正确的工具而认为它是正当的极为不同。

这可能再次暗示了行为正当性意指行为对某一情境下的所有他者的即时愉悦最大化或即时痛苦最小化。然而,显而易见,道德中立或不当的行为同样可能基于这些根据被选定。在这一点上,

我们应当特别注意赫巴特（Herbart）等人在此所犯下的诉诸审美 148
愉悦的谬误。如果"美丽"是一个客体价值谓词，那么当我们思考
该客体时，我们所涉及就不是一种真正存在的特性，而是某种想象
内容。观众之所以觉得照片美丽，并不是因为他们认为美丽从属
于照片中的布料以及散落其上的颜料，而仅仅是因为观众从照片
中得到了想象内容。然而，在论及行为正当性时，问题的关键是行
为本身及其真实特性。某种特定行为是正当的，就意味着实际从
事它是正当的。

由此看上去可以推出：从义务感的角度看，根本不存在判断行
为正当性的外在标准。无论是命令意志的外在指涉还是行为导致
的外在后果，甚至是行为所导致的最大化的即时愉悦或最小化的
即时痛苦，在此都不甚重要。同时，由此似乎还可推知：某种行为
之所以凸显为对我而言的正当行为，正在于它确实归属于我。如
果我不那样做，那就必然存在某种外在之物阻止我的"真我"（true
self）发挥作用并强制行为实施。因此，从维护个人自主的角度看，
这种行为就是错误且不正当的。当然，这种看待问题的方式预设
了理念自我（本身的我）与经验自我（受经验限制的我）之间的区
分。在不正当行为中，后者则不足以体现其本质。

自康德起，在理性主义体系中对意识状态进行这种解释很常
见，但它也遇到了一些困难。我们必须牢记，此处所关注的问题是
那种与归属于义务感的意动性神经冲动感紧密相连的行为属性。
正是借助行为的正当性观念，义务感才与之发生联系。因此，我们
必须要求这种对意识状态内容的解释真的可使那种将自身与作为
义务感的意动性神经冲动感结合起来的力量变得是可理解的。毫

149 无疑问,无论"自我"何时遭到危险,自保观念都在我们的意志中发挥着重要作用。然而,如下这一观点却没有经验支持,即仅仅由于我们对价值的自由评估并非决定因素,自保观念就会以我们自身觉得受到约束的方式去决定我们的意志。恰恰相反,在通常情况下,最为强烈的即时痛苦根本容不得思考,这种痛苦会使人们对于自保行为给予极高的价值评估,并同时形成实施这种行为的意动性神经冲动。由此观之,根据当下理论,义务感的基本特征在于它会将某种特定行为作为避免丧失个人自主的手段而进行价值评估。因此,义务感就取决于这一事实:决定行动估值的是感觉丧失自主时的痛苦。当违背真我行为时,良心上的痛苦就变成了一种丧失自我的痛苦感。倘若如此,对这种痛苦的恐惧就不是义务感的基本要素(正如前述,这种观点根本说不通),而只是想到可能丧失自我的一种直接痛苦。因此,有人可能会认为,上面对于义务感纯粹意动性品格的论证并不令人满意,因为它并没有考量可以这种方式看待问题。然而,在这种观点看来,良心痛苦的本质是由行为后果导致的痛苦,即丧失自主,而不是由行为本身未能履行义务所导致的。然而,后者才是义务感的基本特征,这点在后悔做错事的情况下最为明显。此时,毫无疑问,侵害他人权利是造成他人痛苦的决定因素,然而,如果某人在思想上清除了自身义务,那么他人权利从何谈起?

除此之外,我们还必须考虑以下事实。如果我认为某种特定行为是真我的体现,而其他行为则意味着压制真我,那么我一定会认为据此行事的意志在真我意义上至关重要。因为,某种行为只
150 能通过我对它的意志才能归属于我。然而,我又怎能认为决定这

一行为的意志对内在的自我而言是至关重要的呢？对此,理性主义者可能会答到,这种自我是纯粹理性之体现,其可被视为自决思维所具有的力量,并因此在实践中是一种完全理性的意志。对此,仅需对自决思维等同于纯粹意识——即感知不到任何东西的意识——的观点加以反驳即可。事实上,这种意识只是一种哲学虚构,而要就该问题提供合理答案,只有一条路可走。仅当我认为针对某种特定行为的意动性神经冲动应当无条件地予以实现时,这种行为才具有如下重要性,即我将其归属于真我并认为任何阻碍将其转化为意图的做法都是对我个人自主的压制。对此,应当注意如下要点。在某种关乎内在、本质性而非外在、非本质性的自我观念中,我们会认为某些东西因完全独立于其他东西而是自主的,因此,它成为决定其他事物的决定因素。然而,除非与指向特定行为的意志对应的神经冲动最起码已然存在并可获得指定,否则我不会认为那种意志属于这种自主实体。那么,意动性神经冲动又在何种意义上可被视为归属于我们自身的自主之物呢？是在没有其他任何事物阻碍这种神经冲动之实现或转化为意图从而使它总能在形成之后决定其他一切事物的意义上吗？并不是。这样的神经冲动本不存在。因此,将意动性神经冲动指定为自主之物绝不可能以它在实际意动性生活中的支配地位为基础。于是,剩下的唯一可能就是:意动性神经冲动只能因为它应当被无条件地(即独立于其他任何事物)实现而具有支配性。这样一来,由于可以认为那些神经冲动因具有某种绝对的实现权而体现出支配性,故人们可以认为自我具有某种本质上的内在意志。在现实生活中,应当实现意动性神经冲动并不是构成"自我"的决定因素,在这个意义上，任何对这种神经冲动的阻碍都是对自主的妨碍。①

由此可见，如果某人声称行动对真正的自主至关重要，并试图通过解释被某种行动观念所支配的权力以唤起存在于义务感中的神经性冲动感，那么他就犯了循环论证的错误。除非人们认为支配行为的意志属于内在自我的能动性，否则对这一目的而言，行为就不能被视为是必要的。除非义务感已然存在，否则这也是不可能的。真实情况是：义务感连同某种正当的行为观念，使得我们形成了这一观念：我们在此会视情况关注那种对维护个人自主至关重要的行为或意志。此时，依照之前的描述方式而与义务感紧密相连的观念是中介项，由于与之相对的行为和意志（视情况而定）应当无条件实现，即神经冲动应当无条件地转化为决议，因此，它

---

① 这种被日常意识所认同的观点反应到哲学层面上就是试图从某种属于自我本质的特定意志中推出义务之"应当"。实际上，在这一语境下，自我的本质是指那种应当被无条件实施的本质意志。因此，这种立场存在逻辑循环。例如，舒配对这种思维方式的概要展示就属此种情形（《主观权利的概念》，1887年，第6—7页）。由于可将某种特定的"思维、情感和意志"归属于某种特定的"关于人的概念和一般意识"，因此，它就因为对"所有人有效"而具有客观有效性。然而，这种有效性并不意味着它在每个人那里都实际存在。相反，据称这种有效性的本质体现为这种"思维、情感和意志"是对所有人的要求。仅有此点，才是"应当"意义之体现。由此不难看出，我们讨论的思维、情感和意志的存在模式并不属于一般意识（在此它等同于我们自身的本质），因为它总是存在于每一个具体的意识状态之中。然而，倘若如此，又如何能认为它属于那种体现了我们自身本质的意识呢？舒佩认为，在论及这种有效性时，只有当这种模式属于意识本身——即它应当存在于每一个具体意识之中——的后承时，此点才可能得以断定。对此，人们可能会反对证明这种模式总属于以某种秉性方式所体现的自我本质的意识。然而，除非某种东西已体现出支配性，否则我们如何可能将它描述为存在于我们自身本质——即我们自身的决定因素——之中的秉性呢？如果系争行为模式总能发挥作用，并在平息反对和引领所有内在于我们的力量的这个意义上不能认为它是必不可少的秉性，甚至它在应当引领我们自身力量的这点上都体现其具有支配地位，那又如何可将其描述为某种必不可少的秉性呢？

成为了真我的一个因素。这种关于行为或意志重要性的观念有可能事后才对义务感有所反应,并通过某种特殊的情感密度去强化它的推动力。然而,这种观念绝不可能源自义务感中关于行为正当性的观念。

因此,那种与义务意识相关的行为正当性的意义问题依然悬而未决。如果上述观点正确,即义务感与命令接受者的感知状态联系紧密,那么在意动性神经冲动独立于价值评估的那两种情况下,正确的探究之道显而易见。我们必须根据对这种神经冲动产生方式的了解,去探究是否存在任何可归属于行为的特征可产生这种效果。而当我们意指与义务意识相关的行为正当性时,这一特征就可被当作这种正当性的内容。然而,与此同时,必须解释这种特征是如何归属于某种特定行为的。

假定我们自问在经验中有哪些因素可以形成那种独立于所有价值评估的意动性神经冲动,我们会发现命令和习惯这两种因素在解释行为正当性观念时都很重要。对此,我们已经考察过了命令的重要性。而习惯的重要性则主要体现为它具有将某些"习惯性的"行为方式予以机械化的力量,从而使得它们能够在缺乏真正意志介入的情况下自动发生。然而,如果基于某种理由习惯行为没有发生,那么我们自然会认为习惯的力量仅仅影响了自身,也就是说,它只处于某种不完整的神经分布之中,或是针对系争行为模式而言它只处于初期的运动状态。然而,阻碍这种神经分布或运动会导致某种不悦感,因此,受阻的神经分布或运动也就出现于意识之中。在此,与之具有心理关联的是意志,这种意志以意动性神经冲动的形式指向行为但却不伴以任何意图。倘若如此,从动机这一层面上看，不悦感就不是意志的决定因素。当然，两者都会基于同一种常见原因——即受阻的神经分布或运动——而产生。

现在，让我们研究一下那些具有命令权并可影响社会个体的权威机构。首先，我们可以谈谈养育者。个体在其成长过程中，总会听命于众多命令。"你不能那样做！你必须遵守它！"在社会中，总存在有效的法律。个体会发现，基于这些法律，某些作为和不作为会与那些给他带来痛苦的反应紧密相关。无怪乎对他而言，这些法律代表了某种令人畏惧且可发布命令和禁令的权力。因此，人们认为神圣权力有权发布命令和禁令，而传统社会对这种权力的信仰则发挥着某种作用。同时，就当下所论而言，个体生存的一般社会环境就已经非常强大了，单靠这种环境对可以向某些作为和不作为施加不利反馈。这会令个体觉得好像存在某个不确定的命令者监控着他。最后，我们必须提一下命令发布权在占有中对人们所施加的影响。存在某种组织化或未组织化的社会力量支持着实际占有，这使得它可针对外部的不特定第三人主张权威。因此，所有权人获得了针对不特定第三人的权利，他有权要求："勿动吾产！"

应当注意，在原始社会中，由于成员们往往秉持同源观念且个性化尚未充分发展，因此这些力量会以同一方式发挥作用并相互支持。然而，即便在现代社会中这些力量会在某种程度上通力合作，但这也只会发生在某些社会阶层中。在已有的不同的命令发布权之间，即对个体所属的社会圈子总是有效的命令权与个体个人觉得受到约束的命令权之间，总存在某种合作方式。现在的问题是，这种合作会导致什么结果？对特定行为模式的思考，会使人们意识到"那是应当做的！那是必须做的！"或者某种一般性的命令表达。同时，对其他行为模式的思考则使人们意识到"那是不能做的！"或是某种一般性的禁令表达，更准确地说，是要求人们不做某事的命令表达。在此，命令发布机构失去了它的个性，而只剩下命令的言词，而这些言词则体现在某种与听觉或视觉相关的波动图像之中。然而，由于言词会不自觉地进入到关于行为的思考之中，因此它就保有了自身的暗示力，即它能建立与之对应的神经状态，也就是说，它在意动性神经冲动感与某种作为或不作为之间建立了联系。现假定，个人会认为对同一社会群体的成员而言，在同一种行为与"必须做"或"不能做"之间存在这种联系。那么，他自然就会认为"必须做"或"不能做"在客观上从属于某些行为。因此，这就会形成一种与命令表达相关的想法，而它则与积极行为方式或消极行为方式所构成的体系有关。这种体系"必须"或"应当"被无条件地付诸实施，并且它会导致遵守该体系的神经冲动之形成。当他想要以违反该体系的方式行为时，另一个行为就会以"必须做"或"应当做"的方式体现自身。因此，在同这种与命令表达联系紧密的体系的关系上，某一特定行为就能因其正当性而得以凸显，故而它也就被赋予了某种属性，而对其理解则携带某种被即时诱发形成的意动性神经冲动感，它与已经发生的行为连成一体，并依照上面所描述的方式被认为是正当的。此处应当注意，某人要是不关注命令发布机构并对其命令"充耳不闻"，那么他就可能规避由此带来的影响。再说，这种通过个人品格得以运行的权力还会受到各种外部环境的影响，这使得我们无法完全确定是否它所作出的一切都将被视为命令。按照荷马的观点，就算是众神，也可能被行贿。然而,由于完全有可能构想出某种与特定行为方式体系相左的行为,因此人们关于该体系会与某种"必须做"具有客观联系的确信,必然携带着某种与其一致的关于特定行为的判断。因此,一旦关于行为"正当"模式的观念形成,它就必然携带着某种意动性神经冲动感。此处,我们所关注的行为模式依其本质看上去具有一种与其紧密联系的"必须做"的特征。这使得由此产生的意动性神经冲动具有绝对性。于是乎,人们就会关注特定行为的那些特殊性质。

现在,让我们考量一下习惯的意动性力量。在此,我们必须注意,根据前文我们对命令的分析,那种由习惯所产生的即时意动性神经冲动与命令具有相同的自然表达。一条命令表达,其实就是一种关于他人行动观念与意动性神经冲动之结合的表达。现假定,在某个社会群体中存在一条一般性习惯,即习俗,由前述可得,只要有与习惯相异的行为倾向成为其障碍,那看上去就存在某种绝对性的"必须做",即一条命令表达。由于命令表达通常会与全体成员的同一种行为方式结合,因此,将其视为那种行为方式的客观属性就显得极为自然。因此,在与习惯的关系上,就会形成一种关于行为方式体系的观点,它以命令表达作为自身的某种客观属性,并携带着意动性冲动感进而形成了正如上面所解释的每一种特定行为的判断。尽管如此,一个处于同一意识状态的主体不可能认为不同行为方式体系所具有的命令表达在客观属性上处于完全孤立的状态。因此,我们必须假定习惯以及上面谈及的命令权要么协同形成了某种具有系争客观属性的单一行为体系,要么它们各自基于不同观点形成了不同且彼此冲突的行为体系。如果某人能够同时接受这些不同观点,那么对其义务而言将会产生无法解决的冲突。

对此,我们应当注意,在原始社会中,习惯看上去占据支配地位,命令发布机构以及其他的政治、宗教、社会机构也都根据习惯加以运作。然而,随着社会的发展,习惯在形成行为体系上受到了相对压制,那些通过直接理解社会价值所得的行为方式则遭受了普遍反对。在此,我们应当注意以下事实。假定由于在某个特定社会中行动观念和命令表达之间具有规律性联系,故人们会认为通过习惯与权威力量的协同合作的确会产生上面所描述的那种行为体系,那么,即便只是人性使然,但以利益填充这一体系的方式也是开放的。假设我们承认这种行为体系思想形成的前提是在社会中特定行为与命令表达之间存在规律性联系,且该体系对社会群体而言最初必然具有某种普遍有效特征,可一旦这种思想形成,就根本无法阻碍其具有个性化特色。因为,某人此时会认为特定行为体系是"应当"予以贯彻的,且只要该体系在特定情境下适用于他,他还会认为某些特定行为属于该体系。在决定这类行为时,这种因素都会发挥作用。然而,出于显而易见的原因,无论个人利益如何重要,当要在义务感层面上决定个案中的正当行为时,我也总会认为唯一重要的事项就是知晓如何行事才能与那种"应当"予以实施的行为体系保持一致。在我看来,行为体系可能会要求我在特定情境下做某种特定行为,但我同时认为,要求处于同种情境下的具有同样个性特征的其他人做同样的行为也是正当的。应当说,这种个性化倾向会伴随着道德意识的发展而不断发展。

假定在与义务意识相关的意义上,上面对正当行为观念的解释是正确的。那么,"正当"裁判观念就是那种通过考虑具有"应当"予以实施这一客观属性的行为体系从而在给定案件中正确断言当事方正当行为的判断。

有诸多事实与义务意识相关,人们对其洞见之增长则很可能会提升上面提出的解释的正确性。我们可以想象在我们心中存在一种所谓的"良知之声",它发号施令并因此决定着我们应当要做的正当行为。但是,如果我们只是作为命令接受者听从"良知之声",那么由此产生的就只是某种与特定行为观念相关的意动性神经冲动感。因此,这种经验根本无法告知我们什么才是客观正当的行为。然而,这就是"良知"在指出何为正当行为并进而决定义务感时给我们带来的理论意义。问题旋即而生,"这种在我们心中决定正当行为命令权的错误观念究竟从何而来?"根据上面的解释,答案显而易见。在理论上,良知仅仅是生发于特定情境下的某种行为观念,这种观念会与那种将命令表达作为客观属性的行为体系保持一致,或者说,它会与道德法则保持一致。因此,这种行为本身就具有"必须"或"应当"这种客观属性。只不过,命令表达使得人们总是认为存在一种命令意志。因此,人们就不可避免地对这种行为产生了自相矛盾。一方面,这种行为具有与其客观联系的命令表达;另一方面,这种表达又只能通过特定意志的介入才能行为相联。

在日常的正义观中,我们会把某些行为视为与他人所拥有权利相关的义务。因此,此处的基本思想是,他人权利之个性构成了义务存在的客观根据。然而,我们要想很自然地表达这一系争事态,也可以说权利拥有者有权向义务相对人提出要求或主张权利。

此处,有看待这一情形的两种不同但却相互联系的方式。一方面,我们之所以可以认为某些行为是义务,是因为权利拥有者依其意愿以某种方式表明了它们。根据法律,即那些对权利拥有者和义务相对人具有约束力的规则,权利拥有者有权要求义务相对人按其指示的方式去做特定行为,相应地,这些行为也就具有了义务的客观品格。此时,无论愿望指示是否具有权利主张的品格,这都无关紧要。而权利拥有者是义务的基础,仅仅意味着义务行为是按照上面所描述的联系方式才获得了与之相关的那种属性。然而,当某人将拥有权利描述为可以主张权利的可能性时,人们就会认为义务源自权利拥有者的要求,而那种体现权利本质的权利主张概念则必然与决定义务的权利要求概念直接相关。此外,此处提出的假说还可轻易解释这些相异观点的串联。某种行为之所以是义务,仅仅因为它是他人意愿表达的客体,而这只意味着命令表达所指涉的那种属性是行为的客观特征。然而,命令表达会使人们形成存在命令意志的想法。在这一过程中,必须首先指涉其意愿表达是行为义务特征客观基础的那个人。通过提出行动主张,那个人会被认为具有施加义务的权力。

如下第三个事实可以增强人们对这种假说正确性的信心,之后,我们马上会对它作更细致的审查。人们普遍倾向于认为,国家权力机构所命令的行为之属性等同于义务所具有的属性。正如我们将要详细展示的那样,这一事实完全可以借助我们采用的假说加以解释。

根据之前提出的观点,可将所谓道德规范理解为某种与命令表达具有客观联系的行为体系。显而易见,这样一种概念毫无真理性可言。当某人把命令表达理解为行为具有的真实属性时,他把这种属性视为一种真实属性,这种属性不存在于"我们"所处的世界之中,但它作为一个术语却存在于一种极为不同的实在语境之中,即"应当"世界。然而,与命令表述源自可感知世界类似,这种超感知世界的特性也源自某种极易感知的性质要素。鉴于人们对道德规范的尊重,看上去这颇不合理。即便深处现代文化意识之中,这种显而易见的错误观念有可能产生尊重吗?对于"这是必须做的"或"这是不能做的"这些表述而言,是不是不可能假设某人在期望它们遭致挫败的同时还尊敬它们呢?关于第一点,我们应当牢记,命令表达具有某种暗示层面上的意动性意义。因为,命令表述是一种关于意动性神经冲动的非自愿表述,当它将自身体现为与特定行为相关的客观之物时,它就会唤起指向那一行为的神经冲动。然而,我们的利益所直接指向的是行为,而对此形成的任何令人不安的反思都会受到审查。这根本不是所作假定的真理性问题,也不是在将命令表述归属于行为时它是否会被当成某种纯粹表述的问题。可以确定,这会使得人们形成关于命令意志的某种想法,并进而将这种想法视为命令表述。然而,这种想法其实属于另外一种观念,虽然后者当然也会与实际存在的"应当"观念同向发力,但两者却不相同。无论是针对这种想法的真理性还是其内容本质,这都与对这种想法的任何反思无关。

这使我们遭遇到第二个问题:我们怎么会去尊重一种纯粹表述?我们不会去尊重那种作为表述的命令,我们尊重的其实是体现于可感知存在之中的图像。要理解此点,困难并不大。应当注意,系争表述会使得我们对某种特定行为产生一种不可避免的神经冲动，即义务感。然而，正如前述，由于这种神经冲动"应当"得以满足，因此我们将其归属于真我，这似乎使得我们只有在将其转化为某种真正意图的情况下才可维持自主。然而，这种神经冲动通过赋予我们某种真实的"自我"以及使得真正的自我维持成为可能，它也具有与我们赋予自身恰当自我那样相同的内在价值。另一方面，唤起义务感无需意动性神经冲动包含任何价值评估，因此，它能即刻对我们产生约束并因此具有内在价值。然而，尊敬仅仅是与这种思想环境有关的一种情感。对此，尊敬国旗提供了一个与之相关的类比。我们之所以尊敬国旗，并不是因为那个具有各种颜色的旗面，而是因为国旗这一图像具有唤起我们珍视之物的力量。而后者的价值则转化成为国旗符号。

在决定什么是正当行为以及什么是义务基础的时候，参考对道德规范的尊重根本无法构成当下所提理论的反例。恰恰相反，对道德规范的实际接受可以成为直接证明我所断言的理论是大体正确的基础。说存在一条已被接受的道德原则，就等于说存在一条决定在特定情形中应当如何行事的规则。然而，这一规则并不等同于由某一意志所发布的命令。因为，倘若如此，人们将不会把以此为基础的义务理解为行为本身的属性，而只会把它当成为被命令的东西。此外，人们也不会认为在确定意志本身时道德规范是有效的。即便我们可以把某种决定性意志的观念嵌入至道德规范思想中，如神圣意志，我们也不会假定这种意志会随意立法。我们会认为，这种意志要求我们根据规范行事，同时，它也只是因为在内容上符合道德要求才获得权威性。因此，即便立法者的想法会以某种不成体系的方式渗入到法律之中，道德规范对我们而言也仍是一种客观规则。这当然并不排除这一可能性,即人们会认为个人纯粹意志的发生取决于那种决定其道德发展水平的外在环境。然而,这种客观规则之存在却可被描述为这一事实,即存在一个应当被无条件实施的行为体系。现在的问题是:当如此描述时我们描述的究竟是什么?此处,"应当被实施"这一语法谓词的内容体现出了某些困难。第一个问题是:"陈述句的谓词具有与其语法谓词所作暗示一致的意义,在这种陈述句之后是否存在某种真正意义上的判断?"正如之前的解释,倘若如此,我们就应当将对"这一存在者"(即应然状态)的修正描述成它的真实特征。可是,根据前述论证,这毫无意义。① 下一个问题是:"是不是无论潜藏在陈述句之后的东西是什么都根本没有任何判断存在?难道有的只是人们通常会用表达判断的方式所表达的关于意识状态的同步联结?"倘若如此,在论及表述"应当"的两个术语时,情感必有一席之地。然而,这是怎样的一种情感呢?我们必须注意,正是这种关于道德规范的假设唤起了我们的义务感。诚然,决定这种情感的东西是某种正当行为观念。但正如之前所示,义务感是一种无需价值评判的意动性神经冲动。因此,接受规范时的意识状态明显不是一种与行动观念相关的评估感。作为一种意动感,它只能与某种特定行为观念结合才可通过在陈述之中插入谓词项而得以表述。于是,这种句子反过来又会按照我们之前所解释的方式产生某种关于特定事物的假定从而决定表述。然而,这正是义务感不同于其他意动感的独特之处。在这种情况下,像"必须要做的""应

---

① 见本书上文第135页。

当要做的""一定会做的"这些情感表述都可作为陈述句的谓词。正如前文详述那般,这又反过来导致了某种与义务感相关的真实义务意识的产生。看上去,这种义务感构成规范所包含的"必须做"的基础。然而,我们已经谈过,这根本不可能。因为,正是接受规范产生了这种义务感。因此,潜藏于表述之后的意识状态必定是一个实际存在的判断。然而,正如我们之前指出的那样,我们不能将这种判断的谓词视为语法谓词表述的内容。因此,唯一剩下的解释就是,这种位于背景之中的判断所包含的真正谓词只能是语法谓词,换言之,这种"必须要做的"只能体现在某种图像之中。否则,就必然会存在某种东西,虽然它不以语法谓词作为其表述,但仍然可以导致后者产生。要想说清此点,唯一的解释就是:那些其他东西本身就承载着语法谓词,这使得人们在遣词造句时会使用到它。正如魔幻师会对其他东西具有类似情感那样,这种关联性联结也只可能源自以类似方式发挥作用的谓词图像所具有的力量。应当注意,无论我们认为判断中的谓词是何物,仅当它有能力唤起义务感时,它才能在接受规范的过程成为关注对象。因此,这种力量必然是那种可决定其承载观念的力量,而其他观念只有具有类似的决定力时,它们才能在道德规范意识中受人关注。这足以表明,规范判断中的谓词,要么是那种可被视为某种图像内容的句子表述的语法谓词,要么是有能力同样可以导致意动性神经冲动产生但却并非谓述表达实际意义的某种东西。由于关于规范句子语法谓词的图像——即"应当要做的"——必定能够引发关于命令表述或意志表述的意动性神经冲动,因此,那些可能成为规范判断谓词的其他东西,必然也可以同样方式发挥作用而必然成为对命令或意志的表述。

然而,我们在此提出的理论明显要遭遇一个强力反对。假定命令表述在其单个图像形式中会被当作那种"应当被实施的"行为体系的真实属性,那么,这种表述的每一个变种都隐含着某种可归属于该体系的不同属性。倘若如此,当某种不同的命令表述对他人而言更为自然时,例如他讲的是另外一种语言,那我就无法识别我面对的道德规范是否与他面对的道德规范一致。不仅如此,如果命令表述本身可用不同的言词加以表达,或是可用听觉或视觉图像加以表达,甚至是以文字图像或命令手势等方式加以表达,那么在这些情况下行为体系就具有某种不同的真实属性。在此,我们必须注意以下要点。无论那些具有不同内容的判断是同时还是相继出现于不同主体或同一主体心中,我们必须对这种判断的实际存在与主体辨别判断内容的能力加以区分。不同判断可能在内容上有所不同,但基于某种理由它们也可被视为同一个判断。实际上,判断内容上的每一个改变都伴随着命令表述的相应改变。然而,这并不妨碍我们在考察这些不同内容时认为那一真正属于行为体系并可归属于所有这类判断的东西对不同表述而言是共同的。此外,我们还可以认为体现共同内容的方式差异仅仅存在于与之伴随的图像之上。无需惊讶,我们应当将那种共同之物视为本质属性,因为此处真的存在某种共同之物单独地赋予表述以力量,即命令表述的特征。然而,我们还应注意下述事实。当某人在审视不同判断时所赋予行为体系的那种共同特征,以及在各种情况下他认为可以切实赋予那一体系的特征,都不是命令表达的属性。因为,人们根本不可能以反思的方式将命令表述视为行为体系的属性。同时，人们也不会将注意力集中在不同表述的共同意义上。对诸种表述而言，它们仅在抽象意义上具有某种共同的东西。主体在面对这些表述时会假定它们具有某种共同的东西，但除了这些表述自身，主体心中根本并未形成任何具体之物。这样一来，在命令表述的所有变种中，不同主体或同一主体面临的都是同一种道德规范观念。然而，应当补充的是，这种观念仅仅是对行为体系之判断加以后续反思的产物，而该体系却是以具体命令表述作为其客观属性的，也就是说，此处的判断是决定何为"正当"行为的基础。同时，它还有能力在所有命令表述变种中形成与确定行为相关的义务感的。然而，真正在现实当中具有效力的总是那种具体可感知的表述形式。

四、规范观念与义务意识的关系

现在，我们必须更为细致地考察规范观念与真实义务意识之间的关系。根据此处所提出的理论，这种观念是行为体系观念，而该体系则以呈现于图像之中的命令表达作为其真实属性。在给定情形中，正当行为观念与行为体系的联系是：仅在某一特定行为与预定行为体系一致的情况下，它才能与命令表述发生联系。通过规范观念本身所包含的命令表述，规范观念可直接形成某种判断特定行为是否符合行为体系要求的意动性神经冲动。如果在给定情形下，这种观念只能在特定行为符合行为体系要求的时候才能产生，那么这种观念形成的就是某种直接针对那一行为的意动性神经冲动。这种神经冲动就是义务感。真实的义务意识是关于义务感的一种附随现象。此时，会产生某种免于价值评估的意动性神经冲动感,而这种神经冲动感则与假定意义上的某种正当行为观念具有直接联系。在对这一联系的非自觉表述中,关于行为正当属性的观念占据了支配地位,这使得对义务感的特定表述成为了陈述句中的语法谓词。这种句子使得人们对不存在于感官世界中的事物产生了某种观念,然而,这种事物却在表达义务感的特有表述中得以体现。因此,在规范意识之后,根本不存在真实的义务感。于是,如果我将某些特定行为视为我在理念层面上的"义务",那么由于这种义务缺乏义务感的支持而在强制性上不具有实际意义。大体上,在我们的规范意识中,这只是一种与我们在想象中遭遇的命令表述。然而,一旦义务感通过规范意识被放大,其自然表述作为直接形成意动性神经冲动感的刺激物,同样可像命令表述那样发挥作用。因此,在唤起关注上,它可替代命令表述的作用。

在此,必须进一步指出正当行为观念与义务行为观念之间的如下差异。前者指涉的是某种已被接受的行为体系,该体系具有"是必须要做的"这种客观属性,它只能通过确定类似情形的正当行为才可决定对当下情形的正当行为。然而,义务观念指涉的却不是某一行为类,而是根据正当观念所决定的某一特定行为。由于义务感是一种意动性神经冲动感,因此它与当下的一个确定行为具有必然联系。毫无疑问,在这类情况下,我通常都能决定如何行事,但我决定的似乎又不是某种于当下而言的确定行为,因为我不清楚这类情况何时甚至是否会发生。然而,即便在此我们关注的看似只是某种一般性的程序模式,但在不指涉某条规则可适用的特定情形时,某人也无法确定那一程序方案。这种特定情形是我个人决定实施那条规则的未来行为规划。我感受到自己负有按期偿还债务的义务,然而,即便我的义务感之根据是我认为按期偿还债务是正确的,但也只有在我考虑个人未来生活的情况下我才觉得自己负有适用这一规则的义务。因此,系争义务感明显是针对这种程序方案设定机制的神经冲动。

然而,有人可能会认为,规范意识以及由此产生的正当行为观念在当下情况下有可能和义务感无关。但事实是,如果正当行为观念导致的自然结果——即义务感——没有实际发生,那么这种观念本身也就化作泡影。应当注意,第一,义务感决定了正当行为本身所涉及的所有利益。为求自重、避免自责、害怕良心谴责,以及我认为自己只能通过正当行为才能维持真正自主,事实上,所有将我的利益与这一行为联系起来的东西都取决于某种既存的义务感。然而,如果没有任何利益与正当行为有关,那我在现实生活中坚持行为正当性观念就无利可图。第二,正如我们之前所指出的,正是义务感以及与之相关的利益,阻挡了所有干扰对行为正当性形成确信的反思。否则,就不可能压制这一观点,即我们在此真正关注的只是那种不构成行为真正属性的可感知的命令表述,以及这种确信是否为真这一危险问题。第三,要是将可感知的命令表述视为行为的真正属性,那么其知觉特征将无法维持,也就是说,除非意动性神经冲动感于当下立即产生,否则这种表述不可能以同样的活力出现在一个真正的强而有力的命令之中。因此,当正当行为观念没有义务感伴随时,这意味着这种观念仅仅是当它在实践上行之有效时我们向自身所实际展示的一种弱化图像。然而,义务感之生发总取决于某些独特的心理条件,因此,维持行为的正当性观念不能仅仅依赖逻辑因素,即只将行为正确地涵摄于那些属于基础行为体系的行为方式之下。

让我们假定在义务感形成之前就已经存在在特定情形下实施某一行为的充分动机。例如，某种基于抽象逻辑根据而看似具有正当性的诚实行为。这些动机可能包含众多你乐于见到但却与义务感不相容的因素。例如，我认为要是自己在当下诚实守信就能获得某些外在好处。在这样的情形下，我们会认为那种与正当行为观念相关的义务感的形成条件是什么呢？在此，应当注意如下事实。假定对某一行为而言，并不存在与另一种行为方案观念联系紧密的冲突性动机在起作用，而在执行这一可以唤起力量感的行为时也不存在什么特别困难，那么在"我将要这样做"这种根本无法转化为真正决议的表述中，就不存在特别显著的意动性神经冲动感。如果我已决定出门散步，那就不会有特别的神经冲动强迫我穿上外套。在我们的这个例子中，除了义务感之外，当我们假定动机与正当行为所倾向的方向一致时，那么在已经发生作用的心理调整机制中，就已存在行为的雏形，而如果存在义务感，那它的作用就是维持这种调整机制。然而，在我们假定的情况中，当不作为的动机无力抵抗做某事的动机时，那种与维持机制观点有所联系的特定的意动性神经冲动感就丧失了形成的土壤。由于没有具有真实力量的反向动机存在，因此在实施可能形成特定力量感的内在意图时也就不存在什么困难。

然而，如果我们现在采取反向假定，除了义务感之外，无论不诚实的动机是否真的抵消了诚实的动机抑或是两者之间已经失去平衡，动机都不会决然支持诚实守信。于是，就会存在这样一种真实的可能性，即义务感的出现与将诚实视为正当的观念或是消除已产生的不诚实行为苗头的观念有关。毫无疑问,不诚实动机的作用越大,义务感之独特则越为彰显。然而,鉴于前文已经表明的正当观念和义务感之间的关系,可以推出,反向行为方案的诱惑越强,正当行为观念就越令人印象深刻。当义务感是正当行为的唯一可能动机时,这种观念将达到最大强度。因此,随着所需抵抗诱惑的强度增加,这种观念也会相应地更为凸显。此外,还可推出,当判断一个已经完成的正当行为时,如果关于它的正当性的观念体现得越活跃,那么成为主要动机的义务感体现得就越强,而所需抵制的诱惑也就越强。这使得有人可能会断言,为了使得某一行为成为符合道德意识的正当行为,那么促成该行为的唯一动机则必然是通过义务感所形成的关于该行为正当性的观念。然而,这一说法不甚合理。倘若如此,我就无法将正当行为观念当成我的动机,因为此时行为已经无法在不考虑某种被视为动机的既存正当性观念的情况下就体现自身。可事实恰恰相反,因为总存在那种可被视为具有正当性的行为。然而,当某人对行为进行事前思考与事后判断时,关于该行为正当性的观念将随着义务感在决策中的作用程度而被置入背景之中。对此,应当补充的是,这一情景与下述事实无关,即为了使得行为结果归属于我,当我实施某一行为时,它必然是我所欲的,且我才会由此意识到行为产生的结果。某一行为绝不可能在这方面受到不期而遇的效果影响而变成不正当行为,当然,这与正当性本身是否一定是正当行为的动机无关。

由前述还可推出以下结论。无论在决策之时还是在对行为作出回溯判断之时,除非义务感得以直接体现或是导致了既存事物的事后效应(后一种情形),否则行为的错误性——即与给定情况下的正当行为冲突——根本不会得以凸显。然而,如下事实可能会被认为与此点冲突。当某一行为被实施后,虽然实施者在当下对他经历的义务感并不会更为留意,但人们可能会认为不关注行为后果或正误的做法在道德上是应当受到谴责的。然而,应当注意,人们在对待这类事宜或是践行道德卫生学(moral hygiene)时一般会对义务感有所关注,这使得人们对行为后果或正误的关注水平不会过低。在特定情形下,当某人判断缺失义务感是错误的时候,他最终所指涉的属性应该是道德自律在这一缺失中所体现出来的某种缺陷。

如此一来,我们还可解释这一事实:在对他人行为正误进行判断时,我们有对类似情况进行类似判断的倾向,我们不仅会考虑在眼前情况下他们的行为是否与客观上的正误一致,而且还会根据我们自身对道德法则要求的看法,考虑主体义务意识的一般发展程度。然而,此时亦有其他的反向因素在起作用。如果在我们认为他人负有义务之时,我们还能从心理学的角度注意发生在我们身上的事情,那这些因素将显而易见。

五、意识到他人义务的可能性

鉴于前面关于义务意识依赖于义务感的论述,此时,我们看似根本不可能就他人负有的真实义务有任何了解。在行为与某种以可感知命令表述作为真实属性的行为体系一致的意义上,"你应当"至多指涉的是在给定情形下他人的正当行为。然而,根据前述理论,如果只有义务感可以维持行为的正当性观念,那么某人对他人持有这种观念的印象程度就与自身持有这种观念的印象程度不同。然而，人们对某一特定行为对他人的正确性不能像对自身行为的正确性那样具有同样真实的看法，这简直难以置信。因此，我们必须主张，那种与所谓义务感具有同样性质的感知，首先会与他人关于某一特定行为的观念有所联系。这是一种意动性神经冲动感，就他人行为是否正当而言，它与价值评估无关。在讨论命令时，我们已经试图展示那种与他人行为观念相关的意动性神经冲动感必然潜藏于发号施令者所作出的命令表述之后。因此，大体上，像我们所建议的那样对这种情感作出假定是没有什么问题的。

此外，不假定这种情感存在则几乎无法解释如下两个事实。其一是道德义愤。无论如何，各种与义务感无关的情感因素都有可能会强化道德义愤。例如，因他人不当行为所侵害的自我利益，或是对他人遭受损害的怜悯。然而，当正义感被彻底唤起时，某人就无法以这种方式去解释那些随之而来且具有典型特征的特殊道德因素。此时，愤怒在本质上取决于人们认为权利受到侵害的这一想法。决定愤怒产生的不仅仅是某人受到行为侵害的事实，所需强调的是行为所施加的痛苦具有侵权的特征，因此它是一种不当行为。然而，在他人应当正当行事的事实中，某人的利益根据是什么呢？请注意，我们此处关注的利益完全独立于任何深层次后果，它只是那种受到侵犯会导致强烈义愤的利益。此处的利益问题不可能是由我的自身义务感所导致。因为，这些利益只和我的正当行为有联系，而他人的不当行为则绝不可能损害它们。同时，此处的利益问题也与不正当行为方的道德福祉，维持真实自主、自尊这样类东西无关。倘若如此，我们面对侵害行为的反应将会是悲伤而非愤怒。因此，此处的问题是由他人特定行为所导致的直

[172] 接利益问题,其只与给定情形的规范——"是应当做的"——有关。于是,对我自身而言,只有那种构成"是应当做的"行为之基础的直接利益才控制着命令表述对意动性神经冲动感的直接唤起。因此,那种"是应当做的"行为如何在涉及他人时会以不同方式运作就显得难以理解。既然在这种情况下关于行为正当性的观念无法令后者产生任何直接愉悦,故它也无法在其他情况下实现这一目的。因为对这两种情形而言,利益都是一样的,即正当性。正如感知判断表述需要唤起与之对应的判断那样,正如要意识到情感表述需要唤起与之对应的情感及其最为直接的心理后果那样,这条通则同样认为感知命令或意志表述所形成的最为直接的心理效应是一种意动性神经冲动。因此,在道德义愤中,必然存在某种直接形成的意动性神经冲动与他人行为的正当性观念有关。事实上,当实际行为与我们的意志相冲突时,人们会对有罪方产生不悦和愤怒。同时,毫无疑问,这种愤怒基本不会受到道德考量的抑制,反而会被那种类似于真实义务感的情感所怂恿,我们认为这是真我的体现,并因而对此给予同样的尊重。那些支持道德义愤依赖于某种意动感的理由同样可用于支持尊重或蔑视他人是对同一种情感的依赖。显而易见,蔑视往往伴随着道德义愤并与之紧密相连,而对义务感的尊重则支持着这些情感。正所谓"碾碎贱民"(*Ecrasez l'infame*)!

此处还有另一重要事实:权利感会在某人提出尊重自身或他人权利的要求中体现自身。这种要求在性质上不同于提出某个法[173]律主张。对后者而言,我们所关注的要求之所以应当被尊重,是因为尊重本身就是正当行为。然而,对前者而言,它所关涉的并不是某种行为主张的问题，其正当性也不取决于对这种要求的尊重，而在于完全不考虑法律主张的情况下它依然有效。此外，不同于提出法律主张、道德中立主张甚至是道德错误主张，这种要求并不被那些与正当性无关的背景利益所决定。此处的决定因素是，被要求的行为是尊重他人权利的正当行为。至此，我们已经说明了在所有这类要求中，都存在某种与他人特定行为观念相关的意动性神经冲动感。对我们而言，决定这种情感的是我们在此讨论的行为的正当性观念。鉴于之前的论证，且考虑到道德义愤对意动性神经冲动感的依赖与价值评估无关，故我们不可能假定在这种观念与其决定的意动性神经冲动之间可以嵌入某种针对"什么是正当的"直接愉悦感。

由此我们可以推出以下结论："你应当"除了表明何种行为在特定情形下与规范接受者所接受的规范一致外，而与任何事物无关，这绝不是必要的。它还可以包含事关接受者应当如何行事的真正义务意识。除义务感之外，其与他人行为观念相关的类似物也可以充当义务意识的基础。鉴于上述，我们可以进一步认为，除非这种义务感的类似物发挥着作用，否则关于他人行为正当性的观念不可能令人对它产生其所必需的印象程度。此外，我们还要指出，那种与价值评估无关且直接指向他人正当行为的意动性神经冲动感，在经过细节修正后，必然也会受到支配义务感形成的同一种心理条件的支配。也就是说，只有在他人履行正当行为存在某种障碍时，这种义务感的类似物才会发挥作用。在我们看来，当不义行为发生后，且我们之前所讨论的道德义愤已勃然而出时，其强度也就发展到了顶峰。然而，显而易见，当我们判断他人行为的正误时,我们所持观点的活性并不取决于那些作为我们判断对象的主体的义务感强度。所需要的只是判断者具有前述那种情感。即便判断者不具有某种确切的义务感,正当感也会对他人的侵权行为发出最激烈的反应。然而,由于我们对自身行为正误的判断依赖于行为作出时的义务感强度,故这种反应倾向会因此受到平抑。①

六、作为未能实施正确行为等价物的强制正义观念

与行为正当性观念紧密联系的是这样一种正义观念,它会强制那些已经作出不义之举或尚未作出正当行为的人根据他未实施的正当行为作出等价赔偿。如果在我被告知应当交还他人财产的时候,我拒绝了,那么这就不仅仅是应当交还财产的问题,它还事关我应赔偿的因拒绝给所有权人造成的损害。然而,应当首先注意,从正义的角度看,不义行为所导致的最直接后果并不一定是强制等价赔偿。正义有可能首先要求主体去做与未履行的正当行为等价的赔偿。但如果我明知某个东西是他人财产还据为己有,那么从正义的观点看,由我错误行为所导致的最直接后果是返还财产与赔偿损害的义务。然而,正义的最终要求总是那种在可能的范围内可以实施的等价赔偿行为。在刑法中,在此所讨论的等价物的性质必定是具有强制性的法律后果。

此外,应当注意的是,那种被视为对不履行正当行为的等价赔偿可能或多或少会与行为具有直接对应关系。在上面论及的侵犯

---

① 参见本书上文第170页。

财产权的例子中，未被履行的正当行为要么是返还财产以避免对所有人的造成损害，要么可能是压制侵占他人财物以及侵害他人财物利益的神经冲动。在这种情况下，如果所有权人被视为权利的拥有者，那么他所作的法律主张就应当获得尊重，就已经发生的情况而言，等价赔偿的正当性则可通过适用决定未履行行为正当性的规范予以确定。当然，情况有可能会有所不同。例如，所有权人的法律主张并未不受尊重，行为之所以不正当，仅仅是因为行为人未能注意到他所采取的行为可能会对他人财产造成损害而已。如果这样的话，当损害发生且受损方要求赔偿时，损害赔偿就只是一种等价赔偿，其并不是因为适用决定未履行行为正当性的规范所直接造成的。根据那一规范，它只是为了维护所有权人的法律主张而要求应当存在某种程度的注意，而并非对施加侵害的神经冲动的压制。当然，此处这种冲动亦不存在。当未履行的正当行为是尊重共同体权利且等价赔偿是遭受惩罚时，这种情况与未履行的正当行为缺乏直接联系就更加明显。假定存在蓄意谋杀这种不法行为，未履行的正当行为是基于对共同体权利的尊重而抑制想要谋杀的神经性冲动，那么如果适用此种情形下的基本规范，看上去就只能推出等价赔偿并不是刑罚，而是让人死而复生。在某些方面，我们或许可以通过事例的力量，借助对不义之人施以法律蔑视、分配大众安全感等手段以使得人们认为刑罚是对社会被损利益的补偿。然而，一般而言，罪犯在实施犯罪行为时并不会直接注意到损害在那些方面上所导致的后果。倘若如此，要想使得惩罚成为等价赔偿，未履行的正当行为就应当关注行为对社会所造成的损害后果。如果这样的话，被视为等价赔偿的惩罚就必定源

176

自那种在未来可引起对损害后果予以关注的强制。对社会无害行为的强制设置无疑会在这一方面催生出最大效果。然而，正义感绝不可能将这种强制视为等价赔偿。仅当人们意识到由确定犯罪所带来的社会危害且可适用于过失情形的基本规范决定了如何对此加以赔偿时，人们才会在一般意义上将刑罚当作等价赔偿以弥补损失。就像在报复观念中那样，当人们认为等价强制就是让罪犯遭受与其行为对应的刑罚时，未履行的正当行为与作为等价强制的刑罚之间不存在直接关系就显得尤为明显。此时，遭受刑罚至多只满足了个人或社区战胜敌人的报复欲，而根本没有对罪犯本应避免之损害予以赔偿。遭受抢劫的被害人无法因此要回财产，社会受到损害也未因此得直。

要想了解等价赔偿这一观念的根源，有必要追溯至社会利益，而这种利益则唤起了源自基础规范观念的诸多要求。因某一行为可能会对他人财产造成损害效应而给予某种程度上的注意，可以视为对他人权利的尊重，因此，这种行为就是"应当做的"。无论社会利益是普遍的还是局限于某个阶级，这种行为都由此而来，而这会使得人们认为无论是法律、上帝，还是周遭环境都命令着我们要注意可能对他人财产造成的损害。此时，起决定作用的是保护个人免于他人侵害其财产的共同利益。然而，这种利益并无法只依靠"你必须对此保有注意"而实现，它还要让人知道存在这一补充："如果你知道你的行为会对他人财产造成损害，那你就必须抑制你如此行事的神经冲动。"因此，有必要让行为人知道他必须要作出赔偿进而强化命令的力量，如果他未尽注意义务而造成损害，那么即便这不是他的自愿行为，他也不得不进行损害赔偿。因此，当共同利益与命令人们对他人财产保有注意的权力观念之形成结合一体时,它还可以形成如下两种东西。第一,命令:"你必须对自身未尽注意义务所导致的恶果予以赔偿。"第二,要求实施强制的一般性倾向。然而,通过与利益的这一联结,某人基于尊重他人财产权而保有注意的这种观点,就与如下两种观点也联系起来。第一,如果违反规范的情况发生且有人提出损害赔偿主张,那么违法者就应当进行损害赔偿。第二,如果违法者不自愿赔偿,那么基于应当作出的赔偿尚未自愿作出,则应实施强制。这样一来,强制就成为了对起初未履行的正当行为进行等价赔偿的最后一着,因此,它具有某种"应当发生"的属性。在这一过程中,最初权利拥有者的法律主张仍应被满足,而这就是为什么权利拥有者主张失败时其强制要求也归于无效的原因。当然,仅在某种程度范围内,注意才是正当的,如果缺乏于此,那由此导致的系争后果当然取决于其他社会利益的反向影响,例如,对维持个人幸福感和促进社会繁荣之互动交往至关重要的行为赋予某种程度的自由就属于这种共同利益。类似评论也适用于那些命令人们去做某些行为的权力观念的形成。与此相关的是,(无论是社群整体还是某一阶级的)社会利益会阻碍那些或多或少对社群或某一阶级具有危险性的倾向,并由此发展出某种接受强制体系的一般倾向。该体系关注的是命令所要求未履行行为,而这些倾向的危险程度则决定这一体系的构成。从社群或某个阶级的利益来看,这会使得某种行为是"应当做的"这一观念与关于某些强制反应——即因忽视那些行为所带来的"惩罚"——的想法联系起来。这样一来,强制作为社群或阶级利益的等价赔偿,也就具有了某种"应当发生"或是"正当"的属性。

在此，系争利益也会与其他共同利益相互抵消。例如，尽可能地限制个人所遭受的痛苦就属于这种利益。从报复观念来看，当罪犯因其所作所为遭受正义的"应当"所带来的痛苦时，其中的直接联系是某种社会报复感。这种报复感源于对利益的侵犯，它使得人们认为去做某些行为是命令的要求。

然而，应当特别注意的是，强制正义主要不是指任何给定的个人或群体应当主动实施它，而主要是针对强制本身。强制之所以应当发生，当然是因为它是那些最初未履行的正当行为的等价物。强制正义仅仅意味着它根据那些"是应当做的"规范正当地适用于对象之上。而个人或群体"应当"运用与此相关的强制则属于次要考量。报复性正义仅仅是那些被忽视行为之正当性的对应物。而人们则会认为这种正义观念必然要求以某种对应方式行事，即人们必须假定这种观念可以导致某种与价值评估无关但却与观念本身相关的意动性神经冲动感的产生。由于这种意动性神经冲动所感知到的特殊尊重是对真我的表达，因此它对正义实施所包含的绝对价值以及正义要求的特殊强度提供了解释。从这种意动性神经冲动感也必然可以推出强迫其实是由不义之人所欠缺的某种东西所导致的。之前，我们已经看到，个人义务感会依赖于那种无涉于价值评估的意动性神经冲动与某人特定行为的正当性观念之间的同步联结。我们还看到，关于他人的义务观念依赖于与他人正当行为观念相关的某种类似情感。现在，我们发现，屈从于强制的义务观念同样也依赖于某种与正当强制观念相关的类似情感。

七、无需指涉先前错误的强制正义观及其与报复感之间的关系

然而,应当注意,强制正义观也可在不指涉被忽视权利观念的基础上直接形成。在《荷马史诗》中,当涅斯托尔(Nestor)谈及伊庇安人(Epeans)因先前攻击行为而对比提亚人(Pythians)负有债务(χρεῖος)时,①这种债务就只能通过后者进行掠夺突袭才可能偿还,因为根本没有任何迹象表明最初的攻击发起者做错了什么。然而,他们应当为自身所造成的罪恶负责,因为他们本应承受由掠夺突袭所带来的痛苦。强制正义完全源自伊庇安人侵略比提亚人领土的这一情况而无需任何所谓正义根据。阿基里斯(Achilles)哭诉着要赫克托(Hector)或特罗伊人(Trojans)对普特洛克勒斯(Patroclus)的死负责的这一做法也具有同样性质。② 在阿基里斯看来,赫克托在保卫家乡城邦时杀死普特洛克勒斯并不是什么龌龊的事。然而,当奥德修斯(Odysseus)说他在佩内洛普(Penelope)的追求者为自身罪过(ὑπερβασίην)付出代价之前不会就此罢休时,情况则大为不同。在这种情况下,赔偿义务是有实际根据的,换言之,对强制正义而言,由于这种与正义相关的行为超越正当尺度而变成了一种不法行为。因此,强制就变成了对未履行的正当行为的等价赔偿物,同时,只有这样才是正义的。在埃斯库罗斯(Aeschylus)的《欧墨尼得斯》(*Eumenides*)中,人们会要求对

---

① 《伊利亚特》,卷11,第686及以下诸行。关于奥德修斯发起所谓掠夺突袭之原因的类似表述可见《奥德赛》,卷21,16行。

② 《伊利亚特》,卷18,第93行;卷21,第133行。

罪行进行更为详细地调查，会探究最初的行为是否在实际情形下是错误的，而这与厄里倪厄斯（Erinyes）盲目的报复欲望形成对立。然而，即便后者打着正义的幌子呈现在世人面前，但审判（δίκη）本身也会要求必须交出弑母的俄瑞斯忒斯（Orestes）。在询问开始前，需要在一些法律专家面前（即众神）展开初步调查，询问以争议双方为当事人，即厄里倪厄斯是原告，俄瑞斯忒斯为被告，最后会让双方相互辩护。从厄里倪厄斯的角度看，调查犯罪之要求是对他们这些"年轻的众神"的权利侵犯。此处明显体现出某种道德反思上的进步，与之相伴的是从血亲复仇这一法律阶段到以具有法律效力的裁判去解决个人或家庭纠纷的这一转换。甚至对血亲复仇而言，它也拥有自己的正义观。复仇的需求其实只是为那些最初遭受损害的主体实现正义而已。对受损的个人或有成员受损的家庭而言，忽视此点意味着不法行为贬损了个人价值。对正义而言，它则应当被实现。然而，从血亲复仇导致的无休止的循环中不难看出，因正义使得主体遭受痛苦的那些行为并不被认为是不法行为。即便某人对其遭受损害进行复仇是在履行义务，其他人也会反过来要求对他进行复仇。由此推知，强制正义与初始行为是否正当无关。然而，出于和平的需要，人们需摒弃血亲复仇，而这要求存在某种强大的法律秩序凌驾于争议方之上。同时，借助社会情感，人们会认为仅当受强制主体未能履行正当行为时，强制作为其等价物才是正当的。然而，这种反思过程在自身运行时也会携带其他因素。人们一定会探究这一主体是否进行了一般意义的自决，也就是说，人们会探究是否可将一件已经发生的事情看成是某种真实自我发挥作用的结果。特别是当某人实施不法行为时,尤其如此。否则,我们就不能认为不作为是由真实主体决定的,因为,真实主体这一概念意味着其内在自我在实践行为的问题上必定是真正的决定因素。然而,如果假定存在归责问题,那么就不仅要进一步调查是否存在未履行的正当行为,还要调查它是如何发生的。例如,要调查是蓄意不作为还是单纯的未履行注意义务。当然,如果正当强制等于未履行的正当行为,那么这当然会对强制的性质有所影响。注意,这一区分甚至在古代雅典的血统法庭中亦有体现:埃斯库罗斯的戏剧就展示了雅典最高法院(areopagus)是如何建立的。所有这些反思都与厄里倪厄斯的正义观相左,对她而言,唯一重要的事实就是损害存在且它是由别人行为所致。

然而,最为重要的是,从不考虑先前不法行为的强制正义观发展到将强制视为对未履行正当行为之等价赔偿的这种正义观,首次为强制程度提供了判准。显而易见,复仇感在原始社会中是活跃的,人们认为,无论某人的行为正当与否,由他自己承受自身所导致的痛苦是正当的。然而,复仇在本质上是不可度量的。其格言并非像以牙还牙、以眼还眼那么简单,还可能是以命还牙、以命还眼。因此,原始正义是缺乏判准的。根据柏拉图和苏格拉底所反对的那种希腊道德观,对敌人造成尽可能大的杀伤是正当的。至此,我们遇到了一种奇怪情形。尽管报复与复仇要求之间存在明显的亲缘关系,但是根据在当下刑罚中依然很活跃的报复观念,罪犯所应承受的痛苦要等同于而非大于他所造成的痛苦。无需怀疑,报复感的消解源于罪罚相当,或是惩罚使得那些被罪犯忽视但本应被意识到的权利得到了赔偿。此时,报复感会在两个方面继续发挥作用。首先，无需考虑主体意图即可令其负责的这一事实表明，以不法行为作为根据的思想以及惩罚的判准都不足以断言自身是反对原始正义观的，因此，报复感就依然会发挥作用。其次，人们会认为赔偿仅仅等同于对应程度的痛苦的这一事实，只能将其解释为是复仇感所致，而不能认为这是直接遵守基础规范或是表述社会维护自身价值这一利益所造成的结果。然而，反作用力也不应被忽视。对最初的错误行为而言，对反应行为的正当性判准具有某种力量，它能在确定等价赔偿的时候减损复仇感的重要性。当人们认为最初行为是不法行为时，受害方的权利就会得以凸显，而这又正是反应行为所支持的。然而，此处的利益在确定规定权利的规范上发挥着决定性作用。为了使得反应行为正当，就必须对受损方的权利维护有所限制。因此，如果没有针对侵权行为的直接规范可供适用，那么在决定等价赔偿时，唯一需要关注的因素就是对潜藏在权利之后的利益进行考量。正因如此，私刑才会转化成损害赔偿主张。① 当不法行为侵犯的权利仅仅是免受他人故意伤害的权利时，或是要求他人对其作为或不作为之结果给予充分注意时（所有这些都有明确界限），正当的反应行为只能是强制侵权人进行损害赔偿。这样一来，那些作为权利基础的利益就得到了保护。另一方面，惩罚作为针对个人以某种行为模式侵犯社群或某个阶级权利的正当反应也保留了下来。因此，规制不法行为不是出于报复，而是为了保护那些可以决定权利规范的

---

① 参见耶林，《罗马法的精神》，卷2，第113页及以下诸页。施洛斯曼，《合同》，1876年，第315页，注1。雷格尔斯伯格，《潘德克顿》，卷1，1893年，第222页。

利益。正是保护这些利益所需要的东西而非其他才是正当刑罚的决定因素。

蒂伦(Thyrén)在应受惩罚的意义上将罪恶感处理成报复而非预防这一概念所独有的特征[《刑法的一般原则》(The General Principles of Penal Law),1907 年,第 47 页及以下诸页。还可见他的《刑法改革的原则》(The Principles for Reform of the Penal Law),1910 年,第 33 页及以下诸页。两本书皆为瑞典语]。他似乎认为在决定刑罚的根据与标准时,这两个概念只能择一考量。但这明显是错误的。在决定刑罚程度时,泾渭分明地区分故意(dolus)和过失(culpa)与报复观毫无关系,该区分关注的只是实际结果,并且也只与行为倾向所引起的危险程度相关。然而,毫无疑问,根据常识正义观,人们会认为故意比过失更应当受到刑罚,而在刑罚中将两者不公正地等同视之将会遭致强烈反对。此处蕴含的思想是,仅当刑罚诉诸的是那些受到侵犯的社会权利或某个社会阶级权利所要求的东西的时候,它才是正当的。然而,在这种情况下,这些权利所要求的东西也是由同一种利益决定的。这种利益为社会或那个阶级确立作为义务和不作为义务奠定基础。由于那些利益与人们想要防止的危险行为倾向息息相关,因此刑罚只有是在实现这一目的所必需之时才是正当的。刑罚之所以是必需的,可能是因为它可实现对具有危险倾向之行为的惩罚威胁,或是抵消那些已将自身予以体现的倾向,抑或是它可对那些倾向所导致的损害进行赔偿。惩罚的动机可能为了净化社会，但绝不可能源于报复感。然而，尽管如此，在日常正义观中，刑罚仍与那种事关社会权利的犯罪概念相关。没有哪个部门法像刑法这样对所发生的"不正义"给予如此强烈的反应。

看上去，蒂伦此处尤其受到如下观点影响，即犯罪预设对自由意志的接受。据说在本质上将刑罚作为防御手段的学说在逻辑上会与该假定相左，因为自由意志本身是不可能受到影响的。（如见《刑罚改革的原则》，卷1，第37页）但在此，这种说法的确有点过于简单化了。第一，某人可以假定自由意志是构成犯罪的条件，也就是说，为了使犯罪成立，即便主体具有选择正当行为的自由，我们也要将他的行为刻画成是对他人权利的考量欠缺。倘若如此，就不能在每种意义上合乎逻辑地排除掉意志会受到影响的可能性。此处所有的假设都事关某种作为犯罪构成条件的道德自由。然而，这并不与最强烈的动机会必然决定意志相冲突，因此，在道德动机被悬置而意志游走于非道德领域的限度内，意志是可能受到影响的，同时它也只能在那一领域中确定某种动机。当然，在不法行为出自罪犯自身选择的意义上，人们会认为他在进行犯罪时理应是自由的，而在这种选择涉及道德动机被悬置的这个意义上，罪犯则是自由的。然而，即便罪犯将来不允许自己被道德动机所困，期望这会影响他也可能是合理的，当非道德领域之构成本就包含道德动机时，道德动机就会因为非道德领域限制他从事那些旁人眼中的不法行为而占据主导。假定自由意志是犯罪构成的必要条件，至多只能在逻辑上排除罪犯会因受到道德动机的影响而具有道德完善的可能性。第二,当把自由意志作为犯罪的构成条件时,某人在虑及犯罪时,其脑中想的是否不仅仅是实际行为一定取决于实际自我——即某种道德上的邪恶意志——的不道德特征,这是值得怀疑的。[185]当我们认为幼儿、白痴和精神病患不具有自由意志而无法构成犯罪时,关键点仅仅是他们的实际行为即便与正义完全冲突但无关于他们人格中的某种不道德特征。对于道德白痴而言,道德动机从来不会被悬置,因为它根本就不存在。在自由观念中,自决中的无因或偶然思想总会在某个方面被因果关系或必然性所抵消。因为在这种观念中,人们认为意志本身是行为指向的基础,而行为指向则必然会以意志自身构成的方式进行。同时,在关于犯罪的思想中,自由概念的这一方面——即作为原因的意志观念——则发挥着支配作用。第三,由于在自由观念中无因观念和因果关系在行为选择上存在不合逻辑的结合,因此这种观念是一种混合观念,由此我们可以同时得到受到影响的或不受影响的意志概念。

在当代正义观念中,这种刑罚正义观念指的是社会权利而非惩罚报应。海姆伯格(Heimberger)在其1903年出版的著作《刑法中的正义概念》(*Der Begriff der Gerechtigkeit im Strafrecht*)中对此给予了特别强调。

马卡列维奇在1906年出版的《刑罚哲学导论》中概述了刑法发展,但他完全没有注意到上面提到的那些复杂观点。大体上,这体现于他对犯罪行为的定义上(第79—80页)。犯罪行为被定义为这样一种行为,它由社会群体中的某位成员所为，其他群体成员认为该行为具有强危害性或是显露出某种程度的反社会倾向，而他们则试图通过剥夺行为人的某些价值库存——即他的"善品"(goods)——以对该行为作出公开的集体反应。据称，这是定义犯罪的正确之道，因为它维系了"犯罪"一词的现代意义和与之相关的原始现象之间的实质联系。然而，以下问题旋即而生。在作者认为的所有犯罪情形中，那种反应是不是真的是由群体成员关于行为具有普遍危害性或体现出反社会倾向的观点所决定的呢？马卡列维奇自己也提到，刑罚通常是由某种正义确信所决定的（第87页）。既然如此，根据作者的观点，这种可以指涉所谓神法且必然会随着道德文化水平的提升不断得以强化的确信，真的与人们认为某种行为具有普遍危害性或体现出反社会倾向的观点一样吗？正义确信赋予人们的是一种需要由刑罚补充的权利，这一事实本身就与行为的特征归属无关，即便人们认为正是行为的那些特征才使其具有正当的当罚性，情况亦是如此。同时，人们关于行为的看法也无需在那种由正义要求所决定的社会反应中具有多大活性。当行为因侵犯古老"神圣"传统所激起的道德义愤决定了惩罚的正当性时，这一观点更是显而易见。即便社会反应的缺失对社会而言是危险的，但由于行为引起了诸神愤怒，因此，神法依然是被侵犯了，对这种侵犯也必须进行正当惩罚。类似的，当国家对"私刑"（作者认为私刑是真正的刑罚，第251页）进行调整并予以支持时，情况亦是如此。毫无疑问，此处占据支配地位的是这一观点，即罪犯所遭受的痛苦是对受害方的赎罪。在此，关于普遍危害性或反社会倾向的考量明显是次要的。根据法律规则,受害方在特定情形下自己采取的报复行为并不能被视为国家行为。相反,当国家以自身名义直接报复时,它的行为就代表受害方(参见作者在第 257 页中给出的例子)。然而,当人们把对某个或某些最高权力者的损害视为最为严重的(*par excellence*)"犯罪"时,这两种观点在何者决定社会反应的这一点上差异就尤为明显。作者自己也思考了这种情形(第 136 页及以下诸页),但他依然认为这取决于什么东西在伤害强者的同时也会被认为伤害了所有人。对此,我们只需牢记一个来自普通群体的成员与其首领相比会显得多么渺小。例如,荷马认为要理解此点,我们要知道将那些对强者造成伤害的行为认定为犯罪并不会对其他所有人造成伤害。当然,此时那种支配整个司法观点并决定"犯罪"概念的强者的神圣权利被明目张胆地忽视了。当作者为了在这一关系中捍卫自身的教义理论时,他使用了像人民总拥有"大多数人所期望的那种政府形式"这样的陈词滥调(第 239 页)。他忽视了那些文化水平较低的人因或多或少对法律公然抱有迷信所形成的强制性行为。

现在,除了下述两种极端情形外,我们可以质疑作者所支持的犯罪概念是否还可维持。第一,通过参考最低文化层次看人们对那些具有普遍危害性或体现出反社会倾向的行为直接采取报复;第二,从有意识地执行社会卫生学的角度看现代国家对所谓犯罪采取的反应。在此,那种关注权利义务观念的正义概念根本不重要。但是,在中间过渡阶段,如何对行为施加惩罚呢？也就是说，当所有文明发展阶段都已存在的情况下应当如何施加惩罚？对此，必须补充如下：人们可能会质疑，在那种要求惩罚的正义观的影响下，像犯罪（Verbrechen）和罪行（Crimen）等表述在过渡阶段离它获得自身意义还有多远，鉴于此，是否作者给出的定义就没有完全歪曲那些表述的日常意义。

接下来，我们的任务是在不考虑"先前不法行为""强制""强制责任"的情况下解释"正义"观念。此处的"强制责任"同样是建立在不履行正当行为这一基础之上，这点从后者逐渐发展出前者的事实中显而易见。同样显而易见的是，在上面情形中，强制正义被视为强制的基础，只不过在第一种情形中正义建立在先前的不法行为之上，而在另一种情形中则与之无关。然而，在承担痛苦的范围内，那种受到惩罚影响的责任会因为先前不法行为而与某种行为对应。因此，必须认为此处的责任观念与严格意义上的义务观念是平行的。换言之，责任观念源于某种与义务感类似的东西。倘若如此，那种无关价值评估的意动性神经冲动感就会与某人自身或他人的痛苦联系起来。此外，还应注意，恰如责任所关涉的是某人负有义务去履行某种真正的行为，人们也会认为承担痛苦的责任是一种尚待偿还的债务（成为他人复仇对象的希腊语表述是"δίκην διδόναι"，即给予复仇者他自己的权利）。倘若如此，也就必须认为强制正义与存在于某种特定行为中的正当性是平行的。这意味着，在论及什么是"应该"或"应当"发生——即什么才与正确体现的命令表述相关——的时候，痛苦在特定情况下会是正当的。

正如行为的正当性在某种情况下意指的就是这种行为"应该"或"应当"发生。现在的问题是,在不考虑痛苦所要补偿的先前不法行为的情况下,又如何认为此处的命令表述会与某种痛苦具有客观联系呢?

我们已经解释了那种认为命令表述和习惯表述与某种会受到(真实或虚构的)命令发布机构影响的特定行为具有客观联系的观点。然而,这些因素都无法为解释提供根据,因为无论是命令还是习惯都仅仅与行为有联系。我们还需找到第三个因素以使得命令表述观念能与痛苦相联结。由于命令表述在本质上是对某种无关于价值评估的意动性神经冲动感的表述,且它的确就是这样发挥作用的,因此我们在此所需要的因素就要有能力唤起与某人痛苦观念相关的某种情感。立即映入眼帘的建议就是报复感。毫无疑问,它在我们此处关注的原始正义观念中具有决定性。

首先,在单纯的愤怒爆发中所产生的行为与其他非自愿产生的情感症状是同类的,其与反射行为之间的亲缘关系亦显而易见。[①] 愤怒爆发的初始形态并不直接针对任何特定对象。孩子在与环境发生决裂时就是无差别的。但是,随着痛苦感的程度变化,愤怒自然必定会与某个场合的特定对象联系起来,愤怒爆发也就会指向那个对象。如果那个对象是动物机体,那么愤怒反应就包括抑制那一机体的活力,伴随着对生命感的珍视,这就带来了痛苦。在本质上,愤怒反应是反应性有机体自保过程中的一个要素,

---

① 参见韦斯特马克,《道德概念的根源与发展》,卷1,1907年,第18页。文德尔班(Windelband),《论自由意志》(*Ueber Willensfreiheit*),1904年,第204页。

它有助于自保朝着不利于攻击者和有利于被攻击者的方向发展。然而，随着反应过程的发生，如果后者感受到了抵制，那么在主体那里就会产生某种生死攸关的冲动或欲望，这种情感在压制进攻有机体活力的同时会给他施加痛苦，并因此彰显了自身所认为的至关重要的感觉。"他将为自身所作所为付出高昂的代价！"在这一阶段，起初的愤怒就变成了报复感。于是，作为反射式神经分布的心理面向，这种情感就独立于所有价值评估。盛怒之下，无法握拳，是因为那一行为是不自觉发生的，而我对此感觉不到任何愉悦。因此，与击败对手所对应的神经冲动感必然也是非自觉的。然而，这种冲动感会使得人们在击败对手时产生愉悦。"正如每种欲望的实现都伴有愉悦那般，实现与敌意相关的欲望也会产生特殊的愉悦感受。"① 将以实现自保为目的反应行为与源于愤怒的反应行为进行清晰区分极为重要。在前一种情况下，人类的基本心智状态是因自保而愉悦。由此，相关决定和行为才随之而生。但在后一种情况下，重要的事情是抵御攻击以自卫。由此而生的是人们进行抵抗的意志以及战胜敌人的愉悦。因此，在第一种情况下，击败对手的喜悦是无法衡量的，它自己拥有独立的效用标准。要想有利于自保，有可能在击败对手时要留有余地，超出界限则可能导致不利。例如，奴隶被征服后留存下来就是有用的。羞辱敌人也可能是有害的，因为如果不羞辱他，他就可以是无害的，羞辱就会可能激发他的报复感。然而，在第二种情况下，情况使然，根本不会出现缓和。因为，此时主要涉及的是抵抗反应而非因自保

---

① 韦斯特马克，《道德概念的根源与发展》，第33页。

产生的愉悦,自保的具体形态在整个场景中根本没有位置,它只能以对敌人进行自卫的方式出现。当然,这种抽象意义上的自保最好是通过抵抗者的全然压制得以实现。对自保的两种反应方式而言,后者除了不会"受到苍白的思想所拖累"——这可能对行为具有决定性优势——而优于前者之外,它在其他方面都逊于前者。对此,我们需要进一步反思为什么某人对敌人进行报复给其造成痛苦就会产生某种显著的愉悦。从自保的角度看,剥夺他人生命并不是一种真正有效的愉悦,在这一过程中,他可能会因为如此行事而遭受极大的痛苦。原始人将敌人的尸体喂狗是为了剥夺敌人从葬礼中可能获得的好处。对此,人们可能会认为这种做法的根据惨无人道,因为,它将自己的快乐建立在别人的痛苦之上。然而,复仇感的真实状态却极为不同。应当注意,动物机体越是与我相似,我就越可能对其移情。痛苦本身就是对削弱生命力的一种表达。在报复感中,我之所以感到愉悦,是因为我伤害了攻击者而使得自身的生命力得以凸显,也就是说,我比他更为优秀。在痛苦与削弱生命力的关系中,后者的效果越显著,痛苦就越大。现假定,我能轻易地了解我所关注的那个人的全部情感状态,那么,由复仇所带来的愉悦就一定是我看到他因被我击败而痛苦万分所带来的愉悦。某人或许会杀蛇复仇,但此时他的兴趣主要是毁灭,因为蛇所遭受的痛苦根本无法作为削减生命力的符号而具有同等分量,因此,它也不能彰显某人因此获得的活力感。然而,当某人想要在肉体和精神上彻底击垮敌人时,他就是想要看到敌人灰飞烟灭。

在此应当注意,非自觉的意动性神经冲动与针对个人对象的报复感具有联系并不意味着某人就会实施那种构成其所针对目标的反应行为。我们已经看到，忍受痛苦与作为其原因的那种个人对象概念有关，就此而论，最初反应作为自保过程的一个阶段，一定会要削弱那一对象的活力，并在彰显自身受到威胁的生命力中对那一对象施加痛苦。因此，维持这种效用观念的生动性是有必要的。除非系争观念充当了所要实现的目的，否则行动将失去自保能力。因此，这种观念和行为本身都是非自觉的。由此产生的且与神经分布直接相关的那种观念就与行为观念本身无关，而与行为效应的观念有所联系，后一种观念在实施行为时占据主导。因此，与之对应的表述是："他将为其行为付出代价以赔偿我的损失。"也就是说，这一表述是一种真正的命令表达，或是对某种与价值评估无关的意动性神经冲动感的表达。然而，与之具有实质联系的是他人的痛苦观，而非命令者或他人的行动观。

然而，现假定，如果因为他人或群体造成的损害使得家庭成员或某些较大的社会群体拥有了共同的复仇感，那么，无论是利用话语、威胁手势还是其他的非自觉表现，他们都会将复仇表达出来从而恐吓他人。当个人感受到这种表达时，他会将其与攻击者的痛苦观联系起来。因为，他会发现这种痛苦观在其他人那里也一样，都会与可明显感知的复仇表达有联系。于是，他会假定痛苦与复仇表达具有事实上的关联，这再自然不过了！然而，这样一来，痛苦在现实情境中就成为了某种具有"应当发生"这一属性的东西。但与此同时，鉴于存在给定规范，情况将会以如下方式发展。曾与攻击者处于同一情境的人，无论这种相同性指的是这一情境的一般特征或是特定特征，为了凸显受害方的自我感受，痛苦都"应当"

是要发生的。因此,鉴于给定规范,攻击者应当遭受痛苦就是正当的。于是,闸门随之被打开。人们会认为痛苦会以命令表述作为其客观属性,或是认为它是正当的,而这种痛苦则可在这一方面促成意动性神经冲动感的产生。按照我们之前解释的方式,报复感会与这种痛苦观联手,这会使人们意识到攻击者的义务就是以承担痛苦的方式进行损害赔偿。在这一阶段中,实现正义的热情终于被激发出来。同时,借由它与义务感的亲缘性,它也与后者一样成为了同样值得尊敬的对象。在我们看来,这似乎也是真我的体现,而它也必然会在失去那种自我的痛苦中被培养出来。

第六节 对命令接受者心智状态和与之相关的义务观之间的差异关联的概述。对按照常识正义观将法律规范同时视为义务命令和义务陈述的这一倾向的解释

我们已经在第四节和第五节中研究了(1)命令的心理内容;(2)义务观的性质以及与义务观实质相关的其他概念的性质。这样一来,我们弄清了它们之间的亲缘关系以及命令接受者心智状态与随之产生的义务之间的确切差异。在所有情况下,都存在某种与个人行动观相关的无涉于价值评估的意动性神经冲动感。同时,经由命令表述的影响,这种情感得以产生。最后,在这两种情形中,还会产生某种强制感,这种强制感会将命令表述视为某种具有约束力的东西。至此,就再无相似之处了。在命令中,表述是通

过命令者与接受者之间的特殊关系发挥作用的。但在义务观念中，表述的作用则与其具体的可感知形式无关。它会体现为行为的客观属性，并与人们对意动性神经冲动感的看法有关。这种行为指向的是规范，也就是说，行为体系观念作为某种在本质上与命令表述共存的东西，从那一观点上看它是正当的。因此，某种在命令接受者那里根本不存在的且与义务感相关的行为义务意识随之产生。此时，那种决定了意动性神经冲动感的东西——即命令表述——就会被视为行为的某种客观属性。因此，这种情感表述就无法在其自身与正当行为观念的联系中保有其自主。相反，它只能以陈述句谓词的身份出现，即"这种正当行为是我的义务"。基于此，就产生了某种关于不确定事物且在义务及其类似物中表达自身的意识。

然而，要是将命令表述视为行为体系的真实属性，那么在给定情形下，这种使得某种行为成为可能的观念对他人而言就是正当的。当关于他人行为正当性的观念形成的时候，此处的命令表述就产生了某种指涉这一行为的意动性神经冲动。同时，在这样的情况下，意动性神经冲动会将自身呈现为道德义愤以及正义感的要求，并产生他人应依此行为的义务意识。对命令接受者而言，同一命令还可针对其他人的这一事实在意动性上根本不具有多大意义。至于他会期望人们遵守命令、违反命令，还是对此漠不关心，则取决于他自身的特定利益。

此外，义务感往往伴随着某种对强制的服从思想，无论这种强制关乎自身还是他人，其都具有义务性并表现为对未履行之正当行为的等价赔偿。一旦命令表述成为行为体系的真实属性，那么在义务观念发生时,它就转换成为一种强制。根据那一行为体系,这种强制则被视为不作为的等价物。因此,在现实情况下,关于强制的正当性观念会产生某种针对它的意动性神经冲动,即某种与之相关的义务感,连同这种神经冲动还会产生出真正的义务感。对命令接受者而言,附属于命令上的强制在他违反命令的情况下它就仅仅是一个事实,而接受者会尽其所能试图避免这种事实所导致的后果。当强制涉及其他人时,它对命令接受者的重要性则只能通过其特定利益(无论积极还是消极)才能得以体现。

最后应当注意的是,人们会认为那种归属于义务感的意动性神经冲动感"应当"普遍存于灵魂之中,而其他与之相关的意动性冲动感也将获得某种特殊的神圣性。之所以如此,是因为它们被视为真我的体现,以至于如果我没有贯彻它们,看上去我就失去了那种对我具有至高无上价值的自主。规范只有借助这些条件以及它能依附于崇敬或尊重的那种力量,才能发挥自身作用。正当的行为会获得尊重,不法行为则受人鄙视。这一世界中最为重要的情感在本质上与命令接受者无关。

现在,让我们想象这样一个社会群体,在它之中,无论是虚构的还是真实的命令发布机构,它们的行为都是一致的。在成员心中,只要命令表述没有转换成某种行为体系的真实属性,且该属性对他们而言是一致的,那么命令的力量就必然有所缺陷。对群体成员而言,命令发布机构是否会在所有情况下都遵守其命令,这看上去不甚确定。因此,命令所具有的暗示力就并不是在所有情况下都存在。个体会在多大程度上(积极或消极地)关心或无视命令执行的一般情况,取决于命令力量之外的实际情况。如果是采取压迫政策的少数派掌权,那么虽然个体当然可能会受到其所接受的命令的影响,但整体上,执行命令与其自身利益并不相符。当个体因违反命令而受到强制威胁时,如果这确实影响了他,那么强制就仅仅是一种损害其利益的罪恶。如果他因属于被压迫阶级而厌恶整个体系,那么这种强制大体都将对其利益造成负面影响。但假定对所有成员而言,命令表述作为所谓行为体系的真实属性对他们具有同等意义且能自动实现令行禁止,那么这些缺陷就会烟消云散。此时,命令发布机构可能缺乏稳定意志,但已无关痛痒,而暗示力在不同情境下也总会或多或少地存在。根据规范,当某一行为在特定情境下被视为正当的时候,命令表述必然会形成上面所描述的那种意动性神经冲动感,而当它与那个充斥着感情的世界一结合,它就可以提升自己的力量。正如命令表述事关所有成员那般,此时在特定情况下依照统一命令表述行为必然是有益处的,而这种益处则可在上面谈及的那种情感世界中通过自身运作而得到强化。于是乎,在某人不遵守命令的情况下对其施以强制威胁就是正当的,因为他会觉得自身或他人在那种情况下是负有责任的。显见,当这类力量在社会群体中极为活跃时,该群体就提升了一致性并因此有能力自保。然而,事物总有两面性。假定由于存在反对利益,那种作为行为体系客观属性的命令表述对同一群体内的不同团体或阶级获得了完全不同的品格,以至于对某一团体正当的东西对另一团体而言是错误的。倘若如此,一旦有敌意产生,人们就会显得格外愤怒。每一个人在对他人施加压力时,都会认为自己是在实现客观正当性的要求。

然而,鉴于上述,命令接受者的意识状态很容易就会转化成那种以义务观念为伴的意识状态,即便两者存在基本差异,但后一种状态反过来也会携带着前一种状态,这是很清楚的。无论是虚构的还是实存的命令发布机构,为了使得命令表述可以转化为行为体系所谓的真实属性并使得义务感得以介入,它们只需在社会中有效一致地维护自身主张即可。同时,如果"具有绝对约束力的规范是存在的"这种抽象观念一旦形成,那么人们就会倾向将这种观念与有效一致地维护自身主张的命令发布机构联系起来。当然,当命令者足够聪慧而能使其命令与既有规范内容具有一定程度的契合时,情况更是如此。如果暴君所颁布的法令适应于当下正义观,那么人民会非常乐意将其视为由权威确证的真实义务。另一方面,正如前述,人们会倾向于认为命令意志与义务观具有联系。① 这样一来,也可解释为什么在反思中会有将命令接受者的意识与义务意识加以混淆的倾向。

冯基尔希曼在其著作中对"绝对应当"的论述为此提供了一个臭名昭著的例子(《法律与道德的基本概念》,第 2 版,1873 年)。他认为,"应当"是在对某种居高临下的强大物理力量的崇敬感中被给予的,它被认为具有无限性。而个体在"应当"面前则孱弱无力。他还声称,人们会对某些庄严宏伟的自然现象保有同样的崇敬感(第 51、53、57 页)。在此,他忽视了一个事实,即"应当"在义务意识中是作为行为的真实属性与行为发生联系的。当问题事关"应当"与命令发布机构的

---

① 见本书上文第 157 页及以下诸页。

关系的时候，"应当"是附随在遵守之上的。但正如我们之前指出的那样，命令本身并无法对此发号施令。然而，"应当"根本无需与命令发布机构发生联系。根据"道德律"，人们会认为正当行为拥有的品格根本无需依赖于这种权力。对此，作者也有所提及（第56页，参见第125页），但他却认为这是对初始命令发布机构不自觉地遗忘。在那种情况下，作者认为所谓给予"应当"的尊重则因属于不同情感而具有完全不同的性质。此外，"应当"还可与表面服从以及命令所针对的行为同时发生联系。当命令权不仅在理论上表现为命令者有权发号施令，还表现为它对正当行为作出了命令时，这种情形就会发生。毫无疑问，这种双面性在孩子对父母命令的尊敬感中是存在的。同时，在高等宗教中，它还存在于人们对神圣意志所发布命令的"敬畏"之中。

此外，冯基尔希曼还完全忽视了尊敬所包含的价值评估要素以及从属其中的义务意识。仅当人们认为某种东西值得尊重时，尊重才会因此被感受到。也就是说，人们认为客体具有某种内在价值是尊重的基本特征。然而，即便命令权是无限的，但它本身却并不会仅因此点就获得尊重。仅当命令权能够通过表明意愿、决定他人义务而体现出激发人们尊重的规范时，它看上去才具有命令资格——即能力——并因此获得尊重。在人格领域，毫无疑问，无论某人是否发布命令，也无论谁通过自身生活方式展示出道德规范，我们会对人保有最高尊重。认为我们会单纯地基于自然现象所体现出来的力量就对其予以尊重是不合理的。

显见,冯基尔希曼在处理尊重时将它描述为某种"应当的感觉",这其实是命令接受者在面对权威机构对他发布"你必须"时的意识状态所起到的暗示作用。然而,由于这种意识状态与那种存在于义务意识中的东西极易相互传递,因此导致了混淆。

这样一来,就可以理解为何在法理学中始终存在这样一种倾向,即人们在将法律规则当成某种应当发生的陈述的同时仍然认为它是命令。此处,我们关注的是被视为命令的那种东西,看上去,它们由权威机构或体系颁布,并能在社会中有效一致地彰显其力量。因此,在人们的意识中,命令表述就极易转化为行为体系的某种客观属性。只要权威机构官方确定了附着于命令表述的那一行为体系,那即便人们认为该体系仅对系争的社会成员有效,这也改变不了它从属于某个绝对规范体系的事实。看上去,官方决定机构在特定社会中会基于现状对后一体系进行调试。但内容的改变也只意味着情况的变化使得权威机构颁布了某种"应当实现"的不同内容。相反,人们对作为行为体系客观属性的那种"应当实现"所持有的观念却极易变成命令观念。因此,人们在思考这些事实时,倾向于认为法律规则同时是有效命令和陈述就再自然不过了。同时,社会成员会认为法律规则在涉及何为"应当实施的"行为时具有权威性。

比尔林将法律规则定义为命令(《法律原则理论》,卷1,1894年,第17页),同时,他将人们对规则的"承认"定义为对规则的习惯性尊重(第43页)。然而,两页之后,他又认为,在所有这类承认中,人们一方面承认的是权利主张,另一方面承认的是义务。这是毫无疑问的,正如命令与命令接受者的义务断言有关,基于命令存在的这一事实,命令也会与命令发布者有权这样做的断言相关。据称,基于命令的影响,这种断言被公认为是正确的。

邓恩伯格认为,实体法是"由共同意志所维持的生活秩序关系"(《潘德克顿》,1914年,第44页)。因此,看上去,法律规范所断言的只是在特定情况下共同意志准备予以支持的生活秩序关系。然而,他在第88页认为,主观权利"在人类社会中是能够促进人类发展的美好事物之部分"。法律秩序仅仅是保卫和塑造了主观权利,而并非创造它。因此,确认权利的法律规范只涉及那些在特定情况下能够实际促进个体发展的"美好事物"之部分的断言。否则,从义务的角度看,它就变成了事关在特定情况下利于他人且应当发生的行为的断言。

拉德布鲁赫认为,只有"这是应当的"这样的话语才能使得命令具有内容(《法哲学纲要》,1914年,第161页)。因此,对于只告知人们命令内容的法学而言,它将"义务概念变成自身概念"的做法是极为正确的。正如"你必须"体现命令一样,"这是你应当做的"则体现义务。

萨洛蒙以利普斯(Lipps)一个完全未经证实的命题作为理论起点(《法律的概念问题》,1907年,第47页)。根据该命题,对国外意志的"体验"会具有"某种关于'客观性'——即应当的属性——的特殊情感特征"。由此,他得出,对国外法律意志内容的接受会携带着某种关于"客观应当"的理念。

宾德将法律命题定义为写给国家机构的假设性命令(如见《法律概念与法律观念》,1905年,第259页)。在论及这种命令的例子时,他在同一地方援引如下:"如果某人借钱给他人且后者允诺偿还,那法官就必须命令后者还钱"(《德国民法典》,第607条)。此处的命令被认为是对某种客观存在关系的断言,而"还钱"这一行为的应当性则被认为是该关系的一个词项。

梅克尔在《法律百科全书》第3条中认为,法官的判决被认为彰显了法律规则的性质,其包含了"你应当遵守我所设定的界限。你有义务去这样做"。他还声称,就此而论,判决将自身展现为"命令"。在上面讨论的两个句子中,只有第一个可被视为命令,且由于人们认为第二个句子与第一个句子具有相同内容,因此它也可被当成命令。同样的混乱还出现在黑尔维(Hellwig)那里[《法律强制力的本质与主观限制》(Wesen und subj. Begrenzung der Rechtskraft),1901年]。他在第1页中认为,宣告式判决是对当事人法律关系——即各自权利义务——的权威宣告。在第5页中,他认为,惩罚式判决则是"要求债务人偿还债务的命令",它为"确立偿还义务"奠定了同样的基础。

与我们刚才所处理的混乱情形的对立面是这样一种普遍倾

向,即人们认为社会报复感是义务感的基本特征。① 我们已经看到,对于那些受制于社会权威机构的命令接受者而言,其心智状态极易转换为义务观念,且命令观念又极易转化为人们对权威性当为宣告(an authoritative pronouncement as to what ought to be done)的想法。同样地,社会报复感极易转化为人们对施加痛苦所秉持的明确态度,而这又由人们对施加痛苦的正当性观念所决定。正如我们已经展示的那样,我们所需要的只是让社会成员在听到"你将为你所作所为付出代价!"这样具有报复表现力的话语的时候,能够将其与痛苦观念联系起来,并立刻形成痛苦与复仇表述之间具有内在关联的想法。同时,对那些给他人造成痛苦的人而言,这会令其对规定何者"应当发生"的规范形成某种观念,根据那一规范,这使得加害者在特定情形下所承受的痛苦看起来是正当的。届时,从社会报复感中,就会产生某种由关于痛苦的正当性观念所决定的意动性神经冲动感,其目标是确保痛苦施加到了报复感所针对的对象之上。然而,这一观念会受到如下观念的限制:仅当根据某人的义务痛苦是其不作为的等价物时,强制施加这种痛苦才是正当的。因此,为了使得复仇能够不受干扰地发挥作用,其针对的对象就必然应当是邪恶之人。这样一来,社会报复感就会转化成(1)对罪犯加以惩罚的要求,此时,人们认为对罪犯所施加的痛苦是他不履行正当行为的等价物;(2)道德义愤,即由指向或要求实施正当行为的道德神经冲动所决定的复仇感,此时,这种行为体现了权利人(其对立方是负有义务感的其他人)的权利。如果这种

---

① 亚当·斯密、约翰·斯图尔特·密尔、韦斯特马克即属此类。

要求未能得到满足,那将导致人们对罪犯的不悦感并引起报复感。此外,正当惩罚的要求还可能令某人反求诸己以公平地判断自身行为,于是,这就变成了某种针对违反义务感所带来的反应。由于直接的社会报复感与上面提及的道德反应感之间缺乏清晰界限,因此,人们就极易认为后者仅仅是前者的变种。于是,关于他人义务感的类似物或义务感本身(视情况而定)就在这些反应性情感中最为明显,而认为这种情感本身在实质上等同于社会报复感的倾向则随之产生。

第七节　法理学的实践目的是从命令理论的角度使得人们不仅将法律规范视为命令和事实义务陈述,而且还将其视为有效义务陈述。因此,这些目的使得人们容易混淆法律意志所要求的属性与基于常识正义观的言词理解所形成的义务属性。同理,基于宣告理论,人们还倾向认为在法律中所谓的意志宣告其实是关于义务的有效陈述。其中项是某种迷信式的命令观

现假定某人在思考法律规则时发现它们不仅是真实的命令,而且他还觉得自己接受了那些命令,也就是说,他在本质上"承认"了它们。于是,他就不仅会倾向于认为法律规则是要求人们"应当

如何行为"的权威性声明而不将此与法律规则的命令品格加以区
202 分,而且基于这一理由他还会倾向于认为法律规则本身就具有实际的权威性。但倘若如此,由国家权威机构所命令的行为就会等同于实际义务。那样的话,法律就既可被视为实存实体,又可被视为由权威所建立的义务体系;而法理学则既可被视为纯粹的理论科学,又可被视为实践科学。

尽管命令理论认为需要根据由正义意识数据所构成的原则去决定法律内容,但在决定方式上却是很清楚的。根据这种观点,我负有义务不仅仅是因为人们认为国家社会拥有权利,还在于私人或其复合体享有权利。一个行为所指涉的义务特征,要么是国家、个人及其复合体以某种特定方式体现出来的欲望内容的属性,即某种"权利主张",要么是看上去能够促进他们利益的行为属性。因此,虽然据称所有法律规则在本质上都是由公权力机构颁布的命令,但人们却引入了公法与私法之分。基于此,假定被命令的行为是由权威机构所确立的义务,且命令所规定的东西要么是某人应当在特定范围内尊重个人及其复合体以某种特定方式所体现出来的欲望,要么是某人本应尊重的他者利益,那么,行为的义务性质就取决于那些人是否具有那些欲望或实施那类行为是否能满足他们的利益,而不取决于国家发布命令的事实。即便人们认为正是这一事实使得命令成为义务,亦是如此。同时,这意味着系争法律规则属于私法。但如果假定命令所要求的东西与尊重个人及其复合体的欲望或利益无关,那么人们就会认为是国家命令所具有的那种属性使得它成为义务,而法律规则则属于公法。

根据常识性正义感,权威机构所实施的强制只有在作为未履行法律义务的赔偿性反应时,它才是正当的。然而,强制在本质上在于令违法者承担自身责任。相应地,基于前述混乱,人们亦可从两方面看待那些与强制相关的法律规则。尽管这些规则具有命令品格,但人们不仅可将其视为国家机构对义务的表述,还可认为它决定了那些受到法律约束的人因未履行其法律义务而应遭受的赔偿性强制。此处,根据系争强制所引起的行为是否体现个体及其复合体以某种特定方式表达出来的欲望或利益,它亦具有私法或公法的性质。在前一种情况下,强制是某人承担其侵害个体及其复合体权利之责任的赔偿性反应。在后一种情况下,强制则与已经发生的不服从国家法律命令的行为相关。根据常识正义感,国家权威机构无论是对公共利益还是对个人及其复合体,都负有给予他们那些从其关系中产生的客观权利的义务。如有必要,国家机构还负有通过强制以保护那些已分配权利的义务。这样一来,个人针对国家所作的法律权利主张才会获得尊重。如果上面提及的混乱存在,那么人们甚至可以想象是国家权威机构颁布了那些它应对社群和个人所承担义务的命令规则。这点其实很合理,因为国家机构看上去必须在有限范围内关注个人以特定方式表达出来的意愿。

应当注意的是,这种看待问题的方式掩盖了那些人们本应直面的由命令理论所造成的困难。困难在于,人们永远无法知道命令发布者是否真的会从一而终地在这样或那样的特定情形下保持

203

其原有意志,如确实如此,法律适用则再无可能。[①] 如果被命令行为是某种自身具有内在本质的义务,那么它所具有的"被命令"的这一属性就内生于行为之中而与命令者的意志无关。只要最初命令的条件成就,那么在任何情况下那种行为都会被命令,关于那种行为方式的命令在那些情形中是行为的内在属性,即义务性。这样一来,命令理论就有某种内在的解释性困难需要解决,即无论是否处于现代宪政环境下,人们都无法全然确定立法者在面临各种情形时将会如何适用法律的实际意图。[②] 如果法律规则是对那些情形中义务的权威表述,那么某人在解释这一表述时就必须假定存在某种关于义务的直觉,即某人实际秉持的正义感。在这种表述框架下,人们就必须选择那种可以确保真正正义得以实现的解释,但这种解释依然必须与那种可适用于整体法律领域并具有最高权威的基础性原则保持一致。由于立法者的意图已是给定的,故根据当前假设,人们就必须将那种行为体系视为规范性体系,而在系争社会的某些特定情境中,情况也的确如此。如果某人的解释与我们假定的直接义务直觉一致,且只要他所遵循的表述框架与当下法律部门的基础性原则一致,那么他就必须认为自己已经发现了立法者的准确意图。尽管存在命令理论,当适用法律时,似乎也不存在以类比、"事物本质"、正义、公平去填补法律漏洞的障碍。这样一来,我们看上去就获得了在特定案件中正确适用类比的标准。假定只要某一裁定可被视为对某种更为一般的法律原则

[①] 见本书前文第 106 页及以下诸页。
[②] 见本书前文第 74 页及以下诸页。

的单纯适用，那么人们就可认为它表达了真正的义务。于是，无论立法者对该原则的适用持有何种想法，除非存在其他冲突性原则对此造成影响，否则该原则都应当适用于那些未被立法覆盖但却必须进行司法裁判的案件。在决定人们为了表达义务而在多大程度上可将某条法律规则描述为对一般法律原则的单纯适用时，明显存在两个决定性因素。其一是人们的正义感；其二是对调整系争法律部门的一般性原则的研究。

此外还应注意，我们假定的那种情形——即个体法律研究者在研究时觉得自己会受到法律命令的影响，对他而言，这些命令作为实际义务的宣告就像其对众人一样具有权威性品格——绝不只具有可能性而已。实际上，法理学本身具有明确的实践目标，即助力现行法之实施。因此，法理学研究者会因其研究法律而觉得自己就是为此服务的仆人。对他们而言，"承认"其所面对的法律命令当属自然。由此亦可轻易得出，他们会具有把法律命令视为对应当发生之事的有效断言的倾向。然而，人们可能可以克服那些困扰纯粹命令理论的诸多困难，而这会强化基于该观点所形成的趋势。对此，必须补充如下事实，其细节将在第九节中讨论。在日常法律实践中，人们看待法律的活性方式影响着命令理论。然而，当人们把法律规则概念视为对严格意义上的正当之事的权威性定义时，这种观点就与那种概念具有联系而非泾渭分明。

尽管如此，人们可能会认为，要想把被命令的东西所具有的属性当成是内在于被命令行为的义务属性，这在逻辑上是不可能的。然而，生活的需求远强于逻辑的要求。我们会发现，此前所讨论的混乱在法学中的确困扰着那些命令理论的支持者。不仅如此，命令理论的支持者与意志理论的其他可能形式——即法律是关于国家权威机构所决定的应当发生之事的宣告体系——的支持者在这一方面几乎没有任何差异。从实践的角度看，法律究竟是以命令还是以意志宣告的方式呈现，根本无关痛痒。那种看上去由主权意志所颁布的所谓意志宣告可以如下两种方式发挥命令的作用。其一，只要这些意志能够实现，它就会对国家机构起到直接作用。其二，如果国家禁止某些作为或不作为并宣告对其施加强制，那么意志还会对那些受制于国家权力的人起到间接作用。因此，前面所讨论的混乱不仅适用于命令理论的支持者，而且也同样自然地适用于法理学中的意志理论支持者。在宣告理论中，这种混乱理所当然地体现为如下形式。(1)国家权威机构所颁布的法令内容，看上去是国家基于自身立场而有义务实施的某种东西。(2)国家权威机构决定抵制的作为或不作为的对立面，看上去是对那些受到权威约束的人所施加的义务。(3)国家决定实施的强制看上去是某种理所应当的报复。

第八节 表明混淆存在的诸种法律理论

在下面的研究中，我们将讨论当代作家就法学原理问题所形成的争议观点。我们必须限于阐述同时支持意志理论两种形式或仅支持其中一种形式的重要作者的主要思路。

一、人们对与道德义务并行的法律义务观所持有的见解

那些把法律规则视为命令或意志宣告的人反复说到，义务最

终会落在法律关系中的某方当事人身上。这意味着他们从一开始就混淆了因被国家权威机构（直接或间接通过意志宣告）命令而具有的属性与因成为义务而具有的属性。如果法律规则是命令或意志宣告，那么人们在谈及义务时，唯一的正当意义就是某人会被直接或间接要求实施某一行为。然而，在日常语义上，义务与那类东西毫不相关。相反，如果法律规则给某人施加了某种日常语义上的义务，那么规则本身就不是命令或意志宣告。即便人们认为他有义务实施的行为是在执行针对他的命令，法律规则也不是对他负有以某种方式行为之义务的权威性声明。毫无疑问，"义务"在此与其在道德领域中的意义颇为不同，而对该词的上述用法也往往因此得到辩护。同时，我们切忌将此处谈及的义务混淆于道德义务。然而，这两种义务具有一个共同特征，即主权意志都会对它们所涉及的行为加以命令规定。可即便这是真的，当我对道德义务有所意识的时候，我会觉得自己成为一个凌驾于我之上的意志所发出命令的对象，而这与义务的意义并不同。因为，在任何情况下，可以区分道德义务意识的是某人觉得这种"命令"相比于其他命令而言具有权威性。[1] 对其他所有人而言，他们都应当遵守这种命令。更直接地说，遵守这种命令是唯一正确的行为方案。无论某种意志多么强大，如果它命令我抢劫、掠夺，那么那种不会对我如此要求的道德"命令"都会与前一种命令发生竞争并试图影响我。它披着某种特殊的神圣性而将自身凸显为那种我应当遵守

---

[1] 巴特勒（J. Butler）也在同种意义上作出了这一区分。还可参见冯特（Wundt）区分冲动型动机和命令型动机的方式。

的命令。现假定我们知道道德义务就是要求某人应当以某种方式行为,那就根本不存在一个无论内容为何的共同种属可将这两种义务都纳入其中,而所谓法律义务则仅仅是因为人们认为它是某个外在力量的命令对象。因为,后者指涉的是一种事实关系,而前者指涉的是某种"应当发生"的东西。同时,也不存在某种共同种属可将纯粹的事实性与"应当性"纳入其中。当人们使用"是应当发生的"这一谓词论及行为时,我们指的是一种完全不同于事实范畴的范畴。人们会认为,"应当被实施的"行为是那种完全无论其是否被实际实施都应得以适用的东西。然而,种属观点明显要求比较项属于同一范畴。尽管如此,假定人们认为某人可以依照日常用法使用"法律义务"这一表述,且此时某人所关注的是"属义务"(the genus obligation)的一个种类,那么他在思考法律领域中的义务时,就很可能认为其与道德意义上的义务极为相似,也就是说,他会认为国家权威机构所颁布的命令是应当获得遵守的。此时,假定某人还会把那种设定义务的法律规则当成是命令或意志宣告,那么他就直接或间接混淆了命令所指涉的对象与遵守命令的义务。

冯菲尼克试图展示(《违法性》,卷1,1903年,第75页)一般性义务(包括道德义务和法律义务)是由社会力量所命令的行为,其通过对不作为施加不利后果而对人们形成社会心理压力(第80页)。倘若如此,随波逐流或屈从强权——如一群残暴的盗贼——就是一种义务。然而,那种意义上的"义务"与我们所谓的义务还有什么关系呢?显见,当冯菲尼克将道德义务和法律义务等量齐观时,他心中所想的东西与道德义务更为接近。然而,既然他认为法律规则一定是由国家权威机构颁布的命令,那么他对义务概念的考量就完全不合理。霍兰德认为,当某方当事人拥有的权利"会受到国家权力的保障",其意愿会受到他方当事人积极或消极的促进,始有"法律义务"(《法理学》,第81页)。然而,基于国家立场所作的那种宣告——即意图强制某人作为或不作为——与某人承担的义务究竟有什么关系呢?人们只有基于霍兰德极为肤浅的道德义务定义,即仅当人们所处社会之公意期待某种进步时这种进步才是他们的道德义务,才可能认为那种东西称得上是真正的义务(对霍兰德定义的批判可见格雷,《法律的性质与渊源》,第11页及以下诸页)。虽然作者错误定义了义务的思想内容,并因此在谈及那种与道德义务并行的"法律义务"时,他所想到的是某种完全不同的东西,但他的确认为那种完全不同的东西指的就是"道德义务"。然而,他在此混淆了义务的其他意义和威胁使用某种强制的事实。根据我们前面的解释,只有意志宣告所具有的以行为要求的方式发挥功能的力量才能构成联结环节,因为一般性义务观极易转化成某种关于要求的观念,反之亦然。格雷正确指出,法律义务与某种"应当"相关(第14页)。尽管如此,对他而言,"法律义务"是"由组织化社会所强制的某些作为或不作为",他将其看成是与道德"义务"同阶的种类(第13页)。然而,他却没有告诉我们一般性的"属义务"是什么。这种含糊同样出现在雷格尔斯伯格那里(《潘德克顿》,卷1,1893年,第59、60

页)。他认为,法律由规定组成,其包含某种与"道德应当"并行的"应当"。

我们在科勒的书中(《法理学导论》,1902年,第4版,第63页)可以发现如下这段话:"时至今日,债务人已不会沦为奴隶,债务也不再携带奴隶制的种子。债务人仅仅是负有义务,也就是说,法律会对他提出要求。此时,法律体系运用了那种对伦理学本质而言不可或缺的概念。伦理学是关于义务的理论,但其只研究道德义务。由于道德义务并非法律义务,因此它们不能被法律强制实施。"此处,法律义务意指某种由法律所命令的东西。其与道德义务的差别在于,后者无法通过法律程序强制执行。在希尔维根(Heerwagen)的书中[《作为法律基础的义务》(*Die Pflichten als Grundlage des Rechts*),1912年,第64页],我们读到:"在由社群成员构成的国家中,我们将法律义务称为由社群最高权威机构命令成员以某种特定方式所进行的行为。"此处,作者假定了法律义务与道德义务之间存在某种实质类似,此点从他把国家中的法律义务当成一种"遵守国家权威机构指令"的义务即可看出(第149页)。显然,这与某种东西是命令对象毫不相关。

通常,法律义务与命令之间的关系会以下述方式呈现。据说,是国家权威机构通过命令创设义务,而其公民则有责任服从。此处,显而易见,人们会觉得被命令的行为与成为义务的行为是有区别的。然而,人们还是一直认为义务就是仅仅由命令所给予的某种东西。① 与之相反的理论认为，虽然义务并不等同于那种针对公民所作出的法律命令效果，但它却源于那种效果。

比尔林主张（《法律原则理论》，卷1，1894年，第40、47页），分析"法律有效性"概念就是分析命令在一个有限个体范围内的公共交往生活中被接受为规则的这一事实。这使得"正式成员"受制于他们承认的权利主张并监督那些作出权利主张的"正式成员"。由于"接受"命令无非就是习惯性地尊重它们[见本书上文第198页及以下诸页（边码）]，因此这等于

---

① 格拉夫·祖·多纳认为，从个体的立场看，犯罪行为与义务截然相对（《违法性》，1905年，第70页），因为他"忽视了正是借助法律命令才能给个人施加义务"。在一般意义上，他对"被施加的"义务的理解明显源于《违法性》的第14页。齐特尔曼对那种把法律规则视为命令的理论进行了反对论证（《过错与法律交易》，1879年，第222页）。正如西格瓦特所展示的，命令具有某种不可让渡的个人色彩。然而，人们会认为法律规则具有普遍有效性并必然将其视为判断。在第223页，齐特尔曼认为，这种判断具有如下特性。"在判断中，概念之综合之所以有效，仅仅是因为立法者有意为之。立法者有权依其意志对公民施加某种之前不归属于他的特定谓词（即是负有义务的）。通过颁布规范，立法者将那些他在判断中断言具有联系的事实在现实中亦同时联系起来。"(1)"负有义务"这种状态，因立法者意志而存在，因立法者宣告其存在而存在，它明显不同于立法者期望某一特定行为应当发生的这一事实。因此，此时立法者意志针对的是在主体那里产生那种"谓词"。(2)然而，这并不意味着"负有义务"仅仅是指立法者命令某人以特定方式行为。首先，对接受命令的主体而言，命令根本不能被视为某种谓词。其次，命令在此仅仅被视为一种活动，通过这种活动，立法者意志才形成了"负有义务"这种状态。如果这种状态与我们在他处称之为"义务"的东西有关，那么除了把行为当成义务，我们又如何有理由认为立法者可以通过其言词为主体创设义务呢？显见，单靠言词是无法形成这种结果的（参见塞利格曼，《国内法与国家条约学说文稿》，1886年，第34页）。因此，看上去，正如齐特尔曼所认为的那样，当立法者说出某个法律判断时，由此产生的命令为接受者创设了"负有义务的状态"。这种状态虽然不是命令，但却只能通过命令而被给予。霍尔德也曾以类似方式谈论过创设法律义务的命令（《论客观法与主观权利》，1893年，第10页）。

说,命令的"法律有效性"就是应要求持续不断地影响共同体成员。然而,这种情形根本无法一直维持。将有效性等同于实际影响,这其实预设实际有效性即实际接受。可比尔林认为,只有一阶命令,如某国宪法,才是直接接受的对象,而间接接受"则是完全出于必要所形成的其他结果"。间接接受指涉的是二阶命令,例如,以宪法效力为依据的其他法律(《法律原则理论》,第46页)。显见,此处的问题与实际接受无关,因为我们无法总是假定会有推出"逻辑后承"的过程发生。然而,即便如此,实际接受也并不总意味着实际的法律有效性。这足以令人怀疑比尔林在使用"法律有效性"时,除了意指以前述方式所接受的命令之外还指涉了什么。此外,他在第128页谈到了作为"有效性基础的"接受。在他著作的其他地方,也常常使用类似表述方式(见卷2,第319页)。"凭借着直接接受和间接接受",命令才"具有有效性"。这使得人们清楚地发现,对比尔林而言,"在法律上有效"并不仅仅指接受,它还有其他意义。只不过,它只能以接受为基础。然而,由于就法律本身而言,其唯一的事实性特征就是(直接)实际地接受基础命令,因此,人们会得出这样的结论:"法律有效性"并不意指归属于法律的任何事实关系。人们必然会认为,尽管比尔林言不由衷,但在他心中法律有效性最为通常的意思就是法律约束力,即命令应当获得遵守(参见拉德布鲁赫,《法哲学纲要》,1914年,第169页)。然而,我们没有必要继续怀疑。在比尔林于第二部分对"法律有效性"的论述中(《法律原则理论》,第318页),我们读到:"在(接受)这一主要事实存在之处,法律有效性与相关命令的义务效力也定是存在的。"此外（《法律原则理论》,第 139 页）,"毫无疑问,某人之所以意识到自己负有遵守某条法律规范的义务,是因为他接受它"。当比尔林使用"在法律上有效"这一词语时,他想到的是命令的义务效力以及某种"应当被遵守"的东西。通过上述段落以及下述事实,此点是可以确定的。他在许多地方都谈及客观存在的权利义务,同时他还将对命令的单纯接受——即命令所施加的常规影响——等同于某人对原告权利或自身义务的承认。但他又认为,这种"应当被遵守的"东西是通过命令的实际影响造成的。大体上,比尔林遵循了格吕贝（Grüber）的思想（《法理学导论》,载比克麦尔（Birkmeyer）的《法学百科全书》,第 2 版,1904 年,第 14 页）。在法律的"有效性"这一概念中,同样存在着那种独特的含糊性。"法律"（即"实在法"）可定义为"在特定社群中,因成员依照社群目的行为而被公认为具有约束力的规范所构成的集合"。这样一来,某条法律的有效性就等同于该条法律被接受。此时,与比尔林的观点一致,法律有效性既指规范发挥要求功能时具有的实际力量,亦指其具有的义务品格。但在此之后,他马上说道:"规范之所以有效,是因为社群成员觉得自己受到了规范约束。"（请注意!）因此,"有效性"既是规范对命令接受者施加的命令之力,其自身又依赖于这种力量。此处,"有效性"的意义与"应当"在第 16 页所明显体现出的意义相同。即便某些已颁行的法律与社会的正义确信相悖,但由于人们公认其为有效法,因此它们也是真正的法律。"因此,官员只应当将其决定建立在这种具有权威性的既定法之上。"(请注意!)同时,人们会认为,规范是通过其对命令接受者所施加的命令之力才成为某种"应当"的。总之,应当注意,真正的神学义务论始于某种神圣的命令意志,这种意志是所有(无论道德的,还是法律的)义务的基础,而这些义务都存在同样的混乱。例如,可见赫特林(Hertling),《法律、国家与社会》(Recht, Staat, und Gesellschaft),1906年,第30页。"此外,对(义务问题)的最终解决是:因为上帝有所意愿,所以人们应当如此行事。"

二、关于国家权威机构自身义务的假定

当人们把法律规则视为国家的命令或意志宣告时,这种混淆会以令人吃惊的方式体现出来。因此,当人们认为法律义务源于某种被命令行为或符合国家意志决定的行为时,人们就认为国家也负有义务。显见,在虑及后一种义务时,人们心中所想的无非是某种基于国家立场作出的命令或意志宣告,因为,此处我们所关注的义务是那种可以发布命令或意志宣告的国家自身职责之所在。它是一种真实的"应当"。然而,由于此处的法律义务与人们受制于国家权力约束的义务本应具有同一意义,因此在后一种情形下它也必然被视为一种真实的"应当"。但是,人们却把这一观点与其他观点混淆了。对此,必须求助于国家可对自身发布命令这一命题。但显而易见,这只掩盖了思维混乱。诚然,认为人可以给自己下命令并没有什么不合理,因为,人可以通过对"我必须那样做"秉持强大的决心而强化自身意图。但任何针对自身的命令总会预

设在作为自我命令对象的人那里,其具有实施某种被命令行为的意图。然而,我们在此讨论的义务始终是一种贯彻落实特定意图的义务,进而是一种以特定方式命令自身的义务。因此,它会凌驾于自我命令者之上,并不可能等同于后者所命令的行为。

参见舒佩,《主观权利的概念》,1887年,第86页。耶林将法律定义为"一国强制性有效规范之总和"[《法律的目的》(*Der Zweck im Rechte*),卷1,第3版,1893年,第320页]。规范是"针对人类行为的抽象命令"(第331页)。但他又认为,仅当某人有权对某种不相容意志施加限制时,命令才是重要的。"正是那种更为强大的意志规定了弱者应当遵循的行为准则"(第330—331页)。与格言相比,行为准则的区别在于其具有"约束性质"。此处,法律义务仅仅是指由国家颁布的强制性规范所具有的对象属性。无独有偶,他在第357页说到:"规范的双边义务效力"被视为确定有效性的真正条件。这意味着,法律规范不仅对那些受制于国家权利的人有约束力,而且对国家也有约束力。为了使得真正的合法性条件得以存在,国家必然"应当在事实上对其予以承认"(即法律规范),"只要这些条件存在,它们大体都会被赋予普遍有效性"(同上页)。此处讨论的义务是具有法律性质的。因此,无论是对个人还是对国家,只要他们未按法律规范的要求行为,那就是"违法"(ein Unrecht)(第358页)。即便在君主立宪制国家的宪法中,君王依然负有法律义务(第329页)。显见,关于国家权威机构的义务与人们对法律义务的主要理解并不相

[214]

关，因为人们认为，法律义务仅仅是国家颁布命令的对象属性，且它指向的是"弱者的意志"而非国家本身。显然，在这两种义务观中，有一种与真正的"应当"思想相关，而在此它们被相互混淆了。

当施塔姆勒一方面将法律规则视为某种对"私人具有权威的"强制命令，另一方面又因其可约束命令者而认为它与纯粹恣意的强制命令有所区别时，他也犯了同样的混淆错误（作者对此的首次陈述见《经济与法》，1896年，第129页；第二次陈述见该书第497页。还可参见《法理学理论》，1991年，第170页）。此处的"权威"或义务很明显是歧义的。

霍兰德（《法理学》，第81页）将法律义务定义为"由国家权力强制执行的意志"行为。然而，在第124页，他认为，"虽然国家有能力无视……法律义务"，但它负有法律义务又是自明的。如果法律义务的意义如前引所述，那么它就不可能适用于国家自身，因为国家不能强迫自己以某种方式行为。当人们谈及国家负有的法律义务时，他们心中想到的一定是某种颇为不同的东西：一种真正的"应当"。在第349页，我们又确实发现了某些与之相反的阐述，因为作者认为主权国家永远不可能实施违宪行为或违法行为。然而，这只是一种自相矛盾的表述。尽管如此，当他以同样的方式谈及"宪法"如何决定主权国家"构成"以及划定其权限范围时，此点尤为突出（第350页）。

我们还可援引耶利内克（G. Jellinek）对司法领域中的义务处理作为混淆我们已经注意到的那些观念的例子。一方面,他告诉我们,由于国家会命令其公务人员依其意志遵守法律,因此国家机构会因国家意志的存在而负有义务。(《法与国家的一般理论》,第3版,1914年,第478页。)另一方面,由于国家意志体现在其机构意志之中,因此,国家机构承担的这种义务据说只是国家意志针对自身所设定的义务。一方面,这种由国家意志施加给自身的义务,其基础指涉的是康德的自主学说。(《主观公共权利体系》,1892年,第185页,以及《法与国家的一般理论》,第480页。)另一方面,它被认为与私法中通过承诺给自己带来的约束而非实际接受承诺类似。(《主观公共权利体系》,同前引,以及《法与国家的一般理论》,第370页。)此时,当人们使用"国家意志所承担的义务"时,至少可以轻易区分三种意义。(1)就义务存在于国家意志对其机构所发布的命令之中而言,它只意味国家中的某些人是某些命令的对象。(2)实际上,国家意志本身就负有义务,而通过康德意义上的自主——此处我们可将这种自主视为国家意志对自身发号施令——则可对此予以解释。一旦采纳这种观点,即便义务会与那种作为命令对象的表面义务相混淆,它也意指真正的义务。对康德的引用表明,真正的"应当"是可被人深思的,而从它与国家意志对自身发号施令的关系上看,这意味着它还代表某种命令对象之外的东西。为了使得命令能够由国家意志针对自身作出,国家意志就有义务贯彻那种预设意图。因此,义务不可能源于存在命令这一事实(见正文)。(3)如果人们认为国家义务类似于承诺者因承诺所承担的责任,那么他们就会认为它仅仅是一种一般意义上的义务。要是果真如此,那么承诺就和国家命令毫无关系,而是由某条凌驾于国家之上并使得承诺具有约束力的规则决定。由于国家权威被视为唯一能够发布法律命令的权力,因此在法本质理论所构想的意义上,这种规则必定被视为某种客观规范。奇怪的是,作者在我们所引篇章中,似乎希望通过提及这种自然法规则在实在性私法中具有实际效力而赋予这种规则更大权重。这已被"公认是老生常谈"!(参见克拉贝,《法律主权学说》,1906年,第8页。)虽然上面三种不同意义在不同阐述中皆有体现,但作者似乎没有意识到其中涉及的差异。

除耶利内克外,我们还可谈及支持这种混乱理论——即国家通过向自身发号施令以使得自身负有义务——的以下作者。索恩,《法规范与主观权利》,1878年,第142页。瓦奇,《权利主张的确定》,1889年,第24页及以下诸页。特茨纳(Tezner)将这种义务描述为"辅助性概念"[格鲁恩胡茨《现代私法与公法杂志》(Grünhuts Zeitschrift),卷21,第104页]。施塔克则混淆了欲望间的冲突与对自身发号施令(《对法律的分析》,1916年,第176页及以下诸页)。宾丁,《规范及其僭越》,卷1,第2版,1890年,第63页。塞利格曼对宾丁提出了反对,见第96页及以下诸页。

三、关于以国家权威意志为基础但仍对他人权利有效的法律义务的理论

当人们一方面将国家权威命令视为法律义务之基础,另一方

面又认为义务与他人权利有关的时候,作为特定命令对象的义务与以某种特定方式行为的义务之间的混淆同样显而易见。当人们声称义务存在的必要条件是国家权威机构有权要求服从那种被认为创设了义务的命令时,这种混淆即刻变得明显起来。如果义务源于命令,那么一切应被化约为国家权威命令权的东西就明显不可能仅仅源于国家享有的发布命令的权利。因此,此处必然还涉及另外一种未被区分的观念。如果国家没有预设遵守其命令的相应义务,那么认为国家有权要求他人遵守命令的想法就毫无意义。但是,如果后一种义务等同于遵守命令,那么它就预设了另外一种要求遵守第一种命令的命令。而如果第二种命令创设义务的能力取决于国家有权要求遵守这种命令,那么它就预设了遵守这种命令的义务。基于同样的假定,这会要求以第三种命令去要求遵守第二种命令,以至无穷。显见,如果国家权威机构创设义务的能力源于它有要求他人遵守其命令的权利,那么我们最终必然得到的是一种不被命令所决定的服从义务。除了某种客观"应当",这种义务还能是什么?[①]

如果某人断言法律义务是由国家权威所命令的行为,且他同时认为与义务相关的是个人权利而非国家权利,那么这种混乱就会显得更加突出。基于当下假定,某人在法律领域中仅与那个能

[①] 宾丁(同前引书,第 96—97 页,以及《刑法手册》,卷 1,第 183 页及以下诸页。)为这种混淆提供了一个典型事例。对此的批判性评论可参见我的著作《国家与法律》,1909 年,第 27 页。还可见卡瑟莱茵,《法律、自然法与实在法》,1909 年,第 137 页。洛宁,《论法的根源与本质》,1907 年,第 16 页。

够发布命令的国家权威具有义务关系，而他则接受那个权威的命令。国家仅凭其意志让公民以某种特定方式行为，这就创设了义务。现假定国家有权要求人们尊重那些以某种特定方式表达出来的第三方的愿望，或是它所命令的行为有助于第三方的利益实现。可即便如此，人们也不会与第三方具有义务关系。第三方表达愿望，根本没有行使任何法律意义上的命令权，也未对责任方造成影响或是为其创设义务。同时，他也没有通过自身意志或利益形成任何义务。义务的唯一根据是国家权威机构具有推进其愿望或利益的意志。事实上，不管是以私个体的主观权利作为他人对应义务的理论，还是关于与私个体所拥有权利对应的既存义务的理论，甚至是所有大体秉持私法和公法二分的理论，都与命令理论不兼容。对此，有人可能会反驳到，此处所讨论的"对应"仅仅意味着国家权威机构在发布命令时所具有的意图是旨在满足权利人欲望或利益的最后一着，因此，这种意图并不直接指向那些凌驾于个人之上的目的。然而，(1)这种观点与前面使用的表述模式根本不一致，而这表明了一种完全不同的基本观念。根据那些模式，系争义务指向的是私人权利主体，而违反义务则构成侵犯他人权利。(2)在我们所考虑的情况中，认为制定法律的社会权力真的只有保障个体愿望或利益的最终意图根本说不通。个体主观权利之所以受到质疑，主要是因为当它们受到侵害时，个人只能通过诉诸法院才能令其愿望或利益获得尊重。然而，在这类情况下，认为社会权力会对有益于它的所有利益——无论是某一阶级的还是公众的——视而不见根本站不住脚，而要想在丝毫不涉及那些利益的情况下强制实施法律规则也根本不可能。① 此外,由于法律规则既能基于人的利益颁布,亦可基于动物的利益颁布,因此根据这一原则我们就可谈及所谓动物的主观权利。② 然而,在事实上,根本不存在这种权利。

应当注意,如果我们以常识正义观为立场,那么就能极为自然地解释这种看待问题的方式。基于那种立场,个体之所以拥有权利,是因为个体在以某种方式表达欲望时某种行为成为了其中的对象,或是那种行为有助于促进他的利益,而这最终使得那种行为成为了义务。此处,人们会从某种客观规范出发,这被认为是得出以下结果的最重要因素。如果私个体的愿望是以某种方式表达的,那么其自有界限;如果人们认为个体利益与他人的某些行为紧密相关,那么利益保障亦有边界。如果某一行为的正当性可从该规范的内容中演绎推出,那么人们就应当实施那一行为,因为这既是某人的权利,又是一种指向他的义务。无论以何种方式确定立法机构的意图,它都不可能成为义务的根据。义务的根据是人本身,因为基础规范以前述方式赋予了人"应当受到尊重的权利"。对那些支持"法律即命令"的人而言,当他们在处理私个体的主观权利理论时,当他们大体秉持着私法与公法之二分时,他们却将这种观念与作为被命令行为的义务观混为一谈。同时,他们还以某种混乱的方式认为,那些可以发布命令的国家权威机构是通过其命令才令人信服地建立起客观规范的内容。

---

① 参见索恩,《法规范与主观权利》,第 110 页。
② 索恩,同上引书,第 177、247 页。格雷,《法律的性质与渊源》,第 42 页。

在宾德的《法律规范与法律义务》第 1 页中，我们读到"现代法理学认为，权利与义务对应是不言自明的。法律义务被视为法律规范——即主权国家对其公民所发布的命令——的直接后果。这反过来又赋予了那些被法律规范设定法律义务的人以权利"。如果这种观点是正确的，那么"现代法理学"就建立在一种可悲的混乱之上。

温德莎伊德(《潘德克顿教科书》，卷 1，第 87 页)试图以下述方式主张，从命令理论的角度看，私个体的主观权利是某种与他人义务相对应的东西。"法律体系(die Rechtsordnung)……是鉴于具体事态才颁布命令要求实施某种行为的，同时，它也将是否使用命令的权利让渡至已颁布命令所代表的那个人手上。这使得他有是否使用命令的自由，特别是，他还拥有是否对违反命令者采取法律体系所提供之应对措施的自由……法律体系依其利益发布命令，这使得命令成为了他的命令，法律则成为了他的权利。"这样一来，私个体的主观权利作为某种对应于他人义务的东西，就成为了"权力意志或主权意志通过法律体系所借给他的东西"(类似阐述还可见格雷，同前引书，第 19 页。基尔鲁夫，《一般民法理论》，1839 年，第 154 页。诺伊纳，《私法的本质与类型》，1866 年，第 11 页)。仅当我们认为私个体在主张自身权利时行使了某种法律意义上的命令权，所谓"法律体系"的命令权让渡才是可理解的。如果我作为房主可以"禁止"他人进入我的住宅，禁令表述才具有法律意义。于是，这会导致这样一种情形，即"法律体系"会基于此禁止他人进入所有权人的住所。然而，从命令理论的角度看，

第三章 法律的概念问题

只有后一种禁令才与法律义务相关。事实上,命令表述要想影响其接受者只能以如下方式进行。某人知道"法律体系"所禁止的情形已然发生,因此,根据当下理论,在这种情形下,必然存在禁止进入他人住所的义务。对此,断不可认为法律权利拥有者为了向对方主张自身权利而进行诉讼就意味着"法律体系"命令权的移转。即便是在形式上,也不能将法律诉讼描述为原告向被告所发布的命令[温德莎伊德试图以命令理论为基础建构义务,对此有几种类似评论,可参见霍尔德,《自然人与法人》(*Natürliche und juristische Personen*),1905 年,第 110 页]。

索恩通过强调权利所有者对违法者运用报复手段的这一事实,试图为权利在私法领域中奠定同一基础(同前引书,第 133 页),出于同样的理由,我们必须对此进行驳斥[参见帕根施特歇尔(Pagenstecher),《法律强制力学说》(*Zur Lehre von der mat. Rechtskraft*),1905 年,第 2 页及以下诸页。雷格尔斯伯格,同前引书,第 76 页]。在法律上,个体根本无法以这种方式获得任何实际命令权。然而,在这种理论看来,只有这种命令权才能使我们有权谈论那种与他人义务对应的私权(索恩认为,这种对应明显可从他在刑法中的私人追诉与私法中的私权"主张"间所设置的对立面中得出,第 137 页。在前一种情况下,他认为罪犯"对受害方并不负有一般性义务"。因此,他只对那些提出损害赔偿主张或是要求继续履行未履行义务的人才负有义务)。从命令理论的角度看,邓克尔(Duncker)恰恰可以主张[《占有之诉与占有》(*Die*

Besitzklage und der Besitz），转引自温德莎伊德，同上引书，第 89 页，注 3]：索恩所构想的私权并不是日常语义所体现的那种东西，只有从法律的观点看，才有与之对应的义务。

对于耶利内克基于"可从个体利益运动中设定法律规范的可能性"（《主观公权利体系》，第 48 页），或更准确地说，是基于作为法律人格属性之"权力"所形成的主张（同上书，第 49 页），从而建构"主观公权利"的做法，我们也必须给予类似评论。此处讨论的属性构成法律意义上的人格，由于个体作为国家成员可以要求国家权力为其利益服务，因此这种属性是一种分配给个体的权力，同时，它也构成后者权利主张的基础（第 53 页，参见第 77、81 页。《法与国家的一般理论》，第 418 页及以下诸页）。首先，我们在此关注的是能够有效要求国家给予法律保护的能力。（《主观公权利体系》，第 77 页。）让我们假定，在个体的主观公权利主张中，由于他能对国家施加义务，因此他拥有某种针对于国家的权利。我们必须记住，根据耶利内克的理论，所有法律权利都取决于国家权力。由此可以推出，个人在作出权利主张时，他就是在行使国家转移给他的某种权力，从而以国家之名要求自身利益。例如，现假定某位私个体在法院要求国家对其权利主张给予法律保护，那么，此时他真的作出了某种强而有力的要求以影响国家权威机构兑现他的权利主张吗？绝对不是。在这种情况下，只要实体法所设定的事实条件得以满足且有人启动法律诉讼，那么对国家而言，唯一的决定因素就是在实体法和程序法结合的情况下定会形成某些法律后果。当然，个体可以运用那种寄居于法律中的权力,但他却无法因为自身要求之力量源于他所具有的运用法律的权力而对国家造成丝毫影响。类似的,个体还可运用自然之力,但他从中所获得的权力并不能使他能够对自然之力提出任何有效要求。此外,他还可以通过犯罪要求国家采取惩罚措施,如此一来,他就没有从中获得有效要求某种行为的任何权力。因此,"要求法律保护"与其他公法中的主观"权利主张"绝不可能通过国家权力转移而使得权利成为有效要求。人们之所以将其描述为权利,完全是因为人们认为在大众正义观的理解下与之相关的法律是对权利义务的真正表述。

有时,人们会假定"权利人"拥有某种特殊"授权",使其可对对应"义务"方发布"命令",但这也丝毫没有改变上述情形(如参见梅克尔,《法律百科全书》,第16节,71—73。塞利格曼,同前引书,第29页)。只有以下述方式看待这种"授权"时,它才是合理的。国家权威机构基于权利人的利益,而对其直接义务人发布命令。如果义务人违背了这一命令,那么只要权利人主张强制执行其权利主张,那么他就对国家机构发布了另一个命令,以要求国家机构强制义务方履行义务。同时,国家机构会宣称自身有以上述方式保护权利人的意图。通过这种宣言,只有意在保护权利人利益的直接或间接意图才能成为发布这些命令的根据。然而,这种宣言并无法将权利人表示为那些命令的根据,也无法使得(由被命令行为属性所构成的)义务成为有利于他的义务。

四、命令理论认为，当行为与法律实际内容冲突时，执行强制在财产法领域中预设违反命令。究其原因，是因为常识正义观要求如果强制是正当的，那么必然要有违反义务的情形。而这混淆了被法律意志命令的属性与常识正义观所理解的作为义务的属性。意志宣告理论则认为强制预设的不是违反个人义务，而是对某种人们所需要的抽象权利状态的侵犯。同样，基于常识正义观的要求以及这种理论犯下的混淆，它是一种站不住脚的辩护

将被命令行为意义上的义务与真正"应当"意义上的义务加以混淆，还出现在人们对待财产法领域的执行强制中。让我们以命令理论为基础考虑人们是如何处理它的。通常，某人会始于这一假定，即系争强制预设强制对象违反了合法要求，而强制则只被理解为因违反合法要求所导致的法律后果。首先应当注意的是，根据命令理论，抽象地看，当某人实际侵犯他人合法要求时，国家机构并没有基于他人利益而对此人采取执行行为的必然理由。另一方面，假定某人将财产法的基本框架视为某种依照常识正义观所运行的概念，即将权利义务视为不同个体所具有的互联属性，那国家通过法律强制保护的利益就是某种与义务互联的权利。于是，如果某人混淆了常识正义观意义上的义务与作为国家命令行为的义务，那他就一定会认为存在上述那种必然性。一个人的权利总与他人的相关义务接壤，因此，只有后者违反义务，前者的权利才

会被侵害。同时，只有假定后者违反义务，维护前者权利的执行强制才会发生。然而，根据常识正义观，仅当此时涉及的问题是如何维护后者权利时，①基于他人权利而对某人施加影响其利益的强制才是正当的。于是，如果某人认为法律义务源于国家命令，那即可推出财产法中的执行强制预设了违反国家要求。当然，即便这种执行强制与违反国家既有命令紧密相关，也不意味着这必然混淆国家要求的行为与常识正义观所理解的义务。或许，法律的实际内容本就具有某种性质，这使得某人从国家要求的法律规则出发就不得不认为财产法中的执行强制会预设对国家要求的事先违反。然而，如果我们反向假定在特定情况下无论是否会有对既有命令的事前违反，法律的实际内容都会指涉我们所讨论的强制，那么，我们就有充分的理由去质疑某人以日常的权利义务观为起点将其与财产法决定因素勾连并进而混淆"义务"与国家命令行为的这一做法。如此一来，当行为与实在法真实性质冲突时，要解释人们为何会接受这一原则——财产法中的执行强制预设对国家命令的事前违反，这就是唯一的可能。

现在，如果我们由此探究法律的实际内容，那毫无疑问这将与我们在此讨论的理论冲突。假定某人在具有民事行为能力的情况下承兑了一张汇票，但当汇票到期时，此人已成为疯子而丧失行为能力，并且尚未有指定监护人。此时，尽管不会有人认为发生了违反法律要求的行为，但债务仍可能被扣押。但是，现假定此人存在指定监护人，而监护人却因疏忽而未偿还债务，债务就会用病人的

---

① 关于这种推理的不成熟之处，参见萨尔蒙德，《法理学》，第71页。

财产偿还。在这种情况下,人们不会认为病人违反了法律的要求,因为他很可能根本不知道存在这一要求。因此,鉴于我们假定病人无法律行为能力,因此我们不可能要求他去偿还债务,而他也的确无法实施这一行为。要求针对的是监护人,但扣押征收的财产却不是他的财产。毫无疑问,如果是监护人疏忽的缘故,那么他就有责任赔偿病人所导致的损失。但此处所讨论的财产扣押却不是针对他的,而是针对病人的。很明显,此处的论证可以扩展适用于所有无法律能力者的财产扣押情形。①

让我们看另外一个例子。一位商人因遇到了不可预见的情形而无法满足债权人的要求。虽然我们不能说他违反了法律命令,但他依然破产且财产被扣押。就命令本质而言,当其指向某个主体意志的时候,它总会预设主体有能力满足命令之要求。而当这种能力不存在时,命令则不会针对那个主体。② 此外,如果执行强制在实在法的内容中与事前违反法律要求具有联系,那么在采取这种执行措施前,就应当探究义务方是否真的有能力完成履行(*praestandum*)。换言之,我们应探究是否真的存在过失。此外,强制度还应在某种程度上取决于是故意还是仅仅为过失。然而,无论如何,当涉及固定金钱债务结算时,法律一般都不会要求进行

---

① 在论及无法律行为能力者时,齐特尔曼和冯菲尼克试图将这种被违反的义务转嫁给监护人。对此,可参见索恩的反对意见[《耶林民法教义学年鉴》(*Jhering's Jahrbücher*),卷 50,"规范受众:一般法学研究"(Der Normenaddressat)];还可参见费舍尔的评论(《违法性》,1911 年,第 28 页)。

② "令债务人承担超出其能力范围的义务是不合逻辑的"(宾德,《法律规范与法律义务》,第 39 页)。

这类调查。①

既然如此，那么只有在某人武断忽略这些事实，或是歪曲要求概念以使得它与日常理解完全脱离进而失去所有意义而沦为空词之时，我们讨论的理论才能维持。

梅克尔认为(《法律百科全书》，第272节)，我们在此处理的所有"侵权"，作为民法中执行强制的前提条件，它都涉及某种"不遵守"法律要求的成分。这种"不遵守"就其性质而言，本身就是执行强制等措施的对象。因此，即便对襁褓中的婴儿而言，其依然可能存在。类似的，宾丁在其第一版的《规范及其僭越》，卷1，1872年，第135—141页中主张，那种他所认为的即便在财产法领域中也可作为强制前提的"不法行为"是一种当罚的违法行为(此时规范等同于命令)。然而，对此，他又评论到，一个无意犯错之人，如果他未能履行义务，那他也可能因被开化，尤其是经由法律裁判——即不管他是否知道自身义务——而成为有罪之人。但是，只有他成为有罪之人后，执行强制才有可能出现。一个无需对自身行为负责的人，他的财产为什么会被扣押，他又如何成为"有罪"之人呢？

当耶林在无意违反法律规范(此处规范等同于命令)的意义上谈及"客观的不法行为"时[《罗马私法中的过错要素》

---

① 参见贝克尔，《法的基本概念与立法误用》，1910年，第271页。当施洛斯曼以不履行义务为基础试图将罪责视为强制行为的前提时(《合同》，1876年，第346页及以下诸页)，他完全忽视了上述情形。古斯则基于法律规则之本质并非命令而得出了这一结论[《法理学演讲录》，卷1，1889年，第94页。(丹麦语)]。

(*Das Schuldmoment im römischen Privatrecht*),1879年,第5、6页],他就认为这是在民法领域中适用执行强制的一个可能基础。就此,他完全遵循了海尔施纳(Hälschner)[《审判庭》(*Gerichtssaal*),1869年,1876年]、瓦奇(《审判庭》,1873年)以及其他某些重要作者的思想(对此,可见费舍尔,同上引书,第122页及以下诸页)。如果某人要对其行为承担法律责任,那么他就已经由于过错或是在其他某些不构成犯罪的情况下侵犯了他人权利,而他的意志无疑会因侵权而与那种行为相关。他所欲求的正是那种行为。基于此,我们可以说一种真正违反法律规范的行为发生了,而不仅仅是(如风暴)对某人利益的偶然伤害。相应的,在这种情形下,才会有针对某人采取执行强制的问题。然而,如何仅凭某人期望某一外部行为发生,就认为他违反了法律要求呢?如果他没有意识到与那种行为相关的法律要求,那么那种行为就与他无关。要想令某一要求对某人产生哪怕一点意义,显然,他必须有意识地接收到要求的内容。对此,我要援引费舍尔的思想(同上引书,第119页)。他对这一问题的看法与索恩和比尔林的极为相近。某人善意占有某物,当出于原告利益而对其采取行动,合法剥夺其占有时,被告必须对此承担费用。"事实上,法律诉讼的结果常常会令人怀疑,但这不应当令我们误入歧途。无论诉讼请求的权利多么不确定,当司法裁判作出时,法律体系都无法将被告从他在诉讼未决时未遵守法律的指责中开脱出来。"当"法律体系"鉴于某人的主观条件而"谴责"他违反未被告知的法律要求时,这种体系就是疯狂的吗?此外,显见,当不存在事前罪责时,耶林所谓的"无意不法行为"根本无法覆盖民法中所有的执行强制情形。即便在某人负有法律责任的时候,亦是如此。我们不可能主张,一位从未违法的破产商人会期望自己破产。但是,对于那些不对自身行为承担法律责任的人而言,这套观点显然难以适用。

鉴于即便某人在财产法中本无法律责任依然可能成为执行强制对象,索恩认为他定会支持"法律体系认可那些本无法律责任之人承担义务"(《法规范与主观权利》,第92页)。此处,问题到了关键点上,可人们的这一假定——执行强制在财产法中预设违反法律规范——与实在法之间的分歧却仍然隐藏在荒谬之下。而当人们说国家权力对婴儿和瘫患者提出要求,这又意味着什么呢?即便某人试图以这样的论证——儿童(甚至婴儿)是在法律的要求下获得指引教育的——支持自身观点(比尔林在其《立法原则》,卷3,1905年,第176页就这样做了),情况也丝毫没有改善。同时,除非这类要求确实关涉他们,所谓指引教育根本不可能。毫无疑问,纳格勒的如下断言是有效的(《违法性学说的现状》,1911年,第66页):"毫无疑问,(索恩和比尔林的观点)在形式逻辑上站不住脚,从他们的前提中,我们得出逻辑结论是梅克尔的学说"(即违法性对法律责任而言是必须的)。

贝林格(Beling)通过把要求稀释成一个与该词原意毫不相关的概念而试图拯救客观违法性或无意违法性思想(此处规范等同于命令)。由于"违法"仅仅意味着"没有按照法律体系所期望的方式行为",因此,客观违法性是可能的。此处的

227

"所期望的"并不是"被要求的",而是"所欲求的"。然而,此处的欲求对行为而言发挥了要求所具有的功能。于是,在存在某些规定的情况下,"法律体系"就触手可及了。例如,贸易法是促进商业发展的。因此,当这些规范制定之时,商业状态必定与当局之期望是冲突的,而"法律体系"则期望它能有所改善。结果,商业活动会在某种程度上与当局的意愿冲突,而商业在假定情形下则是违法的。

看上去,当卡尔·阿德勒(Karl Adler)[《无辜的不公》(*Unverschuldetes Unrecht*),1910年,第17页]反对索恩的这一观点——法律规定不会针对那些没有法律责任的人——时,他也体现出同样的荒谬。虽然在保护这些规定所主张的利益时,确实可能会涉及这些人,但他依然举了一个例子,即某人对其行为不负有法律责任但其"无辜的不法行为"却导致了损害。此时,尽管这种行为违反的仅仅是那种期望法律规范只针对自负其责之人的愿望,但人们仍会认为这种行为本身是违法的。

尽管如上述所言,但假定某人依然固执地坚持系争理论,那如前述,就只存在唯一的解释。他一定已经把人们通常理解的权利及其相关义务作为自身财产法概念的基础,进而将这种意义上的义务与作为国家命令行为属性的义务混淆了。

对于前述,还存在一种附带理论,这种理论认为,在财产法领域中判处某人作出赔偿的判决预设对国家命令的事前违反,即"违法"。由于这种理论在论及执行强制时与事实不符,故其必须诉诸客观违法性思想。于是，之前披露的荒谬之处再次显现。这里有一个例子。善意占有他人财产的第三人因法院作出有利于他人的而不利于他的判决而失去占有。虽然人们不会在任何意义上认为存在针对他的法律要求，但其行为在客观上仍与法律要求冲突。通常，这种观点与上面论及的关于执行强制的法律预设如影随形，对此只能进行如下解释。我们必须将不利判决视为国家针对个体所实施的强制，因此，仅当这种判决所实施的强制构成未履行指向他方既有权利之义务的等价赔偿时，它才是正当的。然而，在法律领域中，人们会把义务与国家所命令的行为等同。

同样的道理也适用于解释赔偿义务。通常，这种解释以命令理论为基础。法律会对伤害他人的行为有所反应，这种反应源自对法律要求的事前违反或不法行为。因此，法律必然至少会要求加害方存在过失。然而，这与法律的实际内容是相冲突的（例如，存在对无责任主体致损的赔偿责任，或是铁路公司在无过错情形下的类似责任），因此，人们不得不求助于荒唐的客观"违法性"观念。

由这种理论——财产法中的执行强制预设了对法律要求的违法，而在不利判决或损害赔偿责任中也同样存在类似预设——导致的荒唐结果还会导致以下观点。这意味着财产法中的法律规则并非命令，而"主要体现为授权"或权利宣告，国家会基于特定事实宣布保护某种利益免受他人侵犯。根据这种观点，某人是否违反法律要求就与国家是否对其财产采取法律程序无关。唯一的关键是：是否有另一个人以他人利益为代价获得优势，或是否有另一个人被视为致损原因。

这是对那种通常伴以命令理论的财产法中的法律强制观极为合理的回应,然而,事实表明,这种回应本身就以一种奇怪的方式浸染了它所批判观点的基本缺陷。情况通常是这样的。假定那种免于他人侵犯的主观权利(即利益)是基于某些特定事实而确立的,于是,权利人就"应当拥有法律赋予他的权利,也就是说,他有权获得现行法希望分配给他的利益"。① 于是,执行强制就只是在实际情况未能符合某人权利——即法律所要求的情形——时国家所作出的反应。② 现假定,此处意指的是国家希望当某些事实条件成就时某人应当实际享有某种"益处",于是,基于这种希望,当他人使得此人未能享有益处或是他人因此从中渔利时,国家则会对此有所反应。这自是无须多言,可这并非我们想表达的。作为国家反应的根据,某人引入的是一种法律上的"应当",而非关于法律意志的欲望。如果法律大体上是意志的体现,那么这种"应当"会反过来体现法律要求。主观权利本身并不仅仅意味某人在与他人的关系中享有某种获得保障的益处,它主要是指那个人应当实际享有这种益处。正是在这种意义上,某人才拥有权利,执行强制才预设对这种权利的违反,而利益得以保障则只是这一事实之结果。然而,显见,如果法律认为某人通常应当享有这种益处或是必须享有这种益处,那从法律的角度看,任何对可能享有这种益处所施加的限制都应当被消除。这一要求,是由最初要求所衍生出来的一个必然的法律要求。但很显然,对于向那种可能性所施加的

---

① 舍格伦,《违法性的形式》(*The Forms of Illegality*),1894年,第106页(瑞典语)。

② 同上引书,第107页。

限制——即事实与权利之间的冲突——还可能在与他人毫无关系的情境之中产生。如果我的马自己被栅栏的柱子刺伤而亡，那么我的主观权利会受损，错误的事情同样发生了。① 于是，关于损害赔偿的法律要求就会自动发生效力。然而，这种要求根本不可能仅仅因为实现它有自然障碍就不予维持，这与财产法可谓大相径庭。因此，这一整套理论就土崩瓦解了。② 其中，最根本的错误在于，某人引入某种不与任何人类行为相关而只与完全独立于人类行为的某种东西相关的法律"应当"观念。如果要把法律视为意志，那么法律"应当"就必然是一种要求。于是，认为这种要求指向的不是人类意志而是某种抽象事态就显得极为荒谬。

至此，我们对这一理论的基础应无疑异。我们要记住，这种理论不仅会用于解释财产法领域中那种有限意义上的执行强制，还可解释在该领域中缺乏事前违法行为时作出相反判决的这种可能性，甚至还能解释缺乏过失却承担损害赔偿责任的可能。在解释过程中，某人可以从这一原则出发，即除非事前违法已然形成，否则财产法中的法律强制或法律反应一般不会发生。然而，这会使得我们只能把违法视为违反法律要求。现假定，某人承认在财产法中认为指向法律反应针对者的要求必须被违反是一种错误，于是，他就必须求助于一种指向不特定人的抽象要求。一般而言，这种人应当在相关法律事实条件成就时享有某种益处。当这种要求未被满足时，他方会获得优势，或是这种人本身就是导致要求无法

---

① 宾丁把行船被暴风摧毁极为严肃地描述为一种"错误"（参见《规范及其僭越》，第 2 版，1890 年，第 301 页）。

② 参见作者的著作《国家与法律》，1904 年，第 95 页。

被满足的原因。虽然他当然不可能以这种方式违反那些指向他的要求,但法律却被违反了。同时,因违法获益的人或构成违法原因的人就必然因此成为了修复事实与权利和谐关系的手段。然而,这一预设——即存在违法行为(从意志理论的角度看,即存在对法律要求的违反)——要在财产法中必然成为法律反应的存在前提,还取决于如下两点。(1)为了使得财产法中的法律反应是正当的,那种基于日常正义观所作出的关于权利及其对应义务的要求必须被违反。(2)对本来意义上的法律义务与某一行为被法律要求的这一事实存在混淆。由于实在法的内容在性质上颇难处理,因此,这种义务或要求(视情况而定)在不诉诸任何义务人或要求对象的情况下,[①]就会被实在化(hypostasize)为某种附着于权利内容之上的属性。

然而,基于以下理由,宣告理论有时会不知不觉与命令理论融合。它会浸染命令理论的两个主要特征,即它会对常识正义观的要求有所依赖,它会对本来意义上的法律义务与法律要求的行为属性有所混淆。它基本上会主张财产法领域中的法律规则是一种表明强制会在特定情况下发生的宣告。同时,它还会认为这种强制的发生前提是存在对个人义务的事前违反。然而,根据意志理论,法律义务必然由法律意志决定。可"法律义务"在此并不仅仅

[①] 纳格勒大体上与舍格伦和宾丁一样,也把客观违法状态视为财产法中执行强制的基础。这种理论的渊源从如下评论中显而易见。"此外,强制他人赔偿的基础是存在违法情形。无论索赔的效果是否完全与原告的努力一致,或是要求保障索赔的上诉是否已经作出,'不履行'这一违法状态都必然会导致违反法律基本义务的情形发生"(《违法性学说的现状》,1911年,第71页)。

第三章 法律的概念问题

意味未履行特定行为就必然形成等价的强制履行,因为义务在此被认为是强制的条件。因此,人们一定会认为,由法律意志所创设的法律义务是一种基本要求,它会要求未履行行为应当获得履行。而强制要发生,这种要求则必须被违反。如果那样的话,那些宣布存在强制措施的法律规则就以作为命令的法律规则为基础,于是命令理论就彰显出自身的基础性。然而,鉴于实在法的内容,人们会认为强制必须以违反针对某人的要求为前提,所以这会使他们察觉到这种理论的困难。导致这一现象的原因必定是我们前面论及的两个要素:(1)在对某人财产或其他利益施加强制的这点上,该理论对常识正义观的要求有所依赖;(2)该理论对通常意义上的义务与法律要求行为之属性有所混淆。

霍兰德认为(《法理学》,第80页),法律权利仅仅意味国家权威机构宣布保护某些愿望,与之对应的"义务"则是国家宣布的强制,在一定范围内,这种强制的实施将有利于保护那些愿望(第81页)。尽管如此,霍兰德将所有权利都分为"先行"权利和"救济"权利,前者先于所有"不法行为或不作为"存在,后者则是这种行为或不作为的后果。与之对应,则应区分"先行"义务和"救济"义务。在第157页中,作者认为,"先行权利"的存在无须指涉任何不法行为或不作为的发生。在第310页,作者认为,"救济权利"的发生则总会取决于"先行权利"已受侵害。在第307页,作者认为,当侵权行为发生时,对受害方而言,会产生一种新权利;而对加害方而言,则会产生一种新义务(参见第164页)。对此,我们可以援引这一罗马法谚:证讼之前债务人应当先行给付,判罚之后再予以执行判决数额(Ante litis contestationem debitorem dare oportere, post condemnationem judicatum facere)。作者甚至认为,上面提及的权利义务区分是最主要的区分(第159页)。例言之,所有权人在侵害发生前就对其他不特定第三人拥有维持其财产完整的权利,而其他人在未获得所有权人同意的情况下,则负有不得侵占或损害其财产的义务。然而,如果侵权行为发生或义务遭到违反,那么所有权人就获得了一种针对侵权人的新权利,换言之,所有权人可以要求返还原物或是损害赔偿,而侵权人则要承担与之相关的新义务。然而,我们要注意一种特殊情形,即国家没有宣布保护任何"先行权利"或强制执行任何"先行义务"的情形。很明显,通常,如果当"先行权利"被侵犯或"先行义务"未履行时,国家宣布的仅仅是保护新的"救济权利"或是强制执行新的"救济义务",那么"先行权利"就永远不会受到保护,"先行义务"也永远不会被强制执行。然而,根据霍兰德的观点,这对权利义务而言却极为关键。于是,当把权利义务刻画为先行权利义务时,"权利"以及与之对应的"义务"究竟意指什么?由于霍兰德非常坚定地认为,在法律领域中,国家意志是决定因素,且意志只能通过要求才能将其自身表达出来,因此,为了他人利益而命令做某事或不得做某种的这种观念必定深入其心。至此,我们就到达了之前正文所阐述的那种情况。

古斯对初级权利和次级权利的区分方式与霍兰德的"先行权利"和"救济权利"理论很相似。初级权利这种"善物"

（goods）可以"限制"对应方的"行为自由"。在一般意义上，这种限制不必然是义务，它还可能是纯粹客观的限制。例如在私法中，便是如此。次级权利是一种权力运用，它体现为对他方"善物的干涉"。当初级权利受侵犯时，则产生次级权利（《一般法理学演讲录》，卷1，第151页及以下诸页。丹麦语）。对此，某人可能会不禁问自己：国家要想通过强制"干涉善物"而对侵权作出反应，其对"行为自由"的客观"限制"究竟包括什么？显然，它不仅仅只包括附着于某种特定事态之上的强制"干涉善物"。此外，由于古斯认为国家机构的意志是法律的决定因素，因此，在实践中，唯一能够赋予这种理论以意义的方式是认为国家会要求建立某种客观关系。

当把凯尔森的意志宣告理论作为执行强制的基础时，我们明显得到的就是之前正文所指的那种情形，即在诉诸常识正义观的同时还伴有对真正"应当"和法律要求行为之属性的混淆。具体表述如下："某人以某种方式行为，国家对此施加惩罚或限制，其裁判的正当性根据是法律体系，而这会使得人们认为此人负有反向而为的法律义务。"（《公法理论的主要问题》，1911年，第207页）。这种强制源自何处呢？毫无疑问，对凯尔森而言，该问题是"应当"在指涉法律义务时其本意为何的问题（参见作者论文"实在法是意志表达吗？"本书上文，第53页）。因此，要解释强制源自何处必需依赖这种思想，即除非惩罚和限制具有法律依据，否则它们不可能是正当的。然而，另一方面，凯尔森又未清晰区分"应当"观念与国家意志观念（本书上文，第52页及以下诸页）。由于违反"应当"是惩罚或强制的前提,因此,国家意志要与某种"应当"发生有效关联的方式就只能是要求某人必须实施某种实践行为。

五、常识正义感要求,惩罚只有在义务被违反时才是正当的。宾丁的刑法规范理论未能对实在法给予充分考量,这与该理论依赖于常识正义感的要求并犯下了同样的混淆有关

最后,我们还要考察人们通常如何看待惩罚的法律性质,这对我们理解之前讨论的混淆会有启发。在此,我们会特别关注宾丁的理论,他的理论在德国颇具影响力。[①] 根据他的理论,国家的惩罚权以违反法律规范为前提。法律规范可能隐含在刑法条文中,或是出现在刑法条文所指涉的其他法律中。此处,"法律规范"等同于国家命令。例如,在刑法关于故意杀人和过失杀人的规定中,就包含了"不许杀人"(除了法律允许的情形)这样的国家命令。而法律惩罚之发生则以该规范被违反为前提。[②] 因此,国家的惩罚权就在于它有权要求他人遵守其发布的命令。[③]

这种主张的根据是什么?很明显,其根据并非"事物的本质",而在于惩罚要想正当则必须预设罪行这一事实。因为,从常识正义观的角度看,只要共同利益损害者对其行为性质有所意识或是

[①] 在瑞典法理学界,哈格斯托梅尔是该观点的主要支持者[《瑞典刑法讲义总论部分》,第97页,(瑞典语)]。
[②] 《规范及其僭越》,第2版,1890年,第42页及以下诸页。
[③] 同上引书,第96—97页。

如果他对该问题充分注意则即可意识到行为性质，那就没有任何理由不对这种行为施加惩罚。或许，应当补充的是，惩罚要正当，必须有某种关于罪行的道德意识存在，或是由于某种当罚的疏忽导致了这种意识不存在。①

然而，这种主张同样不可能建立在刑法的性质之上。首先，显而易见，如果外国人因其域外所为而受惩罚，那么其"罪行"不可能源于他违反了惩罚他的那个国家的命令。因为当他实施那一行为时，那些命令对他是无效的。但是，在现在讨论的理论中，某一行为之所以被定义为当罚的，是因为它具有这一属性，即它侵犯了施加惩罚的那个国家所具有的要求人们遵守其命令的权利。

其次，对命令的实际违反预设了知晓命令。如果被命令者没有意识到命令，那就不能认为命令已经传达给他了或是已经对他形成了恰当指引。诚然，即使主体在实施行为时心中根本没有"你应当"或"你不准"这类东西，行为本身也可能违反了某一命令，但是，仅当行为是某人在实际接受且理解命令后因不尊重命令所致，或是行为表达出这种不尊重，这种说法才讲得通。如果他按其理解服从了他所接受的命令，那他就并未对行为后果或命令内容给予他本应给予的关注。只有当下行为是由事前实际违反命令所致，或是体现出实际违反，这种行为才能被视为违反命令。因此，要确定违反命令和罪行的程度，不仅必须诉诸某人的实际认知状态不符合命令要求，还要诉诸他在实施最初不服从行为时对此的

---

① 参见梅耶，《法律规范与文化规范》(*Rechtsnormen und Kulturnormen*)，1903年，第78页以及以下诸页。科尔劳斯(Kohlrausch)，《刑法中的错误与犯罪》(*Irrtum und Schuldbegriff*)，1903年，第33页及以下诸页。

理解程度。如果系争法律规范仅隐含于刑法规定之中,那这意味着:(1)为了使得罪行真正成立,人们就必须实际知晓惩罚的现实条件;(2)在其他条件不变的情况下,必须根据罪犯对最初不服从行为的理解程度判断其罪行的程度。① 但是,罪犯对刑法的了解程度通常与其刑事法律责任无关。②

然而,宾丁断言,某人只有知晓"有许多行为在法律上与我们的生活利益不兼容"这一实际经验,他才可能了解系争法律规范。因此,我们总会预设任何自负其责之人了解规范。③ 然而,这一思路是不切实际的。鉴于下述事实,此点显而易见。那些看上去"在法律上与我们的生活利益"不兼容的行为,以及那些没有被刑法之外的法律规范明确禁止的行为,它们也并不总是会被刑法所隐含的法律规范所禁止。对此,我们可以想想明知毒性酒精可作有害用途却允许其销售的例子。因此,某人可能知道某种行为在法律上不符合生活利益,但由于缺乏对刑法的全面理解,他会坚信这一

---

① 参见科尔劳斯,《刑法中的错误与犯罪》,第 46、58 页。
② 科尔劳斯认为(同上引书,第 41 页),此观点乃通说。马卡列维奇(《刑法哲学导论》,1906 年,第 403 页及以下诸页)描述了一种相反观点,他认为,这种观点由较低文化层级所有。伯罗茨海默同样持有这种观点[《法哲学体系》(System der Rechtsphilosophie),卷 5,1907 年,第 94 页]。
贝林格大体接受宾丁的规范理论,受此驱使,他主张,在法律上意识到某一行为的违法性是构成故意之必要。然而,对此,他又不同意那些法律适用中的公认规则,这使得他陷入了某种非同寻常的自相矛盾之中。因为,在第 183 页,他充分意识到"某些法律规定或命令是会与人的行为冲突的"。这当然不是那种需要适用于所有系争主体的法律意识,且该意识也不必包含主体自知行为违法的这一意识。还可参见施塔克,《对法律之分析》,1916 年,第 143 页。
③ 《公法理论的主要问题》,第 44 页及以下诸页。类似推理还可见哈格斯托梅尔,同上引书,第 152 页。

行为并未违反国家命令。此外,"法律上的生活利益"这一概念极为含糊,这使得所有人都可以决定某一行为是否以及在多大程度上违反这种利益。当瑞典对家庭消费蒸馏酒精设定刑罚时,大家对这种行为违反法律上的生活利益都毫无疑问吗?当要确定某种行为在多大程度上与刑法隐含的法律规范冲突时,只有将法律本身视为决定基础才是稳妥的。①

根据宾丁所提出的事实,②某些刑事制定法会指涉刑法之外的独立法律规定,但由此却无法推出刑事责任要成为真正的法律命令需以这些规定为前提。此处的系争规定不仅仅是国家权威机构就其将要支持或本想支持的命令之宣告。当然,刑法的某些条款会与财产法规则有关联。但宾丁认为,这些条款仅仅是对这些规则的宣告。因此,刑法规定也就只是对在特定情况下违反命令将会遭致刑罚的宣告。通常,除非无知是由疏忽大意所致,否则知晓命令与既有法律事实是构成犯罪的必要条件,这无须取决于任何其他事实,而仅仅是因为在无知的情况下行为看上去是不应受到处罚的③(下面是个例子:某人在对法律新引入的禁令或既存法律事实毫不知情的情况下以通常会被允许的方式取得了他人财产的所有权)。

---

① 参见凯尔森,同上引书,第 281 页。正如正文所提及的方式那样,哈格斯托梅尔认为,只要刑法告知某人,他的行为在道德上是错误的,那么是非意识之存在就足以使得他的所有行为根据刑法都是当罚的。这种做法并不令人满意。因为,我们真正需要的是某人知道他的行为已经实际违反法律命令。某人可能非常确信某一行为违背了道德律,但却错误地以为该行为并不与实在法冲突。

② 《公法理论的主要问题》,第 70 页及以下诸页。

③ 梅耶,《法律规范与文化规范》,第 85 页,注 12。

然而,如果某人假定我们必须以这种方式看待问题,那么对这种观点的解释就是不言而喻的。惩罚要想正当,必须有违法行为发生,这不仅仅在于违法行为在涉及财产法中的强制时违反了一种客观"应当",还在于常识正义观认为它违反了某种真正的个人义务。但在法律领域中,由于国家意志是唯一的决定因素,故个人义务在此之中则只能意指国家权威机构对某种行为发号施令。而常识正义观所理解的个人义务则与被国家权威机构所命令行为之属性发生了混同。于是,从法律的观点看,惩罚就预设对法律规范的实际违反。但是,我们从何处发现这些规范呢?它们要么隐含在刑法中,要么隐含在刑法所指涉的规定中。由于实际违反命令预设了不遵守命令的意志,因此,惩罚当有罪责的必要性立刻清晰起来。如下事实确证了这一解释的正确性,即宾丁在谈及基础命令时,他认为国家在创设了个人义务的同时亦拥有令人遵守其命令的权利。① 系争混淆在此可谓公然地自我呈现出来。

本书上文,第217页注(边码)。宾丁是刑法规范理论的主要支持者,而系争混淆作为宾丁理论之基础体现得最为明显。他说道:"在过失杀人是违法的情况下,某人不应杀人,或是反过来,'不应当杀人'这一规范告诉我们,过失杀人是违法的。"(《规范及其僭越》,第117页)在第115页则有:所宣告的"规范"和"命令"是近义词。在第117页和第128页则有:"违法的"与"违反规范"据称是一样的。于是,从法律的观点看,

---

① 梅耶,《法律规范与文化规范》,第235页。

第三章 法律的概念问题

这使得了某人不应杀人就意味着杀人是违反法律命令的,杀人是法律所禁止的,反之亦然。显见,当某位老师作出"某人不应杀人"这一断言时,该命题本身并非命令。老师在说出这一命题时,他并未发布命令,他只是使用了"应当"这个词去描述抑制杀人这一倾向所具有的客观属性。在此,作者明显混淆了被命令行为的属性与"应当"的本来意义。而当刑法规范理论以作者所主张的方式被提出时,这种混淆如何构成该理论之基础就显得尤为突出。在第116页,作者说道:"他是一位极为古怪的立法者,他不告诉人们应当如何行事,而仅满足于在不表明原因的情况下告诉人们不按法律行事的后果(即惩罚)。"厄尔特曼在《法律秩序与惯例》,1914年,第27页中说道:"如果决斗者没有违反任何规范,对他惩罚如何可能是合理的?"此处,在涉及惩罚影响时,我们必须引证的"原因"是什么?是某人不应当以某种方式行为。例如,冯菲尼克认为,刑法实际上不仅仅是威胁。在惩罚到来之前,必定已有某种"应当"受到侵犯。为什么?其中的原因只可能是:如果立法者在设定刑罚时不提及那种被侵犯的"应当",那么这会对常识正义观造成损害。倘若立法者真的不提及那种"应当",那他就是"古怪的家伙"。但是,难道立法者在这种情况下不可以诉诸道德义务吗?不行,"这将把法律降格为仙履奇缘"。为了成为一个伟大且真实存在的权力,立法者必须自决(第115—116页)。然而,在法律领域中,这些法律义务与被要求行为的属性是等同的。

就当下的语境而言,宾丁—贝林格的法律规范理论与梅耶尔的文化规范理论之间的差异是极为重要的。后者以"惩罚在本质上预设违反义务"这一公理为起点(同上引书,第15页)。在梅耶看来,法律(除了行政法)并没有包含针对私个体的任何命令,其仅仅针对的是国家机构本身,由此可以推出,并不能认为系争义务是与法律命令一同给予的。然而,他认为,是文化规范而非法律命令才是义务的基础。他所谓的文化规范是"命令与禁令之总合,它或是应宗教、道德、惯习之要求,或是源于他人交往或自身感召之要求而对个人造成影响"(第17页)。因此,两者的共同点是,惩罚预设对义务的实际违反且某些命令构成系争义务。两者的区别仅在于对命令本质持有不同理解。

六、混淆还构成如下理论的基础,即根据常识正义观对法律规则进行解释和补充体现出立法者真实意志

当以实证主义为基础试图确立真实立法者为了作出正确法律决定所具有的意图时,只有上面提及的混淆才能说明克服其中解释困难的特有方法,也只有借助这种混淆,我们才能解释在处理法律漏洞方面的类似尝试。当对历史上的立法者所为陈述之意义进行一并调查时,我们发现,(作者眼中的)理性立法者——即始终保持一致且着眼于规则可适用之典型情形的立法者——必定会对他所作出的某一给定表达之意义有所断言。然而,如果在既存法律体系中必然存在法律漏洞,那么就必须运用类比,或是诉诸"事物本质"、公平原则去填补。可是,要填补漏洞又要以由命令体系或

意志宣告体系组成的实在法为基础。于是，实在法既是有漏洞的，又是没有补漏洞的。① 只有当某人对上述混淆了然于胸，这一矛盾观点才是可理解的。实在法既是(1)实际立法者的命令或意志宣告，又是(2)某一社会中具有客观有效性的权利义务体系，即在那一社会中与某人权利相关且决定他人行为正确性的行为体系。因此，实际立法者必须是上文描述意义上的理性立法者。当历史解释方法无用或会导致矛盾时，人们则会运用客观方法。他们仍然会遵守实际立法者的命令或意志宣告的意义。此外，实际立法者本身也可能犯错，因此，他会在制定规定时留下漏洞。然而，行为规范体系是没有漏洞的。由于实际立法者是通过制定规定确立行为规范体系的，且该体系是没有漏洞的，因此某人在填补漏洞时，就只能对立法者的法律理念加以类比适用，如果这还不管用，那就要(诉诸"事物本质"或公平)直接确定可适用于特定案件之规范的意义以解决什么是客观正确性。然而，由此得到的结果却被视为法律权威机构依其意志所实际命令或宣告的东西。

对此，科勒对法律解释的"终极最高任务"的考量可谓极为典型(科勒，《论制定法解释》，载格鲁恩福茨所编的《当今公法与私法杂志》，第13卷，第8页及以下诸页)。他将这一任务描述为对从法律中抽象所得的"基本法律规则"之确立。通过这些规则，特定案件中的法律适用难题和困惑将迎刃而解。因为，这些规则是有效的解释性原则，它们明显具有法律有效

① 贝格勒姆是典型代表(见本书上文第74页及以下诸页)。

性。在单纯的解释和运用类比形成新法之间加以区分(该区分在第 48 页及以下诸页作出)是毫无根据的。作者认为,运用类比同样建立在这些法律规则之上。但是,人们可能会自问:他们应当如何看待系争原则。应当注意,作者认为,这些解释性原则并不同于那些可从法律一般适用情形中推出自身内容的法律规则,这些规则也无法作为决定法律的基础(第 8 页,注 11)。同样,此问题也与立法者心中实际所想的原则无关(第 7 页及以下诸页)。此外,该问题也不是所谓的法律意图问题(第 15 页,注 42)。后者可用于低阶解释(lower interpretation),其功能在于辅助高阶解释以为后者确定法律的实际内容(第 19 页及以下诸页)。现在我们清楚了,科勒认为,法律内容对解释者而言只是一种初始材料,而特定法律规则只是对高级法律原则的实践运用。这就是法律本质,它是一种由本能形成的精神性有机体(第 2 页及以下诸页,第 51 页)。然而,如果这些原则作为真正的原则而非纯粹的抽象,并非法律规则实际存在的原因,那么唯一剩下的解释就是这些原则是理念有效性以及法律特定内容具有约束力的根据所在。因此,对于高阶解释而言,真正的问题是:法律规则所依赖的那种被视为理所当然的理念有效性是什么?我们可将某些问题作为例子,通过对它们进行更为细致地研究以支持这一观点。在此,我们将举一个例子。在论及土地用益物权的法律规则时,会产生这样一个问题:"某人要通过何种行为获得土地用益物权?是凭借不动产法还是凭借所有权人的权利移转声明呢?"(第 13 页)显然,此处所需要的是给某位特定

第三章 法律的概念问题

的用益物权人的既有权利配置土地,而不是法律权威声称他能够使得不特定第三人享有某种利益的这一事实。科勒对司法调查与艺术作品美学效果根据分析进行了比较(第3页),[243]此外,他还对司法调查与自然统一性原则之研究进行了比较(第15页),而这些比较则可进一步支持我们的观点。只有通过这种方式,我们才能理解作者如何可将系争原则视为真正的法律规则。如果法律原则要成为解释特定法律规则理念有效性的根据,那么它们本身就必然具有理念有效性。对科勒而言,只有这样,法律才会变成事关权利及其相关义务的客观有效的命题体系,而这一体系,则建立在某些至高无上的法律规则之上。然而,由于法律在其理论中是某种极为神秘的"法律意志"的内容,因此,对科勒的高阶解释理论而言,正文提到的那种混淆就是根本性的。同时,对于那种混淆了类比科学有效性的理论而言,它也至关重要。

我们还必须对以下事实给予同样的解释,即立法者应当在所有个案中都坚持其曾经宣布的意图,即便这一假定忽视了实际意志的相对性,但看上去它是极为自然且必要的。① 基于规范行为体系,某人从中可在逻辑上必然推出某种行为在某种情况下是与他人权利相关的义务。由于实际立法者的意志作为该体系决定因素可将其与该体系等同视之,因此,如果立法者期望人们通常会做

---

① 本书上文第105页及以下诸页。

出某种行为,那么他就必定会在所有个案中贯彻那一意图。①

七、基于同一混淆,施塔姆勒被迫将法理学等同于它的对象

系争混淆可谓在法律思想的内在肌理中根深蒂固。譬如说,当法哲学家施塔姆勒试图在哲学上将国家意志规定的客体与个人遵守规定的义务等同视之时,这种混淆体现得极为明显。至于目的科学为何可能,我们可阐述如下。有一种存在者,它不仅指向知觉(其通过知觉间的相互协调在统一意识中以特定方式被给予),而且指涉意志。通过安排"某种基础性单一物种的目的内容",这种存在者得以构成。这种科学要为"表明意志"建立科学根据,它是一种"关于意志给定内容之存在的学说",它是对"人类目的和奋

---

① 参见舒佩,《主观权利的概念》,1887年,第151页。"主观权利是一种关于客观法的意志行为。因此,在理论上,客观法一般都会期望:'无论谁拥有何种特征,无论谁与他人具有何种关系,无论谁做了什么事或受到何种伤害,无论谁将获得何种利弊,也无论谁负有何种义务或是造成何种伤害等。'无论何时何地,只要这些条件在现实中成就,关于法律的客观意志都将成为真实的意志,从那一刻起,因条件成就而永久形成的对应的主观权利就为人所有……"此处谈及的所谓人类的真实意志是一种客观法。这是为了保证系争主体能在令主观权利发生且初始设定的条件得以满足的任何情况下都获得某些益处。因此,在国家中会存在这样一种实体,它在任何情况下都能准确知道自身为主观权利的发生所设定的条件在多大程度上获得了满足,并且同样准确地根据这些条件行事。如果人们不了解舒佩关于"客观法律意志"自身就是客观有效(如见上引书,第7页)且具有规范性的这一观点,那么这一纯粹的虚构性假设就会显得莫名其妙。当然,虽然基于一般性规则,客观上包含"应当是"的规范在所有特定情形下都是有效的,但它同样体现了"客观法律意志"。因此,那种意志在所有特定情况下都会根据其一般决议发挥作用。而作为这种意志的预设前提,它则完全了解发生在那一意志有效区域内的所有具有法律意义的东西。

第三章 法律的概念问题

斗的系统性处理"。① 法理学就属于这种关注某种"组织性意志"的目的科学。之所以是"组织性"的,是因为这种意志使得某人的意志成为了他人实现目的的手段。其特殊性在于它具有"神圣性"和"至上性"。② 法理学作为一种目的科学,其对象是目的手段关系,而这种关系则是某种意志在其调整从属意志的过程中建立起来的。人们认为这些关系是真实的,这自然意味着法理学是一种由法律意志决定并对其从属意志有效的"应当"的科学。请注意,至上性意味着"个体意志"在接受或拒绝"组织性"意志的调整时"不再是自由的"。换言之,前一种意志要接受后一种意志"的指引,它不能自行离开已经给它分配好的位置"。③ 然而,另一方面,法理学又关注某种实际意愿,这种意愿旨在令某人的意志成为他人实现目的的手段。因此,法理学既是一门关于实际意志的科学,又是一门关于主体服从那种意志的义务科学。

这种科学的哲学基础在于一种主观性的知识唯智论。这种理论认为,感知之所以是客观的,是因为它能以特定方式在某种意识统一体中与其他感知相互协调。类似的,意志之所以客观,即它关注的是目的与手段间的客观关系,是因为它能以特定方式在某个意志系统中相互协调。在法理学中,"神圣且至上的"意志则决定了这种方式。请注意,那种对法律思维具有基础性的权利主体范

---

① 《法理学理论》,1911 年,第 61 页。参见第 336 页及以下诸页。
② 同上引书,第 101 页及以下诸页,第 105 页及以下诸页。
③ 同上引书,第 97 页。施塔姆勒的信徒格拉夫·祖·多纳将康德意义上的义务描述为法律的核心概念(《违法性》,1905 年,第 14 页)。

畴是一种"对法律所规定的一系列目的具有最终决定性地位"的概念,[①]其可与适用于知觉领域中的因果关系范畴比肩。[②] 无论是在知觉领域还是意志领域(视情况而定),在上述两种情况中适用这些概念的目的都是为了达致客观性。于是,法理学必须通过更为审慎和全面地分析法律意志所涉及的这种"知觉—意志综合体",[③]科学地决定目的与手段间的关系,从而令其具有真实性。换言之,法理学本身就是它所成立的法律意志,只不过这种意志被提升到更高的自我意识层面并令其涉及的诸种因素得到了更为清晰的区分。然而,当法理学被赋予那种意志的某种特定内容时,如果人们能够基于给定目的充分关注并区分这种内容与其他内容,那这就只意味这种内容是抽象于其他内容而存在的。对于那种自我意识不充分且不足以区分其目的的意志而言,当然会有与意识不充分或混淆相关的某种特定内容存在。与法理学一样,法律意志所具有的自觉度或清晰度同样拥有法理学上的客体。也就是说,在绝对意义上,它是自身的客体。

正如我们现在所表明的那样,按照施塔姆勒的构想,法理学与其对象之间的关系还能在诸多特殊点上得以体现。"法律主权"与"法律臣服"这一范畴就可按如下方式定义。前者是"关于法律意志的某种思路,根据这种思路,法律意志本身就包含了它所决定的对象"。后者"作为某种连接性意志的手段协调着与意志相关的法

---

① 《法理学理论》,第 199 页。
② 同上引书,第 200 页。
③ 同上引书,第 186、359 页。

律内容"。① 这些概念"必然是决定性的思维形式,它能把某种努力确立为法律意志"。② 也就是说,它们是设定条件的思维形式,通过运用这些形式,某种意志才成为法律意志。③ 因此,法律思维本身关注的是这样一种观念,即某些"组织化"的意志内容是某种"有机"意志的手段。而另一方面,这种观念则具有法律意志意识的特征,它是法律思维的对象。

"于是,必须要以某种法学逻辑去补足"一般逻辑,"而这将是对法律意志的认识论澄清"。④ 因此,法学是"法律意志意识",而这一意识本身也是法律。在法律思维逻辑中,法律规则学说与一般逻辑的判断学说对应。⑤ 因此,法律规则本身就是一种法学判断。法理学判断则不是关于法律规则出现的判断,而是法律规则。⑥

无论是谁,只要他将实在法视为事关义务与行为价值的真实判断体系的同时,还认为关于实在法的科学本身也关注这些义务与价值,那么他就混淆了科学及其对象。如果我认为某一给定判断为真,那么我就不只是把那一判断当作我的对象,我还对判断所

---

① 《法理学理论》,第 209 页。
② 同前处。
③ 同上引书,第 211 页。
④ 同上引书,第 265 页。
⑤ 同上引书,第 266 页。
⑥ 对此,关于法律规则的一个典型例子是如下引自《十二表法》的如下命题(第311页):"如果父亲三次将儿子卖作奴隶,那么儿子可脱离父亲获得自由。"(*Si pater filium ter venum dabit filius a patre liber esto*!)因此,罗马法科学本身就包含了"如果父亲三次将儿子卖作奴隶,那么儿子可脱离父亲获得自由"这一判断,并以自身名义对此作出断言。当然,除非那种科学本身就是罗马法,否则这毫无意义。

直接指涉的实体进行了思考,并且在看实体是否是以判断所断言的那种方式构成。但是,如果某人认为对判断真实性的断言仅仅是对其客体实在的断言,那么此人就混淆了关于判断的知识与判断本身。基于这种知识,我应当作出一个与判断自身客体等同的判断,而这是荒谬的。在法理学中,容易产生这种混淆之缘由,已在前面谈及意志理论时论及。法律意志被视为关于义务的系统判断。由于存在对系争意志的服从感,因此某人会认为这种判断是真的,而真正的义务则只要有法律意志存在就可确立。这样一来,就好像真实发生的那样,关于法律意志的知识就会被视作关于义务的知识。法律意志是对义务的系统判断,因此,关于这些判断的科学本身就是一门关于义务的科学,这就混淆了这门科学及其对象。

对此,有趣的是,我们应当注意宾德曾写过一部巨著(《法律概念与法律观念》,1915年),为了澄清事实,他对施塔姆勒的基础概念进行了批判性讨论。然而,与施塔姆勒一样,由于他未能看清法理学的对象是什么,因此他同样把法理学与其对象等同视之。在第 117 页,他认为法律观点不同于自然观点。他认为,前者预设伦理自由,而后者则预设因果关系之决定性。在他看来,之所以作出如此主张,是因为人类的伦理自由对法律而言是必要的(见第 60 页,参见第 106 页。在第 117 页论及刑法中,这一观点体现得尤为突出)。然而,这等于说法律观点的内容必然是法律本身的内容,这无异于将科学与其对象等同视之。在第 117 页,他说道:法律与自然科学不同，其本身具有目的论特征，然而，法律又依因果律展开，故它如同自然科学一样也是一种科学。

在科尔劳斯，《刑法中的错误与犯罪》，1903年，第30页中，我们读道："如果我们把整个科学体系一分为二，一是描述性的发生解释科学，二是批判性或规范性科学，那么我们就必须将法律（请注意！）划入后者。"当然，人们可能会认为，此处将实在法视作科学的做法仅仅是一个小失误，然而，作者在同一页下的随后阐述则将关于其真实意义的怀疑全部消除。因为他说道：法教义学大体上不是描述性的发生解释科学，其目的是为了"确定法律命题的适用范围与内容"（"Feststellung des Inhalts und der Tragweite der *beurteilenden* Sätze"，即在法律中），因此，它是一门规范科学。对于这一推理，它所唯一可能的根据必定是将法理学与其所研究的法律规则混为一谈。然而，这样一来，法理学就变成了它的对象，法律本身就变成了规范科学。随后，我们马上读到的内容将会进步一确证我们的观点。"刑法能够最为清晰地体现出规范科学的特征。从教义学的观点看，刑法是基于某种立场而对正确行为或错误行为所进行的编纂。"

然而，施塔姆勒的理论不只取决于日常法律思维的性质。施塔姆勒不仅是一位法学家，还是一位康德主义式的哲学家。康德主义伦理学是理性主义唯意志论的典型代表，虽然同样的混淆体现为不同形式，但它同样对后者至关重要。某人会从某种纯粹的理性意志出发，去决定实践领域中的正误。黑格尔认为，这种意志在国家权力中具有客观实在性。一旦我们这样看待这种意志,那它就不仅仅由纯粹理性决定,它还等同于纯粹理性。纯粹的自主思维因具有自主性而是一种绝对知识,且由于这种知识事关实践中的客观正确性,因此这种思维是一种没有外部对象但却对自身具有自主意愿的意志。于是,某一行为是正确的就等于该行为与某一特定意志的内容一致。然而,这种意志在涉及其所意愿的行为时,其意志力只指向自身,因此它是一种绝对意志(这就好像某一行为要成为某一意志的内容,该行为就要成为属于该行为本身所具有的属性一样!①)。至此,显而易见,所有关于行为正当性的知识都等同于关于那一行为的绝对意志,于是,它也就等同于自身所指向的客体。此外,前面已展示的心理学事实——即命令接受者的意识状态与其相关义务感之间的模糊界限——也可解释这一理论。正是这种状况,促进了被命令行为与其正当属性之间的混淆,根据前述,后一种属性是具有规范性或在客观上"应当实现的"行为体系在给定情境下所规定的东西。理性主义理论版本需要人们意识到关于行为客观正确性的断言不是基于行为是自然秩序事物而所作出的,因此,基于这种假定,它必然建立在超感知的知识之上。这样一来,这种法律思维方式就被证明与理性主义唯意志论具有亲缘关系,而两者则共同构成施塔姆勒理论的源动力。

---

① 根据这种方式,我们可以解释基尔鲁夫(《一般民法理论》,卷1,1839年,第3页)所作出的具有强烈黑格尔主义色彩的如下怪异命题。"通过实现它"(即刚在前面定义为"普遍客观意志"的法律),"可以展示出所有不同个体判断之真假"。因此,意志可以体现出自身的真实性。还可参见司法裁判如何同时在具体且客观的真实中成为普遍意志的类似陈述(第42、269页)。

第九节　在不融入异质因素的情况下一以贯之地贯彻意志理论会剥夺它具有的真正的科学意义，即阐明在现实生活中发挥作用的不合乎逻辑的思想

然而，在我们展示上述混淆频发之时，我们只批判了意志理论的通常形态而非意志理论本身。因此，我们仍需展示即便该理论在此点上能保持一致，其科学价值也不会得到提升。在"实在法是意志表达吗？"一文中，我试图展示，人们不可能指出任何可以使得法律规则成为意志命令或宣告的意志。如此看待这一问题的根源是什么？对于这一问题，并不存在疑问。对受制于法律的人而言，一方面，法律看上去包括命令；另一方面，它则包含由某个持续有效的超凡意志所发布的决定声明。如果在社群正义感对既有法律不满，或它在社会不同阶级之间体现不一的情况下，实在法仍然得到一以贯之的执行，或者说是"当局"仍具有维持实在法运行的必需能力，那么这种观点将显得更为自然。立法机构看起来同样受到法律规则约束。就此而论，其实际权力依赖于某种归属于"国家"的所谓法律意志，而这种"国家"则被拟人化地构想为针对所有社群成员的统一主权权力。在这一拟制之下，其实际潜藏的是一股让群体成员通力合作以维持法律体系的力量。[①] 正如这一观念

[①] 见本书第三章第四节。

需以如下事实为前提，即尽管法律规定与个人正义感相左，其仍应被实际执行，法律得以实际执行作为上述那股力量的一个因素，也反过来促进了法律规定的权威。此处，存在某种不可违背的意志，它发布命令、宣告决定，向个人施压，并因此对法律维护做出贡献。这种观念在守法者处颇为盛行，并与立法机构所构想和体现自身立场的方式有关系。立法机构要么将自身构想并体现为践行自身立法权的机构——我怎么想就怎么下命令（Sic vola, sic jubeo）——要么将自身构想并体现为通过"国家意志"宣告内容而成为的"国家意志"机构。于是，意志理论看待法律的角度就与前面谈及的受到法律约束的社群以虚构方式看待当下法律所隐含的角度一样。因此，意志理论本身是不科学的，然而，它却使得那些在法律中实际有效的观念得以显露。

然而，应当注意，除了前面谈及的那种观念，还有一种观念在受到法律约束的社群中也颇为盛行。这两种观念各有占据优势之时，但在两者之间，却不存在某条固定不变的界线。首先要注意的是，立法机构制定法律规则之方式，意味着存在某种与刚才谈及的观念颇为不同的法律观念。我们已经表明，社群权利思想与个人权利观念必然意味着有某种大众权利义务观在起作用。正如立法机构决定社会公权和个人私权时那样，它对法律之体现也总会针对其中一者加以考量。也就是说，在大众正义观所理解的意义上，法律规则体现为关于权利义务的正确宣告。[①] 现假定，上面提及

[①] 由此还可得出立法者的任务是实现正义。"无论权利在事实上是否成为正义之法，它都是应当成为正义之法的那种东西"（拉德布鲁赫，《法哲学纲要》，1904年，第39页）。参见施塔姆勒关于法律是实现真正权利之尝试的言论。

的意志理论同样发挥作用。这些宣告的正确性就会体现为是否存在某种至高无上的法律意志,例如,我以国家之名发号施令。这就好像某种意志它可以使得话语成真。然而,除非法律服从者对此表示接受,否则以这种方式从立法机构的角度去呈现这一情况毫无意义。事实的确如此。或许,假定公民通常都会"认可"法律是关于正义的正确表达有所夸张,但在某些方面,的确存在这种倾向。假定某人的正义感大体与实在法相左,但当涉及其利益时,只要法律保护它们,他仍会确信当法律保护其利益时,他真正的权利获得了认可。同时,另一方面,当他的权利被侵犯时,他的正义感也会被唤起。此外,应当注意,即便大众的正义感基于其他理由会对实在法有所不满,但某些情形会使得人们倾向于认为实在法大体上是对既有权利义务的正确表达。对大众正义观而言,它似乎隐含在这样一种权利之中,即在权利受到侵犯时人们有权要求某个特定权威履行职责,强制执行与受害方被侵犯权利同等的赔偿。然而,只有存在一个可维持的法律体系,才会存在这样的权威,人们也才可以对其赋予那样的职责。在诉诸既有法律秩序的情况下,纯粹基于个人正义感要求所形成的权利注定不会是真正的权利,因为当它们受到侵害时根本不存在某个权威有义务保障它们。在一个社会中,执行权的真正力量来源于法律体系的力量,因此,执行权必定要依法而行。虽然实在法所规定的权利可能在内容上是不正确的,但它们在形式上并没有我们刚才提及的缺陷。此外,看上去显而易见的是,当大众正义观与真正权利所涉要求发生冲突时,如有必要,真实法律关系之解决是以强制为基础的,其解决应以平等适用的客观规则为根据,这完全凌驾于个体的主观意见之上。或许,实在法所提出的规则作为事关权利的客观决定无法满足个人的客观性要求。然而,在某一方面,这些规则总能发挥作用,即获得法律体系授权的某些人——特别是法官——可以通过适用这些规则以实现平等适用规则的要求。另一方面,即便在大众眼中某些可替代规则在内容上是正确的,它们也无法满足某些人在作出权威法律决定时平等适用它们的要求。实在法通过保证权利有效性实现了这些益处,即便这些权利可能与个人正义感相左,但它们的确是个人倾向将其视为真正权利的真实基础。对此,必须补充的是,之前所讨论的那种自然倾向——即以体系化的切实有效的命令形式表达其所指涉之行为的客观属性——即便命令纯属虚构,它也会发生。正因如此,被指涉的行为才会被视为"义务"。在实际的社群生活中,法律是权利义务权威性声明的想法才会基于法律规则而存在,同时,这种想法与法律是意志表达的想法都会未加清晰区分地盛行其中。因此,命令理论的科学价值仅在于让人们发现,法律会对受制于法律的社群生活具有实际影响,只不过,它在描述这种观念时不科学地使用了虚构术语。同样清楚的是,除非这种理论还对那种观念在实际生活中的(如果是不合乎逻辑的)真实补充部分进行考量,否则由此观之,它仍是狭隘的。既然,无论从立法者还是法律服从者的角度看,这种理论都认为法律在由其组织的社区中发挥着作用,那么很明显,它就只能以牺牲逻辑性为代价实现此点。因为,那种观点在内里就不一致。如果意志理论能够摒弃所有这类思想,即权利及其对应义务来自国家权威机构发布的命令和意志宣告,那么它将减少其狭隘性而重获一致性。因为,该理论的科学价值归根到底在于它让人们看见那种观点在由法律组织的社群中是如何实际发挥作用的。这意味着，在某种意义上，我们前面讨论的那种混淆对意志理论的科学价值至关重要。它在意志理论中屡见不鲜是因为该理论的确在很大程度上依赖于它。

为了进一步阐明问题，在此，我们可以参照实在法对那种结合自然权利学说的意志理论多说几句。此处的自然权利学说取最广义，这种理论认为，人所拥有的某些权利无关于实在法。毫无疑问，此处的实在法是指由国家权威机构所作出的命令或意志宣告体系。然而，人们认为，遵守这一体系的义务是由独立于实在法的某种道义关系决定的。例如，人们可能会认为，根据自然法则，某人遵守义务的关键因素是为了遵守他与社会其他成员或国家掌权者所订立的契约。或者，人们可能会基于国家是法人或由是人组成的有机统一体，认为是因为国家想要促进实现某个目的，从而使它选出了某些人作为最高掌权者。这种目的可能会被定义为某种形式理性上的权利［博斯特罗姆（Boström）］，或者更为实质地被定义为那种需要凭借"根据外部手段加以规划运作的集权式"行动才可实现的"个人、国家，乃至全人类的利益"（耶利内克）。无论如何，为了实现共同体的特定目的，每位成员都对之负有遵守其命令或意志宣告的义务。鉴于这种义务，所有有效权利都源于那种具有特定目的的法人或有机体，而非建立在实在法之上。

即便实在法确立的"法律关系"可能恰好与理性道义关系一致，但如果我们能一致地看待它们，那两者也绝不可能等同。因为就实在法而言，所有义务都可化约为事关他人且独立于实在法而存在的义务。在现代语境下,相较于以个人相互权利为基础的自然权利理论,法人理论和有机体理论获得了更多关注。假定我们在讨论国家权力时仅关注后两者,那样的话,所有实在法义务都会化约为指向具有特定目的之法人或有机体的义务。于是,确立其权利的就不是实在法,而它却证成了法律强制。这样一来,虽然个人仍有服从国家向他所作出的命令或意志宣告的义务,但可以肯定的是,在国家意志与其所确立的客观有效的权利义务之间,一般不会再有混淆。因为,个人的服从义务并不由国家意志确立。然而,基于前述理由,某人会倾向于认为,国家自身就有能力通过命令或意志宣告而在国家与个人、个人与个人之间确立真正的道义关系,而这与自然权利理论的基本观点相左。正是如此,耶利内克才在他的一般国家理论的社会学部分,通过诉诸上文所构想的国家目的证成法律强制。① 由此看似可以推出:所有实在法义务仅仅指涉国家本身,而国家则基于自身目的而拥有行使其权力的自然权利。然而,在处理国家法律理论的这一部分,他却无视于此,认为国家要想拥有合法权力,只能通过实在法进行自我限制。② 于是,人们会认为是实在法决定了国家权力。另一方面,他还认为国家通过自我限制为其成员确立了真正的公权力。③ 于是,他就正式分离了两种分别在社会学法庭(a forum sociologicum)和法学法庭(forum juridicum)前都是有效的真理。在前者中,所有实

---

① 《法与国家的一般理论》,第 3 版,1914 年,第 230、236、264 页。
② 《主观公权力体系》,1892 年,第 184 页及以下诸页。参见《法与国家的一般理论》,第 386 页。
③ 《主观公权力体系》,同上引。《法与国家的一般理论》,第 416 页及以下诸页。

在法义务都与自然法则有关;在后者中,同样的义务只与实在法有关。在前者中,只有那种被认为拥有自身目的的团体才因这些义务拥有权力;在后者中,受到法律限制的国家权威以及国家成员则都是权力主体。

第四章　凯尔森的法律与国家理论

（对凯尔森《法与国家的一般理论》之述评，1925年）

第一节　凯尔森的实在法通论

凯尔森的一般法律原则学说——尤其是国家法律理论——流行于上世纪末并持续至今。除非某人对这些理论学说了然于胸，否则他不可能理解凯尔森对基础法律问题之论述的科学价值。有时，人们会根据奥斯丁式的权力理论（正如贝格勃姆、狄骥、博恩哈奇等人那样）将具有实证品格的实在法视为社会最高权力者——例如国王、议会，或两者兼有之——的命令。法实证主义理论有意与自然法理论形成对立，其主张法律是国家命令，而国家则在其领土内拥有至高命令权。"国家"可被视为某种拥有自身意志的有机体，或仅仅是个体意志统一体。当选择后者时，则由一些国家结构构成这种统一体的意志（耶利内克）。无论何种情形，实在法都被认为是在假定意义上实际存在的最高主权意志之体现。命令理论与此紧密相关，根据这种理论，法律规定是主权权力对公民发布的命令。

第四章 凯尔森的法律与国家理论

然而，这些表面上看似实证主义的理论却与自然法有很强的联系。首先，主权权力看上去也会通过法律规定为自身设置义务（耶利内克）。因此，义务不可能源于主权权力对某种作为或不作为所下的命令，恰恰相反，它具有某种颇为不同品格。此时，必须认为义务的产生取决于主权权力的承诺，依据自然法的"有约必守"（Pacta servanda sunt）原则，这种承诺具有约束力。此外，有人认为，主权权力通过命令创设了要求他人服从自身的权利，并由此演绎出惩罚权（宾丁）。这些与义务主体对应的权利明显使得法律义务完全不同于命令。因此，此时的情况就被转移到伦理自然法层面。主体不仅觉得自己承担着命令带来的实际压力，还会觉得自己有服从命令的特定义务。此外，当人们认为某些有效义务指向的是对应权利人而非国家时，自然法的痕迹也会出现。如果法律义务只关涉主权权力的命令，那么义务就只能适用于后者。虽然权利及其对应义务之内容被认为是由主权权力和实证主义理论所决定的，但显而易见，自然法理论看待它们的观点决定了看待问题的上述方式。

当涉及所谓法律解释和填补法律漏洞的习惯学说时，自然法体现得最为清晰。虽然法官为了履行职责必须运用法律类比、公平原则、法律精神等补充法律的字面意义，但人们认为法官在这一过程中只能适用那些他不得不实施的实在法。这预设了虽然立法者可能对那种时常出现的法律字面意义之补充毫无意识，但在裁判作出之前，它们却属于实在法的管控范围。然而，倘若如此，又要借助何种主权权力才能颁布"实在法"呢？贝格勃姆这位极端的

258

259 实证主义者写道：①对法官而言，"为了将潜在的法律命题揭露出来，无论法官事先会与法律表述的不确定性、不完全性、不一致性做多大的斗争，在裁判之时"，真正的法律"总是全方位预定的，其滴水不漏、一致自恰"。显见，这无异于宣称，对法官而言，法律有时会与主权权力的意志内容大相径庭。如果这种观点结合如下假定同时考量，即私法包括某种形式自然法理论意义上的权利义务，那么显而易见，这种理论就悄悄地预设了一个以自然法规范为内容的体系。否则，在法律的清晰表述不确定时，何者能使得法律变得"完全滴水不漏、一致自恰呢"？

正是在这种关于实在法的错误且混乱的观念下，凯尔森试图以实证主义为基础，通过撇清一切自然法痕迹，从而引入真理和秩序。在他的第一部著作《公法理论的主要问题》（第 1 版，1911 年）中，其批判意图最为明显。对于那种主张法律规定表达了最高权威意志的理论，他对此有异议并认为，主权者的实际意志对政府行为有可能根本没有任何法律意义。同时，由于议会成员在投票时可能根本没有读过法律议案，②因此其真实意图也可能没有任何法律意义。此外，法律有效性具有持续性，这与法律总是建立在某个人或某些人的偶然意志之上相矛盾。③ 针对国家有机体理论，他也有异议并认为，实际存在的社会心理关系不可能与法律意义
260 上的国家形成一致。耶利内克主张，国家是由一些意志构成的统一体，其通过国家机构实现自身统治。对此，凯尔森评论道：这种

---

① 《法理学与法哲学》（Jurisprud. und Rechtsphil.），第 384 页，第一段。
② 《公法理论的主要问题》，第 176、487 页，第 552 页及以下诸页。
③ 同上书，第 460 页及以下诸页，第 472 页。

统一体纯属虚构,即便它存在,也只能借助拟制才可被视为某种真实意志。① 针对命令理论,他则强硬地主张,命令本身预设接受者会以某种方式受到命令影响。如果法律义务由命令构成,那么它们就总要以主体服从命令时的某种偶然的社会心理状态为前提。然而,这种义务观与法律义务观大相径庭,因为主体通常不熟悉法律规定,也并不总是一定会受到法律影响。要确定法律义务是否存在与这些主观条件无关。② 就法律义务和道德义务的形式结构而言,将两者等同是不合理的。③ 针对道德自然法理论主张法律义务之存在与决定强制手段之法律规定无关的这一观点,凯尔森提出了以下异议:要想区分实在法义务与道德义务,只能借助前者与强制有关这一事实,因此,法律义务必定由法律规定构成。基于此,他也反对宾丁的规范理论。针对将权利视为某种实质保护对象的诸多尝试,他主张,权利不能被称之为利益或意志,即便某人对此浑然不知,他依然可能拥有权利。④ 如果我们遵循耶利内克的做法将权利描述为意愿自由,那么自然法的基础则会以如下方式显现出来,即人们会把那种不受规范约束且与法律无关的行为领域——所谓"自由"——描述成权利。⑤

凯尔森敏锐批判了这些常见法律理论违背事实、错误混淆法

———————

① 《公法理论的主要问题》,第166—188页,第698页。《法与国家的一般理论》,第三节第一段,第7页及以下诸页。
② 同上书,第340页。
③ 同上书,第318页。
④ 同上书,第571页及以下诸页。
⑤ 同上书,第591页及以下诸页,还可参见《法与国家的一般理论》,第55页及以下诸页。

律权利与道德权利。对法哲学家和法学家而言,这都值得高度重视。这些流行理论并非是在实践上无关痛痒的无害的原则学说,恰恰相反,它们在对法律以及司法裁判的解释上扮演着重要角色。在此,只需提及违法性(Rechtswidrigkeit)概念的日常司法适用足矣。

针对凯尔森的批判,菲利克斯·索姆洛(Felix Somlo)在其著名的《法律基础学说》(*Juristische Grundlagen*)一书中,有意识地对奥斯丁式的权力理论进行了辩护和发展。如果某人将凯尔森的《公法理论的主要问题》与其比较,那么他可能获得的最深刻的印象就是索姆洛的努力毫无成功的希望。作者认为,指出实际的命令主体毫无困难,特别是在议会制国家中,更是如此。因此,不单法律命令,所有命令都毫无例外地是某种有效的经验性"应当"(a valid empirical ought),其与命令是否到达接受者那里毫不相关!很明显,命令的语言表达形式通常是"你必须!",这就产生了一种关于在命令中已被经验给予的"应当"的奇怪理论。的确,如此推理,我们可能会得出这一结论,即驯兽师通过命令可为动物创设某种有效的经验性"应当"。这可谓荒唐至极!

同样值得注意的是,凯尔森在《法与国家的一般理论》中就对其法实证主义理论作过首次系统阐述。其理论基础与当下流行学说共享这一假定,即与自然秩序与道德不同,"实在法"是一个封闭体系。因此,法律科学也与关注社会实际结构的科学以及道德科学不同而具有独特品格。当某人对道德观点和法律观点的不合理混同以及对事实的误解有所不满从而基于这一假定去追求自身目的时,最关键的是看他在凯尔森这样优秀领袖的帮助下走得有多

第四章 凯尔森的法律与国家理论

远。应当注意,我们在此关注的科学预设已触及我们最为重要的兴趣。毫无疑问,法律本身是一种文化条件。正如智者普罗塔哥拉曾经洞察到的那样,没有法律,人类则无法成为万物之王。虽然凯尔森在《法与国家的一般理论》中就已首次系统地阐述自身理论,但若为了理解之便,则应从其更为早期的著作《公法理论的主要问题》着手。因为,导致其理论产生的某些问题在这本著作中得到了毫无掩饰地体现。因此,我也将考察这本著作。

按照《公法理论的主要问题》中的观点,所谓"国家意志"除了与实际维护某个区域的法律秩序有关之外,它再也不涉及其他物理实体。于是,据称,法律秩序的实际运作是所有法律构造的前提。① 然而,这丝毫不意味那种属于绝对法或有效法的"应当"可被化约为"是"。据称,一个"应当"只能从另外一个"应当"中推出,因为它是一个与实存具有本质差别的范畴。② 换言之,法理学会假定那些在形式上以正确方式形成的法律才具有约束力以至于"应当"无法被推出。然而,除非法律大体获得实施,③否则法理学也不会作出这一假定。因此,按照《公法理论的主要问题》中的观点,虽然法律规则是对某种判断的表达,且这种判断与自成一格的(*sui generis*)独立"应当"有关,但法学家们却把法律视为国家意志的内容。然而,法律上的国家意志并不是那种属于自然存在领域的意志。④ "应当"与"是"是完全独立的。实际上,那种意志只

---

① 《公法理论的主要问题》,第55、56页。
② 同上书,第6页及以下诸页。
③ 同上书,第40、42、44页。
④ 同上书,第178页及以下诸页,第181页。

表达了某种统一体,其要么关乎在此讨论的"应当",要么则事关法律秩序本身。① 通过法律规定,那种关于法律"应当"的判断规定了某种事态属于由系争"应当"所组成的统一体。显然,凯尔森认为,法律规定仅包含规则,而规则决定了某些行为是否能被视为国家——即法律统一体——行为。虽然国家会为此指派真实主体充当国家机构,实施国家行为,②但事实仍是如此。由此可推出:由法律规定所提供的"应当"仅能通过国家自身(法律统一体)实现,它是一种针对国家而非个人的"应当"。而作为法律"应当"承载者的国家意志,也就只指向国家行为。③ "国家意志并非某种真正的心理行为,而只是法律拟制,鉴于它的这种特殊性质,国家意愿只能通过自身行为表达,而无法借助其他主体行为实现,无论这种主体是公民还是国家机构。"④

凯尔森还从另一思路得出了这些结论。由于法律本质上是一种强制体制,法律"应当"首先指的就是因违法所引起的惩罚或行政行为。然而,某个对人们具有效力的法律"应当",只能由规定了惩罚或行政行为的法律规定构成。⑤ 国家机构对体现在法律规定中的国家意志的落实义务,本身不取决于上述规定,而依赖于人们违反上述规定时为此设定惩罚措施的特殊规定。⑥ 显然,那种被

---

① 《公法理论的主要问题》,第699页。"所谓国家意志仅仅是对那种被人描述成组织的法律秩序统一体的表达。"
② 同上书,第183页及以下诸页,第189、461、464页及以下诸页,第484、605页。
③ 同上书,第218、301、387页。
④ 同上书,第435、446页。
⑤ 同上书,第207、212、277、280、296页。
⑥ 同上书,第527页。

认为以惩罚或行政行为为主要内容的法律"应当"并不对一般人有效,其只适用于国家。

然而,如果在法律上国家意志仅仅是指由系争"应当"所构成的统一体,那么显而易见,这种"应当"因其指涉的是国家意志本身而无法被侵犯。① 倘若如此,由法律规定所给予的"应当"就无法由相关国家机构实现,这意味着关于这种特定"应当"的法律统一体就无法实现自身内容,而国家意志则无法转化为行为。然而,由于除了包含在法律规定中的"应当"所设定的国家行为之外,再无其他东西可归属于国家意志,因此在那种假定情形下,就不存在对"应当"的实际违反。这似乎意味着,"应当"自身在这种情况下缺乏应有的力量。如果国家意志不做它应当做的事,那这似乎意味着"应当"在我们讨论的情形中不再有效。然而,这一推论有一些严格限制。凯尔森得出这一结论的前提是:仅当根据其他法律规定国家机构对国家意志的忽略可被视为法律行为,即判决发生实质错误且再无上诉可能。② 如果他在毫无限制的情况下得出这一结论,那么这将与他所作的这一假定——法律"应当"大体上是独立存在的,法律因不适用"应当"而失效在法律上是一个不可接受的概念③——相冲突。

这种不一致问题并非偶发,其生发自系统根源。一方面,在法律规定设定的条件下,某些事情应当获得遵守,在这个意义上,法

---

① 《公法理论的主要问题》,第249页。"国家违法在任何情境下都是一个自相矛盾的概念。"
② 同上书,第246—247页。
③ 同上书,第50页及以下诸页。

律规定自身必然具有绝对有效性。缺乏这种内在的绝对有效性，人们就不可能判断当适用法律规定时发生的是何种法律行为。然而，另一方面，为了使得包含在法律规定中的"应当"有效，法律规定则必须得到适用。因为人们必然会认为真正的法律行为是由法律统一体颁布的，显然，当法律规定无法得到实施时，法律统一体自身将空转。也就是说，"应当"自身缺乏其所必须的力量。虽然凯尔森并未得出这一结论，但他的学生桑德尔（Sander）却得出了这一结论。一方面，这颠覆了凯尔森的观点；另一方面，那种在凯尔森看来关于既存法律体系——即对法律体系的实际维护——的不合逻辑的预设将不再不符合逻辑，而是法律体系的一个内部要素。

桑德尔强调法律规定与法律质料——即由法律规定所包含事态的真实情况——之间的联系。① 鉴于法律的动态性，这一学说以"法律在主权合法性中自我创生"②这一荒唐命题作为其顶点。然而，桑德尔强硬地主张，由于法律质料具有必然性，因此法律应当指涉"是"而非"应当"，而凯尔森则弄错了此点。如果在所有情况下法律规定都会使得某种事态具有法律意义，那么它本身就必须具有有效性。也就是说，法律规定作为一种判断可以决定具有法律意义的事态何时存在。假定宪法使得那些存在于立法行为中的事态具有法律意义，且这种事态使得其他事态——如法律交易——具有法律约束力等意义，那么无论宪法上的法律规定其实

---

① 参见《国家与法》，卷 2，第 1108、1118 页及以下诸页，第 1135、1155 页。
② 同上书，第 1148 页。事实上，正如后文所示，凯尔森在《法与国家的一般理论》中的观点与桑德尔的极为接近。

际性在多大程度上依赖于其他方面的相关事态,要想使得其他事态具有法律意义,它自身都必须具有有效性。然而,根据假定,这种内在有效性是理念式的。凯尔森认为,这些较早事态和较晚事态之间的法律关系是一种因果关系,①的确,桑德尔断然否定了此点。但是,自然必然性在时序上本就是因果性的。如果我们假定存在于时序之中的是另外一种必然性,那问题是,究竟什么规则在凌驾于自然之上的同时还能对自然有效。人们为什么不把这类规则描述为"应当",以强调其与自然存在的本质区别呢?当人们认为可归属于这些规则的是某种非自然存在的"应当"时,人们同样会对这些规则所具有的特性——即尽管它们具有超自然属性但仍然必需在自然中实现——十分惊讶。

然而,凯尔森从未将法律"应当"限于国家本身并认为它是无法被侵犯的。他说道:"如果某人以某种方式行事,那么国家将会对其采取惩罚或执行措施。这种以法律秩序为其正当性根据的判断使得我们不得不认为(我所做的强调)此人负有以某种方式行事的义务,而这种义务则与国家所意愿的情形相对立。"(第 207 页)这使得我们陷入到一种奇怪的境地。法律"应当"本来应指国家意愿的内容,因此它把某种特定行为标识为法律统一体自身的行为。然而,此处我们谈及的法律"应当"关注的并不是国家本身,因此它不可能意指与法律统一体自身相关的某种行为。毫无疑问,凯尔森在此受到了正义感的影响,而他对此却浑然不知。看上去,当法律义务没被违反时,采取惩罚和执行措施是不正当的。因此,这种

---

① 《国家与法》,第 1149 页。

法律义务必须被视为法律限制的前提。当然,这与法实证主义所秉持的原则相冲突,而在讨论这种法律义务时,也出现了一些极端怪异的评论。例如,根据凯尔森的一些其他陈述,我们知道,凯尔森认为,那些必须被视为法律义务的行为,由于法律对与之相对的行为规定了惩罚措施,故义务行为只能从规定中间接推出,即义务行为只能从规定所指向的目的中推出。① 然而,法律目的本处于法律之外,要想确定它,则只能借助社会学考量而非法律考量。② 类似的,他在第 273 页说道:"'违背'或'违反'规范仅仅意味着以与规范目的相反的方向行事。"于是,那种可被违反且适用于常人的法律"应当",就在关于法律观点和社会学观点的怪异混同中将自身呈现出来!

现假定某人问到凯尔森摒弃通常法律理论的错误主张会有何种结果。毫无疑问,某人会发现凯尔森并未正确陈述社会事实,但他还会发现,凯尔森却避过了由此导致的所有风险。因为,凯尔森禁止法理学与真实社会存在具有任何关系!事实上,对他而言,即便完全实现法律规定必须在自然世界中进行(至少在一致对待他观点的意义上),法律规定也只是一种关于超自然实体的判断。然而,这是一种极为荒唐的观点。人们根本不可能认为超自然的法律体系是存在的,哪怕它是与自然秩序并行的一种存在。因为,除非对象与某种体系性的互联整体勾连,否则人们不可能对其真实情况有任何了解。然而,超自然体系和自然体系这两种在性质上

---

① 《国家与法》,第 205 页。
② 同上书,第 57 页及以下诸页。

完全不同的体系根本无法在某个统一体系中相互协调。因此,当我思考其中一个体系的时候,另外一个体系对我而言就是不存在的。如果法学家完全脱离自然秩序,那恐怕他所阐述的法律规定将空洞无物。例如,他就无法把法律交易当成法律事实去谈论它,因为如果他不假定存在自然因果关系,那这种谈论就毫无意义。此外,他也无法合乎情理地谈论惩罚,因为这种在因果关系上无法形成任何结果的"惩罚"根本称不上惩罚。他注定只能陷入深深的绝望之中!

法律体系具有独立实在性所导致的后果在如下陈述中有所体现。"如果我采取那些直接关注物理实体的人的立场,那么基于那种立场所认识到的一切都必然属于自然。也就是说,人们必定要用某种适用于那一领域的某些特定法则——即因果律——去描述它。基于那种立场,除了那些根据物理法则是可描述的东西,没有其他东西能够得以呈现,因此,仅有自然才是存在的。同样的,从法律的角度看,只有法律是存在的。除非某种东西在法律上能够以体现法律体系特征的特定互联方式被描述出来,否则它就不能算被'呈现'出来。假定某人认为国家法律机构是主权者,即他将该机构视为完全自主的体系。那这是因为该体系不源自也不归因于其他任何事物而具有独立性。于是,随着该体系统一体的形成,某人在断言其独特性或它对其他体系的排斥性时,就要考虑它是属于自然还是另一种规范体系。"① 由于凯尔森在这本书中主张,主权者只能是国家法律机构或由国家组成的法律组织(其以国家

---

① 《法与国家的一般理论》,第 105 页。

法律机构作为其下属机构),故可推知法学家必须否认主权者是生物学意义上的人!至于前面谈及的其他规范体系,他认为,基于法律立场,也必须排除它们,于是,我们发现,凯尔森在书中几处都直接断言,法学家根据自身立场必然否认人们应当根据道德行事。①

因此,凯尔森会把那种有能力识别国家意志——即法律秩序——的立法行为(其属于自然存在领域,从法律的观点看它是不存在的)描述为一个巨大的谜团,这着实不令人惊讶。他说道:"发生在立法行为中的是关于法律与国家的一个巨大谜团,因此,只能在不完全图像中展示其本质着实情有可原。"②对此,人们难免会想起讨论关于神人(God-man)这一巨大谜团的中世纪思想家!

凯尔森关于违法行为——法律强制之前提——的归属学说对理解其观点尤具启发性。由于违法是法律规定之要素,故其具有法律意义且无法作为自然因素归属于人。恰恰相反,从法律的观点看,归属主体是高于所有自然意志、情感和认知的人的内在本质。我们可以援引凯尔森的实际表述:"显然,根据特定规范性观点构建出来的刑事责任主体或犯罪主体是一种法律主体或法律义务主体。在本质上,这种东西不可能是肉体上的,它也不属于外在世界。此外,它也不可能是与物质相关的心理过程载体,只有在解释性目的论的角度上,它才能在由'人'所构成的统一体中合并成型。只有人而非人格才能在心理学意义上具有'意愿'或'认知'。

---

① 例如,可参见《公法理论的主要问题》,第 530 页。《主权问题与国际法理论》(*Das Problem der Souveränität und die Theorie des Völkerrechts*),1920 年,第 108 页。《法与国家的一般理论》,第 105 页。

② 《公法理论的主要问题》,第 411 页。

如果是人格而非人才是'犯罪'主体,那么罪责就与所有意愿或认知无关。"①另外,"归责过程的特殊之处在于,作为或不作为都会依据人格这种理念统一体加以确定。而那些被赞扬或谴责、奖赏或惩罚,以及承担责任的东西并不是作为或不作为,而是人格",②即那种非物质统一体。此外,在同一页,他说道:"形象地说,归属试图在人的最内在部分找寻一个终点。它是一种理念式建构,它是人的最内在部分并构成归属过程之终点。在伦理学和法理学术语中,除了它也就没有其他东西可被描述为'意志'。然而,让人感到愤怒的是,那些在纯粹法学看来没有犯错的人也应遭受惩罚,而不只是这种超脱世俗的独立统一体才是有罪的。"总之,正如凯尔森在他处所言,在这样的情况下,某人应当承担义务看上去根本不是因为法律规定了命令强制。

在《法与国家的一般理论》这本书中,凯尔森进一步阐了这种神秘的法人。他认为,作为法律权利义务主体的人格,它只是"法律权利义务局部体系统一体"的拟人化。③ 因此,在法律上,人的人格就是那些与之相关规范所构成的局部体系。他还说道:"正是人格,才使得权利得以具体化,也只有人格才能履行义务并依法行事。"④此外,"作为限制行为条件之事态"(即恶行)"会归属于那些被视为法律规范局部体系统一体的自然人身上,而这些规范对个

---

① 《公法理论的主要问题》,第 142—143 页。
② 同上书,第 145 页。
③ 同上书,第 65 页。
④ 同上。

人在系争事态下的行为具有规范作用"。① 然而,倘若如此,很明显,只有刚才描述的规范统一体才是权利义务的承载者,而它自己就可能"做恶"。此处,"人"只有作为违法行为这种事态的一个项才有意义,在法律上,其完全指涉规范统一体。而当凯尔森把人视为法律权利义务主体时,一个显而易见的矛盾产生了。

至此我们不得不认为,根据义务的要求,那种必然指涉由施加义务规范所构成的局部体系的违法行为本身就是该体系的某种行为。在凯尔森的论述中,该结论可谓呼之欲出。例如,他问到恶行作为对法律的否定它如何可能属于他违反的那个体系?他认为,该问题的解决与神学中的神正论对应。他说道:"神学认为上帝并不直接期望坏事发生,而是间接地作为实施涤罪惩罚条件的最后一招。这种惩罚实现了正义,故它本身是善的。类似的,在更为深刻的法理学中,法律秩序只是把恶行当作国家对某种行为实施限制的条件而将其设定为某种事态。因此,恶行最终看上去成为了体现国家意志的法律规范(法律'应当')的内容(我所作的强调),成为了与其他被设定为行为限制条件情形无关的内容。"②我不知道神学是否会认为上帝所施加的正当惩罚是其体现善的主要形式,因此,我也不清楚是否恶就是上帝体现其善的主要手段。无论如何,凯尔森总是认为国家强制就是法律"应当"的基础性内容。因此,对他而言,法律上的恶行必定是法律规范实现自身的主要手段。这就很好理解他是如何将恶行描述为法律"应当"的内容。

① 《公法理论的主要问题》,第 66 页。
② 《法与国家的一般理论》,第 79 页。

在《法与国家的一般理论》中,就如下行为各自与法律行为概念的关系上,①我们还发现了一种极富启发性的比较。一方面,是符合义务日常意义的行为,即"避免遭受强制的行为";另一方面则是恶行。前一种行为之所以是法律行为,只是因为从定义法律义务的次级规范的角度看,这种行为与遭致强制的行为处于对立。②然而,从那种被描述为国家机构功能的初级规范的角度看,"恶行"才是真正意义上的法律行为,这使得罪犯在本质上充当了国家机构!

对此,我们可作如下重要评论。凯尔森试图根据影响之强弱,比例式地把法律义务从诸如国家权威机构的需要等虚构因素中解放出来,他还试图清除法律义务中的道德考量,从而以取代原始迷信和经院哲学的方式处理法律义务。诚然,他认为,将责任归属于凌驾于国家之上的神秘法人的违法行为仅仅是一种法律建构,因此,它是一种明显缺乏真实性的如鬼魂一样的迷信。然而,当法学家使用"人格""规范局部体系"等词时,他必然要把某些东西理解成违法行为的归责主体。而当他这么做时,他明显持有一种古老的万物有灵论思想:一个人的最内在部分——他的精神(aninmus)或灵魂(anima)——受到其罪行的玷污,因此这种精神就转化成上帝的愤怒。③对此,我们可将这种观点与凯尔森的如下观点比

---

① 《法与国家的一般理论》,第 264—265 页。
② 请注意,这种"规范"仅当它指涉法律体系之外的法律目的时才具有意义。参见本书上文第 29 页。
③ 参见黑格斯特罗姆,《一般罗马法观念下的罗马式的义务概念》,卷 1,1927 年,第 464 页及以下诸页。

较:"被赞扬或谴责、奖赏或惩罚,以及承担责任的东西并不是作为或不作为,而是人格。"当我们进一步阅读凯尔森是如何将恶行的可能性基础建立在法律上时,要是参考神正论,我们则不免会想到圣奥古斯丁以及其他神父。

此外,应当注意,这种观点与原始实证主义的强亲缘关系在凯尔森看待法律规范与立法行为的观点中原形毕露。无论是维持法律秩序的社会重要性,还是在正义意识中所给定的公理,甚至是任何实践理性基础,都不可能从法律秩序的约束力中推出。这正是凯尔森实证主义的典型特征:虽然某一行为可因另一行为而具有法律效力,但立法行为大体产生的是可直接适用的法。在《法与国家的一般理论》中,凯尔森谈到了基础规范,这种规范不是立法行为的产物,但它却赋予了实在法律规则以效力。这种规范唯一所具有的内容是:某一权威被认为是至高无上的,或者某种特定的立法行为具有直接效力。"基础规范没有绝对内容,这不仅在法律上是可接受的,甚至是必不可少的。诚然,它不具有任何先验意义上的内容,但它却能指向材料,其唯一功能是指定何者为法。它在某个地方会将某位独裁者指定为最高权威,而在他处则指定谁是人民。然而,自然法中的基本契约却预设了它具有绝对内容。"①实证主义则认为,人们无法探究这种可指定最高权威之规定的有效性基础。采纳这种观点的唯一结果是,"从事物本质中"根本无法推出法律的任何实际内容,而只能得出实在法是有效的。默克尔

---

① 《一般罗马法观念下的罗马式的义务概念》,第 104、249、251 页,强调部分为英译者所加。

(Merkl)，这位凯尔森的最忠实的信徒说道："实证法框架下（或之外）的所有'法律原则'都源于事物本质，或许，对于更为广泛的法典编纂而言，它是颇具价值的材料。然而，就其本身而言，它们并不是法律，而只是自然法则"[《基于法律概念的法律效力学说》(*Die Lehre von der Rechtskraft entwickelt aus dem Rechtsbegriff*)，1923年，第253页，第一段]。实在法具有基础且绝对的有效性，[273]这种有效性不受他种有效性影响，由此可得，所有规范就其本身而言都具有某种无限持续的有效性。如果要对后者进行有效限制，那么只能依赖于初始的实在法规定。① 在第259页，他写道，"必须以表达其他规范内容同样的逻辑语法方式去表达"一个被废除的命令。② 与此密切相关的是，凯尔森主张，当国家机构错误适用了他有权适用的上位规范时，仅当此权威决定已被"明确"宣告为是无法上诉的，③该决定才具有法律约束力。因此，不合宪法但又公之于众的法律，即便在法律上不存在检测它的其他法律，但就其自身而言它也不具有有效性。

有种理论认为，基于契约而形成的联邦国家可因一致合意(*dissensus mutuus*)而解散，对此，凯尔森的批判可谓极富启发。这种理论诉诸了某种在国际法意义上的关于契约有效性的"理性"原则。然而，凯尔森认为，在国际法中，"有约必守"原则宣称了条

---

① 参见默克尔，同上引书，第246—247页。
② 默克尔自己的强调。参见凯尔森，《法与国家的一般理论》，第149、300页。
③ 《公法理论的主要问题》，第246—247页。参见默克尔，同上引书，第293页。"必须强调，只有通过表达实在法律规范才可建立这种可能性"（即将国家的这种行为认为是被废除的法律不满足实在法有效性条件之总合）。

约的绝对效力。基于此,他认为,在国际法中,任何对条约存续期限进行的限制只能从条约本身的实际内容中推出。因此,如果条约本身并无这类内容甚至是默示条款,那么条约就永远有效。①

从法律"应当"及其内容出发,绝对排除(作为纯粹伦理政治公设的)自然法以及对目的的社会政治考量,其结果显而易见。通常的法律适用方法预设了实在法只能通过它们才能得以确定,在这个意义上,这种做法拒斥这些方法。因此,例如,在确定实在法时,我们就必须完全排除法律动机、法律类比、法之精神、公平与合理、法律实践、法学研究结论作为确定实在法的原则。基于法律赋予法官的权威,他可以在法律的框架内根据自身判断拥有按其意愿裁判特定案件的自由。虽然他的裁判的确具有法律效力,但是,他根据这些方法所适用的原则却根本没有表达出实在法的内容。

然而,这样一来,法理学的任务就缩限为根据纯粹的形式原则对法律进行体系化而无须考虑那些既存于共同体之内的社会生活要求或是"伦理—政治"公设。而法律则必须根据仅凭其本身就可客观确立的文义加以解释(基于此,这从法律政策的角度强调了必须对法律加以明确规定的可欲性)。然而,这使得凯尔森又回到了那种我们可在古罗马时代找到的原始实证主义立场以及与之相关的所谓的语法解释方法。人们会认为,立法行为以一种神秘且富有魔力的方式创建了那些表达在言辞之中的法律事实与法律后果之间的联系。②

---

① 《公法理论的主要问题》,第 222 页及以下诸页。
② 参见黑格斯特罗姆,同上引书,第 318、529 页及以下诸页,第 576 页及以下诸页,第 592 页及以下诸页。

当我们考虑凯尔森对规范与法律事实和法律后果所构成的复合体时，这一立场尤为凸显。他认为基础规范确立了"至高权威，而它又反过来通过命令行为直接或间接地授权以确立规范"。①这意味着某一高级规范在(1)作为法律事实的规范确立行为与(2)作为法律后果的规范内容的有效性之间建立了联系。然而，从这一高级规范获得效力的不仅仅有制定规范的过程，还有那种无须指涉规范制定行为有效性就表达在规范之中的法律事实与法律后果之间的联系。凯尔森认为，这种联系由规范本身设立，因此，这对"恶行"与规范设定的惩罚或执行行为之间的关系同样有效。凯尔森不厌其烦地坚持，所有法律权利义务皆源自规范。② 如果他的意思是存在某一至高权威决定了"如果存在 A，那么应当 B"，或是他意指的是根据法律世界中的某些规则由"如果存在 A，那么会发生 B"，那这并没有什么不同寻常。但他认为，在本质上，规范即命题，因此它就是事关法律事实与法律后果的真判断，这使得法律科学的研究对象变成了法律自身的判断。③ 由此可得，人们会认为某种特定的法律联系在真判断中是存在的，而这种判断则使其自身内容成为真实。一条规范是关于法律关系的真判断，它之所以创设那一关系，要么是因为它本身就关注规范的制定方式，要么是因为它表明了"恶行"与合理惩罚或执行行为之间的关系。

这种荒唐观点使得人们了解到，是法律关系的存在创设了它

---

① 《法与国家的一般理论》，第 251 页。
② 特别参见《公法理论的主要问题》，第 705、706 页。
③ 参见《法与国家的一般理论》，第 54 页。"作为法律科学的对象，法律……是判断体系而非命令体系。"

的存在，有可能，是康德的批判主观主义影响了它。① 然而，虽然根据康德的主观主义，他有时会将绝对律令描述为（综合）判断，但对他而言，绝对律令作为一种理性意志总具有自身独立的实在性。至于经验知识，康德从未否认过事物的经验实在性，即便从先验的角度看，他也会将其描述成表象（presentation）。然而，凯尔森实证主义的特点在于，无论从何种角度看，规范作为一种事关法律关系的真判断，它自身都构成了那一关系。在法律领域中，这种夸张的主观主义必须依赖于所谓的独特的法律性质。如果我们比较刚才的引证，我们会十分确定由此导致的后果。如果规范是人创造出来的，那么某些语法命题就必然会与某一权威相关。根据凯尔森的观点，在该权威的能力范围内，大体上，这些命题自身就能使得它所表达的东西具有有效性。在不诉诸任何理由的情况下，基础规范就能断言某一权威至高无上。这无异于说，那种可归属于至高权威的语法命题在无需任何理由的情况下就能为它所表达的东西建立起有效性。从主观的角度看，系争命题是关于法律关系的判断，因此，这种判断就直接给予自身内容以真实性，而这使得它本身也是真的。于是，我们陷入了一种奇怪境地：在法律领域中，关于实在的知识创造了实在本身。之所以会形成这种结果，是因为人们假定某些命题就其表达的东西而言具有某种创造性力量，也就是说，人们对言词的法律魔力有所信仰，或者按照凯尔森更喜欢的说法：这一切处于巨大的谜团之中！

令人好奇的是，虽然可令某一权威成为至高权威的基础规范

---

① 桑德尔公然声称自己是康德主义者，在凯尔森的这位信徒那里，我们发现了一种与此处观点有所不同的夸张形式。

不是实在法且也不是包含于某一特定命题内的判断,但作为规范,它却与其他规范类似,它是一种可令自身内容有效的判断。凯尔森认为,正如基础规范所构成的权威确立了附属于它的其他权威,它也"确立"了最高权威。① 然而,由于这种判断不是法学家所作的判断而是法律科学的对象,故它犹如空中楼阁。它不存在于任何人的灵魂深处,也无法借助某个可指涉权威的命题而存在。凯尔森真应将这种神秘的基础规范化约为拥有力量的言词,然而,除了永生不灭,基础规范在任何特定情形下都不具有那种属性!参考一下古希腊的逻各斯概念吧!

长期以来,对于那种建立在魔幻基础之上的玄妙的原始实证主义,至少存在一些柔化它的尝试。人们会借助纯粹的迷信假定、理性法则,或是设置某种客观的社会目的去解释法律有效性。为了给法律有效性提供理性基础,各种概念粉墨登场。例如,"上帝恩泽"的王国、有效性建立在意志自主原则之上的虚构的社会契约、体现人类理性目的的国家组织(黑格尔),诸如此类。在现代法理学理论中,有人认为,由于在由国家成员所构成的目的性意动统一体中,法律是固有的,因此它给成员施加了义务(耶利内克);由于公民认可法律,故其对公民具有约束力(比尔林);还有人认为,法律体现了特定材料中的正义理念,因此它是有效的(基尔克、拉德布鲁赫、卡拉布、施塔姆勒)。所有这些,都是旧时理性法的变相。此外,有人把法律解释为只体现至高国家意志的内容而试图规避命令理论所带来的整体性困难。一方面,这需要运用一些"粗

---

① 参见本书上文第272页。

暴"的拟制；另一方面，这导致在"是"与"应当"之间产生了全方位的混淆。在此，我们无法探究此种神秘的原始实证主义是否作为一个隐形假定存在于试图柔化这种理论或完全回避法律有效性问题的所有理论背景之中。但凯尔森的确以最敏锐的洞察力在当下流行的法理学理中发现了理性法要素、社会学要素，以及诸种虚构。他极为正确地断言，理性法与社会目的是主观的，它们根本无法成为客观有效法的基础或要素。因此，他必定会直接驱逐原始实证主义的"巨大谜团"。

然而，我们还可追问。至少对现代法思想而言，在自然法理论所理解的意义上，那种独立于所有立法行为的法律观念难道不会与义务性法律观具有不可分割的联系吗？在本评论的第二部分，我们将展示凯尔森在《法与国家的一般理论》中是如何将其理论适用于特定法律问题，从而最为敏锐地洞察到通常观点中的理性法要素。此外，我们还会展示他是如何排除这些问题的解决方案的。然而，虽然凯尔森具有敏锐的洞察力，但我们还要展示理性法在他的理论中同样扮演着最为重要且积极的作用。最重要的是，通过这一展示，我们发现，凯尔森在处理实在法问题时极力否定理性法，显然误读了实在法律规则的平义。

第二节　特定问题

一、主权

《公法理论的主要问题》是凯尔森的第一部著作，在这本书中，他只承认形式意义上的法律是法律规定。基于此,他认为国家机构与法律规定的相关功能仅仅在于适用法律。在《法与国家的一般理论》中,他认为国家机构适用法律时还包含造法,即法律适用机构在适用法律规定时所作之决定对其他机构具有法律效力。另一方面,他认为立法行为虽是造法行为,但它也是对高阶法律规定(即宪法)的适用。例如,参见如下观点:"在考量司法裁判与决定法律判决之高阶法两者的关系时,司法裁判是对法律的适用。当我们考量那些必须"根据"判决而施行的法律行为时,如执行行为,判决这种规范行为就是造法。同一条法律,相对于判决而言它是造法,反过来,相对于那些决定法律的高阶规范而言,它又是适法。"[①]在第 250 页,他甚至认为,从动态角度看,"法律的实在性特征是通过法律逐步具化的方式加以呈现的"。

　　对此,凯尔森参考了默克尔和费尔德罗斯(Verdross)的观点。此外,显而易见,虽然凯尔森与桑德尔存在某些观点差异,但此处他的观点与桑德尔的观点是类似的。前文已经勾勒了桑德尔的观点。[②] 桑德尔认为,法律体系是在经验中给予的具体程序序列。例如,宪法立法、一般立法(simple legislation)、法律程序、执行行为。在法律体系中,所有这些程序都导致了与之相连的层级形成。如此,通过上级程序给出的法律规定,下级程序作为上级法律程序的法律后果就会与其关联。这种规定是一种具有规则创造功能的判断。通过宪法立法,宪法意义上的法律规定得以形成,并且它们

---

① 《公法理论的主要问题》,第 234 页。
② 同上书,第 264 页及以下诸页。

发挥着一般立法规则的作用,而后者又继续形成某种法律规定。如此,一般立法以及从属它的那些法律规定,作为宪法立法之结果,在法律体系中就占有一席之地,诸如此类。此处,在法律规定与由其构成的实际法律程序之间具有某种完整的相关。除非后者实际存在,否则前者在法律上就毫无价值。① 有人已经注意到,如果源自某一特定程序的法律规定可使得另一程序具有法律意义,那么它本身必然是有效的,因此,关于上述两者相关的这一整个观念是自相矛盾的。此外,由于法律规定必定表达的是连续现象之间的非自然因果性之连接,因此,它必然具有超自然内容,而根本不可能与自然存在相关。凯尔森和桑德尔的差异并非本质性的:前者认为法律指明了"应当",而后者认为法律指明了"是"。至于上述那种自相矛盾的相关观念,凯尔森似乎认同桑德尔,因为在第251页中,他把法律的实证性归因于法律的等级具化(hierarchic concretisation)。

然而,桑德尔实际上反对凯尔森所主张的基础规范在逻辑—法律意义上具有必然性的那种学说,而这与上面谈及的两人间的那一表面差异紧密相关。凯尔森认为基础规范已表达了主要的法律创制行为之有效性。桑德尔则认为,由于基础规范不是实在法,因此它不可能落入经验领域,故其仅与实际给定的程序相关。② 但是,有人可能会反对,没有任何"经验"可以证明由实际程序——

---

① 除了前面引用的篇章外,还可见《革命事实与法律发展的连续性》(*Das Faktum der Revolution und die Kontinuität der Rechtsentwicklung*),第149页及以下诸页。

② 参见《国家与法》,卷2,第1138页及以下诸页。

如宪法上的立法行为——所给定的"法律规定"的有效性,因为凯尔森和桑德尔都认为,法律规定表达的是一种独立于自然秩序的事实关系。如果在独立于自然的意义上谈及法律体系是可能的,那么人们就必须总要预设这种观念命题的有效性。此外,如果我们假定在一系列法律程序中,先行程序会令后继程序具有法律有效性,那么我们必然要预设那种源自初始程序的法律规定的理念的有效性。如此,(在逻辑—法律意义上)凯尔森的基础规范就是预先给定的。

在《法律世界图景的统一》(Die Einheit des rechtlichen Weltbildes)中,费尔德罗斯和桑德尔一样,也试图避免这种后果的发生。即便人们认为国际法章程(the constitution of the law of nations)决定了有约必守原则以及习惯法的有效性,但它本身依然具有自然法基础。费尔德罗斯认为,"只有当国际法章程纳入法律等级结构之中时,它作为那些援引它的法律规定之根源才会成为应当遵循的规则,并且这会使得国际法章程具体化"。[①] 此时,国际法章程才体现出实在法性质。此处,我们关注的是"国家会有明确行为指涉国际法"的这一事实。[②] 费尔德罗斯忽视了此处存在的"范畴转化"(μετάβασις εἰς ἄλλο γένος)情形。为了使得实在法能在凯尔森和桑德尔理解的意义上不同于自然体系那样地作为法律体系存在,基础法律规定必须要赋予其所描述的行为以法律意义,以使得该行为具有令其他行为成为该行为之法律后果的特

---

① 第 117 页,参见第 126 页。
② 参见上引书,第 61 页。

性（例如，基础法律规定必须赋予国家缔结之条约某种法律意义以使其具有这一特性，即国家根据条约行为是条约产生的法律后果）。然而，倘若如此，基础法律规定必定要具有独立有效性。事实上，通常在实践中诉诸"国际法章程"只是一种社会事实，它根本无法证明章程的有效性。因此，这无法证明凯尔森和桑德尔意义上的法律体系存在，也无法证明任何一种法律"应当"的存在。在下述考量中，我们将很容易发现这种观点的荒谬之处。显然，费尔德罗斯所谓的国际法章程，既不是合同法，也不是习惯法。在国家实践中，它必然被视为纯粹的自然法。然而，有人却由于它在国家实践中会诉诸自然法而声称它从自然法的自身性质中获得了一种不同的有效性！

正如前文表明的那样，法学家所预设的基础规范无法建立在经验基础之上，而如果该假定是为了维持某种自存的法律体系或是某种不含"元法律"要素的科学，那么预设基础规范就至关重要。现在，我们必须考察一下凯尔森对基础规范的考量，对他而言，这种规范决定了主权。

在关于国家主权的日常观点中，我们可以发现凯尔森主权学说的积极基础和消极基础。这种观点认为，国家在其领土内是对其公民拥有初始命令权的主权者，而其他国家则相应负有尊重该国之义务。通过自身力量维持法律体系的实际能力是初始命令权的存在条件。与此相对的则是地方政府，其仅拥有某种派生权威（然而，主权也常被含混地说成是国家拥有的初始命令权。但显而易见，即便在这种表述中，人们思考的仍是某种权利，而纯粹的实际力量则总可能因强国帮助而获得。对此，仅需想想最近在协约国庇护下所成立的国家就清楚了)。每个国家不仅有尊重他国领土完整之义务,而且还应根据那些源于条约或习惯的国际法规则行事。然而,无论某国是否履行其国际法义务,只要它能通过自身力量维护法律秩序,那其命令在领土内就是有效的。通常,除非侵犯国给予赔偿,否则根据国际法,被侵犯国都有攻击侵犯国的权利。这一事实仅仅是如下基本主张所导致的结果,即国际法规则应当获得尊重。① 在此,我们暂且忽略可能由附庸国理论等导致的复杂情形。

毫无疑问,这种观点属于自然法范畴。国家对其公民所拥有的原初权利断然不可能源自国家法令。虽然是实际统治力决定了这种神秘力量,但某人实际所虑及的是一种归属于国家本质的超自然力量。以此相应的方式,人们也会根据自然法去思考国家的对外权利。与国家对公民的权利一样,领土完整权也是原初权利。如果某人把某种特定"承认"视为领土完整的条件,那么他就陷入了自相矛盾之中。因为,承认所具有的约束力基础必然依赖于有约必守这条自然法原则,然而,这条原则本就预设了适用方在实践中是彼此独立相对的。此外,国际习惯法的有效性也无法诉诸某个权威。这样的权威是怎样的一种权威呢?难道是那些习惯遵守某些规则的共同体国家吗?然而,在国家实践中,这些规则的实际适用并无法使其自身成为法律,因为适用这规则的国家根本对此就没有立法意图。只有在这种情况下,国家才会认为它们根据这

---

① 参见斯崔绍尔(Strisower),《战争与国际法律秩序》(*Der Krieg und die Völkerrechtsordnung*),1919年。

些规则负有义务才是正当的。同样，例如，高贵的出生是导致承担某种义务的情形。正所谓在其位，谋其职！但它本身并不因此可以决定任何事情！此处，知道决定作用的仅仅是某种自然而生的正义意识。事实上，合同法也依赖于有约必守原则所具有的心理力量。耶利内克等人认为，国际法是由负有义务的国家之意志所构成，在他们的理论中，能够最为清晰地看到将实在法观点适用于国际法时所导致的混乱。"无疑，实在法仅仅由国家意志构成，国际法是实在法，因此……"这是多么典型的一种思维混乱啊！如果没有超越国家意志的法律，那么国家不履行之前意志所形成义务的后续意志，当然会使得义务被消解。这真是一种不同寻常的法律义务！

但在所有这些事实中，自然法基础在如下事实中体现得尤为明显。根据国际法，当受害国遭受不法侵犯时，它所拥有的军事行动权被视为其既有权利的直接继承。当然，此时并不存在具有执行权的司法权威能有效管控权利实施，因此，当国家权利遭受侵犯时，国家根据自身评估而保护自身权利就必定是权利存在的重要构成。在最近的国际法文献中，时常会出现这样一种观点：如果战争被视为法外现象，并因此在国际法上没有针对它的某种终极强制措施，那么谈论各国的实际权利将毫无意义。此时，除了道德规则便再无他法。然而，既然人们认为国家拥有权利，那这一主张就明显是自相矛盾的。这就如同把一个没有刀面的木质把手称为刀一样。因此，那种基于自然法理论家所谓"自然状态"而形成的事态绝不处于法律真空，它只代表并不存在一个能够有效调控权利维护的至高权威。

应当注意,这种以自然法视角看待相关事实的做法并无法将法律置入某种统一原则之下,因此,它也无法支持关于实际法律体系的某种观点。在适于自然法的意义上,存在一条规范仅仅意味着对特定主体而言存在某种权利及其对应义务。规范不是构成系争权利的高阶原则,而这种缺乏统一原则的情形,则会在国际法的实际适用中以各种方式呈现。某国的某一行为可能违反国际法,可即便受害国通过对抗这种行为践行自身权利,甚至在必要情况下采取武力,[①]该行为在侵害国内也总是有效的,它也是对侵害国法律的实际执行。不仅如此,除非战争作为极端强制行为被国际法不一致地排除,否则在判断战争的正义性上,每个国家都是自己的最高法院。因此,如果双方交战国都诉诸国际法,那他们都对彼此采取了法律行动。

然而,对凯尔森而言,在法律"应当"领域,必然存在某种统一体。他认为,国家就是法律规范体系。如果国家被视为主权者,那必然意味国家法律秩序具有独立有效性。而那一必然总被人预设的基础规范就表达了特定国家宪法的有效性。由于法律是必然统一体,所以某种东西要么包含于主权国家的系争宪法之内,要么由宪法令其为法,否则它都不可能被视为法律。他认为,由于主权国家在宪法中承认国际法,因此后者当然有效。然而,这无异于说:(1)某国违反其所承认的国际法是一种违宪行为,[②]且(2)当该国宪法承认他国法律秩序时,他国的法律秩序即便在该国亦是有效

---

① 参见费尔德罗斯,《法律世界图景的统一》,第163页。
② 《法与国家的一般理论》,第123页。

的(基于这种承认,只要根据各国宪法而存在的国家机构依照国际法运作,那它们就会被视为是合法的)。根据这种观点,多个国家在法律上就不可能源自同一种法律观。然而,人们往往会在法律上认为自己的国家是主权者,而从本国的法律角度看,其他所有国家则从属其母国。① 诚然,我们所讨论的基础规范假设仅仅是一个假说,但从法律的角度看,这一假设是无法反驳的,因为那种总被人预设的基础规范本身并非实在法。"那些被解释为法律的材料并非在先验意义上就是法律,只有借助那些对其如此解释的法律假说,它才能成为法律。"②

将凯尔森描述的这种关于国际法的可能架构与耶利内克眼中的国际法架构加以比较是非常有趣的。在国内问题上,后一架构把所有国家描述为那种能为自身提供初始主权的东西,并认为国家承担的涉外义务源于自我承诺。这会导致法律统一体的瓦解,并使得人们不得不假定存在多种相互独立的超自然权力。而凯尔森则认为前一架构至少是一种可能的法律观点。例如,大英帝国听命于瑞典人,或挪威成为其所属国的一个普通市。毫无疑问,前一观点与活跃于共同意识中的法律形而上学联系得更紧,而后一观点虽更为一致,但却完全脱离实际。

虽然凯尔森承认前述观点的法律可能性,但他更偏好以另一种方式建构法律统一体。因为他认为,前者与某种知识的主观主

---

① 《法与国家的一般理论》,第 123 页。
② 同上书,第 129 页,参见第 307 页。

义理论相关,①而这将"最终导致对法律完全的拒斥"。②而他所偏好的另一种法学建构则主张"国际法体系的优先性",并从那种决定国家地位条件的一般国际法规范中推出国家法律秩序的有效性。在涉及新国家的地位时,国际法共同体的预先的共同承认形成了这种规范。此处的条件是,"在确定领土内是否已经形成独立统治"。③然而,这会导致违反国际法的"国家行为"在其领土内却是有效的。④ 现假定我们接受这一观点,即国内法源自国际法,且基于宪法成立的国家机构在本国内只根据共同承认发挥法律功能,那么即便在国内,国际法义务也表明了国家机构行为的法律权力范围。然而,出于一致性的缘故,凯尔森在此背离了当下通行的法律概念。正如他在上面提及的第一个假说所做的那样,此处的做法也完全没有实在基础。

为了避免这种情形,费尔德罗斯则更切合实际。他构想出了所谓的"国际法章程"。一方面,这种章程可以决定国际条约和习惯法的有效性;另一方面,就它本身而言(eo ipso),它则直接构成国家作为独立法律领域的内在能力。之所以如此,是因为这种章程把基于国家特定宪法而形成的国家机构指定成了实施国际法的行为机构。⑤ 我们已展示,这种"国际法章程"完全是自然法。在国家实践中,对这种自然法的实际承认也只是对法律有效性问题

---

① 《法与国家的一般理论》,第130页及以下诸页。
② 第132页。
③ 第126—127页。
④ 第125页。关于凯尔森国际法理论更为细致的基础,可参见凯尔森,《主权问题与国际法理论》,1920年,第146页及以下诸页。
⑤ 第126、134页。

毫无影响的社会心理事实,故将这种"章程"描述为某种"授权原则"①或是对其他国家内在权能的指派是完全错误的。该章程内容如下:由于国家具有自决权,故国内宪法在本国范围内可独立决定国家机构以及某些行为的法律有效性。但与此同时,当国家面对决定国际法效力的那一"章程"时,他就必须对那些发生在自身领土内的有效行为负责。也就是说,此时所涉及的内容正是法律缺乏统一性原则。

然而,凯尔森和费尔德罗斯之间的差异并不是至关重要的,因为,凯尔森也引入了与法律统一体不兼容的自然法基础。他认为,在国际法中,存在战争这种特殊强制手段。他说道:"在国际法相关规范有所规制的意义上,即国际法已明确规定战争条件的情况下,战争是一种容许实施的反制手段。"②然而,国际法在客观上却未对此设置上诉法庭以决定是非曲直以及何方的战争行为算是合法行为。因此,他说道:"无论是强制还是反强制,根据国际法,它们都是合法行为。"③换言之,各国都能自我建立终审法院以确立自身是否受到不法侵害并予以宣战,而那些"宣战交战国及其机构"就成为了"国际法秩序中的一级机构"。④ 国际法不仅允许受害国在遭到侵害时根据国际法发动战争,而且即便受害国在判定系争义务时总是"根据自身判断",⑤它也告诫受害国要这样做。

---

① 第131页,第一段。
② 《法与国家的一般理论》,第125页。
③ 第213页。参见第248页。
④ 第112页。
⑤ 《主权问题与国际法理论》,第264—265页。

因此，通常情形是，交战国双方都会诉诸国际法，强制和反强制不仅是应当发生的，它们在客观上还是合法的。此处，那种隐藏在现有国际法中的自然法基础毫无掩饰地暴露出来。各国权利并不源于更高权力，各国在遭致不法侵害时享有的动武权是一种与其他所有权利息息相关的力量，而各国则会自己根据具体情况确立并运用它。显然，这种关于原始超自然力量的形而上学假定根植于古代迷信之中，正如隆斯泰兹所精彩展示的那样[《和平行为中的迷信或理性》(*Superstition or Rationality in Action for Peace*)，1925 年，第 161 页及以下诸页]，这必然会刺激那些自认为在血腥战争中"权利"受损的国家。这时，某些国家就会打着"国际法机构"的旗号推行自身的利己主义。人们常常会期望获得姑息而使得自身需求得到满足(*panem et circenses*)。然而，这套在国际法形而上学工作间所缝制的装束却以古代迷信为基础，当利益冲突足以激发国家间的相互对立时，这套装束在今天看起来就过于昂贵了。毫无疑问，国际法中包含着非常纯粹的自然法规则，因为对所有国家而言，合作都是有用的。如果一个国家想要进行正常交往并免予不被信任，那么这些规则就必须得到尊重。然而，时至当下，仍然打着自然法旗号就显然颇有文化风险。

然而，由于凯尔森的理论试图从国际法中导出国家法之效力，故在整体上，它又倒陷入那种关于国家超自然力量的古老迷信之中，这俨然已导致文化风险。尽管其理论的既定倾向与之相反，但仍旧如此。

二、国家的功能、形式与机构

在《法与国家的一般理论》中,凯尔森将国家视为法律统一体并对其功能进行了详尽讨论。他认为,法律规定主要是一种理念式的强制规则,因此,只有那些国家适用强制规则的行为才能通过这种规则适用产生新的强制性法律。显然,如果行政管理不具有适用既有强制规则的品性,那它就不是真正的国家行为,而只是"国家机构"为了避免受到法律强制而实施的行为。例如,"国家"通过其"机构"建医院、修铁路等,就主要不是国家行为,而只是相关责任主体为了"避免受到强制"而实施的行为。因此,此类国家功能就如私人为了避免法律强制而履行次级法律义务一样微不足道。① 相反,保障私人法律交易则必定被视为国家功能的主要功能,因为这些交易既适用了高阶的强制性法律规定,又导致了新的法律规定的产生。② 因此,这种关于国家功能的通常观点彻底本末倒置了。

由于行政行为包含强制命令,故在凯尔森对其与司法判决的关系阐述中,这种倒置最为明显。他认为,与法院具化民法、刑法的方式完全一样,行政法中的强制规则由行政机构具化。"行政机构会确定那些由一般规范所设定的作为制裁条件的事态是否存在,并据此归属违法之后果,此乃所谓的行政处罚,如罚款、行政拘留或执行强制行政行为。因此,与司法裁判类似,人们同样可用正

---

① 《法与国家的一般理论》,第 238 页及以下诸页。上文第 271 页已处理过后一要点。
② 《法与国家的一般理论》,第 236 页。

确或错误的方式将行政机构行为描述为对争议法或模糊法的确定。"①而所谓差异仅存在于组织技术层面,即法院是独立的。如果我们遵循将行政程序转化为司法程序的现代趋势,这一区分甚至会趋于消失。②

然而,凯尔森在此处反对的并不是某种抽象理论,而是那种在制定法中予以自我呈现的现有法律观念。这类观念认为,在民事案件与刑事案件中,司法裁判自古以来就是对既存法律权利的保护。民事权利通过对象予以特定化,刑法则保护共同法益。在更为宽泛的意义上,这些权利及其对应的义务,以及当权利受到侵犯时与之相关的强制权,就其实质而言,都源于实体法。然而,它们却完全独立于那些与实体法具有次要关联的法律程序的形式规则。在程序法中,国家会运用统治权去规制那些与权利本身有关的强制力实施模式。这必然会导致以下结果:一方面,法官在权衡诸方利益时,公正不倚是解决相关法律问题的原则(请考虑意志理论以及合同法的信赖理论);另一方面,法官必须在案件审判前确定既存法律事态,并必然受到这些事态的严格约束。此时,自然法观念就隐藏在立法者共享的法律概念观之中。然而,由于立法者有权调整那些先于程序规则而存在的法律关系的内容,因此,这些观念就隐藏起来。行政机构的情况则颇为不同。现有法律观认为,国家此时并不会运用统治权支持既存权利。统治权之运用实则是为了公共福利,因此,从效用的角度看,在法律设定的范围内,

---

① 《法与国家的一般理论》,第238页。
② 同上。

行政机构在任何情况下都有决策自由。或许,个人的自然法权利观在此也已不断蔓延,以至于人们可以论及个人的"公共权利"。然而,即便如此,我们也不得不承认,这些权利之确立是建立在公共利益而非对相关方的利益权衡之上。显见,在行政处罚中,国家行为显然是由自身利益决定的。

凯尔森并未对自然权利给予充分分析,在他眼中,自然权利是某种不会被实在法侵犯的自然自由领域,[①]而这也是从基础理论中可能得到的唯一推论。毫无疑问,"自然"权利是某种构想出来的、针对他人行为的形而上学力量。一旦这些力量受到攻击,其自身就会催生出某种类似的强制力。这种权利之存在不仅与物理力量无关,而且甚至无需国家权力助力。然而,正是因为对真正司法裁判和行政行为之间进行的普遍区分的基础存在于自然法中,使得凯尔森拒绝这一区分。

然而,正如凯尔森所作的那样,认为法律规定施加了一种与其本身所为极其不同的义务是存在很大问题的。无论是民法还是刑法,它们都是根据自身意义确立某种权利(恰当意义上的权利与共同法益),并辅以强制力保障而施加义务的。就这些权利而言,义务无疑是存在的,而裁判之功能则在于使得既存的具体法律关系令人确定无疑。此外,行政规定就其性质而言,是借助行政机构之颁布而施加义务的。但凯尔森认为,法律规定的约束力具有某种颇为不同的意义。在这两种情况下,行政规定都拥有这样一个特点:国家机构通过具化方式对强制规则的实际适用是一种属于特

[①] 《法与国家的一般理论》,第59页。

定理念复合体——即法律——的行为。在凯尔森时代之前,甚至没有立法者想过关于施加义务的这种意义,但法律义务依然必须由法律规定的原本的意义中生发而来。

更令人值得怀疑的是,正如凯尔森所作的那样,假定法律规定的意义源自那种已被排除在外的自然法,那么不仅是形式义务感,而且与私法和刑法相关的义务内容也会因此变得颇为不同。此外,根据现行法律观,法官必定要在审判案件前确立实际发生的具体法律情境。因此,根据这种观点,除了总是不完善的制定法外,必然还存在其他法律规则调整审判。而法学已经发展出来的以及将要发展出来的规则,其本质上则源于衡平视角并建立在法律材料之上,即首先源自法律本身,其次源于法院实践。于是,这些规则与成文法一样都被视为"实在法"。对凯尔森而言,这些建立在自然法之上的规则在宪法意义上是不存在的,它们仅仅是伦理政治性公设。因此,对他而言,即便法律义务的内容与那些契合于成文法意义上的义务有所不同,他依然认为成文法是法律"应当"的决定因素。

同样的特性在凯尔森对诸种国家形式的描述中亦有体现。"国家形式是一种可被视为法律生产形式的法律形式。"[①]对于该定义,必须要以那种众所周知的凯尔森式的方式加以解释,而这必然使得我们至少要把某些完全不同于历史宪法所包含的义务内容归属于它。当我们考量诸种宪法所源自的历史思想体系时,以及考量它们赖以存在的现有法律观时,我们都会与自然法预设不期

---

① 《法与国家的一般理论》,第 321 页。

而遇。凯尔森认为,这使得由这些宪法所创设的义务具有某种与其本应具有的意义和内容颇为不同的形式意义和内容。例如,请考虑这样一种理论。在君主立宪制国家中,只有君主可赋予法律积极效力,而议会的同意作为必要条件(conditio sine qua non)只具有消极意义。凯尔森认为,这种基于伦理政治而提出的理论就与实在法冲突。君主被视为有权发布法律命令,而议会则与君主共同决定法律内容。然而,根据宪法,两者之同意对法律有效性而言都是必要的,①因此这种说法与系争宪法就是冲突的。请再考虑如下事实:在君主立宪制国家中,虽然法官和议会都是完全独立的机构,但法官却被描述为君主的次级机构(副手),类似的,议会则被描述为人民的代议机构。这种说法也与实在法相冲突。②据说,在这些情形中,表达出来的仅仅是一种政治倾向的自我表达。

然而,在一些宪法中,却对此处讨论的"理论"有明确规定。1818年的《巴伐利亚宪法》中(第二节第一条)就有如下规定:"国王是国家的最高统治者,他集所有国家机构权利于一身,并在现行宪法所设置的以及他自身所颁布的条件下实施它们。"对此,我们还可参见第七节第二条:"在未获得国王决议建议和同意的情况下,不得……颁布……一般性法律。"第八节第一条则规定:"司法权源自国王……"然而,第三条却规定:"法官在其职权范围内是独立的……"毫无疑问,无论这些表达究竟意味什么,国家权力都对那些负有服从义务的公民而言具有某种超自然的统治力,而这种

---

① 《法与国家的一般理论》,第281、330页及以下诸页。
② 同上书,第316页及以下诸页。

统治力则为国王所有。因此，显而易见，只有君主有权通过立法赋予法律以效力。然而，如果其命令超越宪法范围，那么他就不是在使用权力故而也无法施加义务。因此，社会诸阶层（Estates）之同意就不是一种可推出法律约束力的权力，因为它们阶层成员本就不拥有主权权力。然而，这是国王使用神秘力量的一个条件。相应的，能够独立作出裁判之法官，要使其裁判具有约束力也只能借助国王的权力。毫无疑问，这种观点在19世纪君主立宪制的最初宪法中颇为盛行，议会制大行其道令其式微，以至于它逐步仅沦为一种措辞。与这种直接体现于宪法之中的观点一道存在的还有如下这种随之而来的观点。议会绝不能挫败国王这一国家最高权威，例如，它不能为了贯彻政府政策而拒绝课税。因此，这种封闭的神秘主义就获得了某种现实意义，而这种意义只有在议会制取得胜利且神秘主义随之崩塌的情况下才会消失。当然，对于凯尔森对人民代表仅仅使人民权利的这种理论所作的批判，我们也必须作出类似评论。

事实上，凯尔森批判上述理论虽然依赖于宪法之意义，但其本就与宪法冲突。要想理解此点，只能参考如下事实：凯尔森与他人使用的是不同的法律"应当"概念。假定人们认为法律"应当"的本质体现为某些行为从属于某个特定理念复合体——即"法律体系"——的这一事实，那么，宪法作为决定这些行为的基础，唯一剩下的问题就是：某一行为在何种情况下根据宪法才具有这种属性？倘若如此，除了宪法规定的施加义务之行为条件的客观性质外，没有什么东西会令人烦恼。但假定施加义务的行为只有在国家运用某种神秘权力时才是有效的（毫无疑问，在某些宪法中，情况就是

295

如此），且这种权力为某些人所有的同时却能被其他人运用，那么像凯尔森那样仅问及那些可通过外部观察就能确定的相关条件之特征就毫无作用。从纯粹客观的观点看，所谓立宪君主的最高地位肯定会与宪法所规定的法律具有约束力的条件相冲突。然而，此处意指的并不是某种可由外部标准确定的客观事物，而是那种只为国王所有却不为议会所有的神秘统治力量。当然，这并不排除如下可能性，即国王要运用这种神秘权力以施加义务必须以议会同意为前提。对于凯尔森所批判的其他理论大体亦是如此。如上所述，由于某些宪法具有神秘意义，故当凯尔森谈及这些与宪法相冲突的情形时，这种意义就仅仅是一种畸形。作为一名"实证主义者"，他宣称法律"应当"只能直接从宪法中推出。

最后，我们还必须谈谈凯尔森是如何使用国家机构这一概念的。众所周知，他将国家机构与法律秩序联系在一起以至于后者只能通过国家机构才能运作。他认为，机构行为是"归属于"法律秩序的。此外，凯尔森还认为法律秩序是一种判断体系。然而，认为那些毫无实际利益的判断要"使用"人类作为其组织机构究竟意指什么呢？迄今为止，人们普遍认为，在法律意义上，国家就推进自身利益而具有的权利是通过其机构实现的。这是可理解的，因为，根据这种观点，国家就是由具有共同利益的人们所组成的统一体，故这种统一体理应拥有促进自身利益的权利。同时，为了实现这一目的，它也理应可以借助机构运用蕴藏在这些权利之中的神秘力量。然而，对凯尔森而言，法律秩序本身——即法律判断——就充满着神秘力量，故其要运用法律权力则应借助机构行为，但这种权力行使却不是为了实现任何目的。如果凯尔森没有忽视这些表达模式借用了看待事物的自然方式，那么它们对他而言就是不可能成立的。虽然他没有注意到这一点，但对他而言，法律秩序机构与由该秩序所构成的法律共同体是一样的。在《法与国家的一般理论》第171页中，我们读到，"如果我们参照设立机构的形成性规范去决定某一机构的合理活动范围，即如果我们参照使其存在的法律基础去决定它的活动范围，那么它就正好只是一个由设立该机构的法律秩序所形成的法律社群机构"。随后，他说道："……把某一机构的功能归属于某一部分秩序，就是将某一行为描述为某一部分社群的行为。"显然，这两个表述意在表达同一意思。然而，如果法律秩序被视为判断体系，且由它构成的社群明显是由人所构成的"共同体"，那又如何将两者等同视之呢？此处，凯尔森的思想中存在一个失误。然而，如果没有此失误，他又无法提出国家机构是法律判断之机构的这一理论。只有把机构拥有者转换为由人组成的社群，凯尔森的话语才具有意义。在第334页及以下诸页，[297]凯尔森说道，即便在专制体制中，即毫无限制的君主制中，统治者也必然要被视为系争法律秩序的机构。"因此，我们根本不可能认为任何社群的统治者以及由强制秩序所构成的任何社会群体的统治者不是那个社群或群体的机构。"因而，对一位认为把人民视为奴隶具有正当性的暴君而言，他就是那一奴隶群体的机构！你还可以说，对某位可以控制动物的驯兽师而言，他就是狮子、老虎以及马的机构！对某种思想而言，在某些方面可能是必要的忽略，对其他思想而言则可能是致命的。

然而，凯尔森的理论以及由他学生发展出来的其他理论形式都值得高度重视。特别对那些想要真正弄清自身理论预设的法学家而言,全面研究《法与国家的一般理论》颇有益处,因为该书以丰富的素材为基础,集中且清晰地论述了我们所讨论的思想体系。在当下这篇评论中,我仅触及某些原则性问题。假定某人实际上作出了一个古已有之的假设:作为法官的向导,法学家揭示了某种凌驾于法官之上且对其有效的法律。再假定,这种法律不包括法官已经实际适用的规则,不包括因法官实际适用而存在的规则,同时,也不包括其适用有利于实现某些目的的规则。相反,让我们假定这种法律所包含的是某种客观存在的规则,这种客观存在独立于规则可能恰巧具有的社会心理力量,且这种力量对所有社会规则而言都必然是有限的。于是,任何秉持这些观点的人都无法忽视凯尔森的理论。假设从对既有的宪法和法律的阐述上看,自然法因仅具有主观有效性而被排除,对社会目的之指涉则因事关"元法理学"而被排除,由此可必然得出如下结论:必然存在某种特殊的且不关注法本质的法学知识类型。于是,人们就必须接受凯尔森的观点,而他无所畏惧地得出的结论正是其功绩所在。

然而,通过凯尔森的著作,我们可以明显看到,中世纪经院哲学不仅在神学中,而且还在法理学中占据着中心地位,而这在罗马教宗那里就有其起源的痕迹。在《法与国家的一般理论》的第322页中,凯尔森说道:"在原始人心中,规范的超自然本源变成了统治者具有神圣本质或本源的这一观点。"这正是所谓的迷信。但为什么会这样呢?法律上的统治者难道不是某种超自然法律机构吗?因此,就法律认知而言,他难道不具有超自然属性吗?凯尔森破坏了经院哲学堡垒在法学中的所有分支,经过其努力,这一堡垒已分崩离析,至此,它在面对可靠的理性攻击时再也难以为继了。

第五章　私法领域中的意思表示概念（1935年）

"扫罗王（Saul）也属于先知吗？"大体而言，哲学家与法理学有何种关系？曾几何时，人们一直认为，客观理性法是解释实际法律的重要基础，甚至是凌驾于这些法律之上的东西，且哲学与法理学之间并不存在严格界分。然而，当下人们普遍认为，只有实在法可以充当法律裁判之基础，而理性法（如果有）的重要性仅在于其可作为立法理念。或如施塔姆勒所言，理性法是一种正当法，而不必然是实际法。于是，法理学就成了一门特殊科学。例言之，与物理学和化学类似，法理学的功能仅在于在特定领域内建立事实，借助归纳得出一般性原则，并从归纳所得之结果演绎推论。特殊科学的代表早已向哲学家发出了"分道扬镳"的指令，但尽管如此，哲学家们仍大胆地认为那些用于描述现实事物的概念很可能只是一种错觉。如果分析审查揭露出这些概念的矛盾之处，那它们就只是表面上看起来像概念而已。倘若如此，这些概念就只是毫无意义的连接词。而那些所谓具有"概念"定义属性的事实就根本不是事实。自苏格拉底时代起，人们就认为哲学的最高任务是分析通用概念以获得真实且必然具有内在融贯性的科学概念世界，而科学所关注的实在则不能以相互冲突的判断加以描述。毫无疑问，虽然将这些判断转化为言词总是可能的,但这些言词并无意义。因此,任何声称对实在进行描述的科学都无法回避这种概念分析。

第一节　当私法领域中的某一事实被描述为意思表示时我们会面临什么?

所有法律人都知道意图宣告在法学中有多么重要。无论是单方还是多方的私人"法律事务",如要约、承诺、协议等,人们普遍认为它们可被视为意思表示。然而,即便是法律、法令、司法裁判,人们至少有时也会将其视为国家所为的意图宣告。由于后一种用法并未确定,且国家意志是否总是存在是有争议的,因此,我在此仅探究私法领域,毫无疑问,在此领域,这种观点是恰当的。

于是,我们面临的问题是:当论及个人意思表示具有法律内容时,我们应当对此作何理解?乍看,此问题似乎不值一提。某人论及于此时,当然是指陈述人作出了一个与某种法律关系相关的意志陈述。然而,事实并非如此简单。意志不仅预设某种拟定的目的和目标,而且预设某种能够实现目的的行动方案。否则,就根本不存在所谓意志问题,而顶多是期望某事发生的愿望问题。私人作出法律意思表示的目的极为明确,就是要形成某种法律关系。例如,购房者缔结合同就是为了在合同中设定令房屋成为其财产的条件。但这同时也清楚表明买方为实现目的必须决定其行动方案。此处所需之行为显然就是从买方角度来看合同所涉及的意思表示。无论何时作出具有法律内容的意思表示,最终目的都是要形成某种法律关系。而作为实现这一目的的行为,则宣告了某一特定意图。但在这一点上,关于私法意思表示内容的问题就不再微不足道了。意思表示是一项关于作出那一声明之意图的宣告。某人想要作出的这种宣告,反过来又会成为对作出那一声明之意图的宣告。循环反复,直至无穷。以出售物品的要约为例。此处的意思表示是什么?是关于物品出售要约这种意志的宣告。某人愿意表达出来的要约本就是他作出要约的意志宣告。正如狗自逐其尾,我也永远无法追上自己作出的要约。为了使得意志得以宣告,必须要在不将宣告作为意志内容的情况下将其陈述出来。

让我们考虑一下供货合同。某人承诺在规定期限内交付一定数量的燕麦,并在对方收货后即期收取价款。在这一合同中意思表示是什么?由上述清晰可见,此处的意志不可能是为了履行上述承诺而令当事双方相互约束。因为,要实现这一目的行动正是构成该合同的宣告。但是,我们可以认为此时合同相对方仅仅是在通知对方某些既存或将会形成的相互权利与义务吗?不能。因为合同当事人的立场是,仅在意思表示一致时才会形成他们预期的法律关系。一条关于实在的信息能在实在的形成中发挥作用,这是极为荒谬的。如果某位天文学家对某颗行星的即时位置作出声明,然后断言该行星会因此声明而处于这一位置,那这会显得他是多么的疯狂。在私法领域中,意思表示总是事关法律关系或权利义务的宣告。由此可得,在此讨论的"意思表示"既未表达某人对自身意志性质的认知,亦未表达其对既存权利义务的认知,而是表明了某种权利义务观。换言之,它表达的是所谓的想象而非判断,因为判断本就是对实在的认知。供货合同之所以具有法律效力,尤其是因为合同双方对如下想象观念(imaginative idea)形成了统一表达:(1)供方的义务是按时向需方提供一定数量的燕麦,需方的权利则是在供方延迟履行时进行催告;且(2)需方的义务是收货后支付价款,供方的权利是要求需方支付价款。

另一方面,应当对关于权利义务的想象观念加以表达并不足以表明在私法领域中就存在真正的"意思表示"。假定 A 和 B 共同起草了一份供货合同的书面草案,但双方都不意在受此约束。那么,此草案就仅仅是未来可能达成协议之基础。显见,在这种情况下,关于双方权利义务的想象观念也已形成了统一表达,但却没人认为这份草案体现了双方的意思表示。那么,还需要添加什么才能构成意思表示呢?从上述论证不难看出,意思表示不可能是某人期望草案所详定的法律情形将会变成现实的声明,更不是双方就各自实际从事某些行为的共同声明。

为了理解在私法领域中形成意思表示所必须的更多因素,我们必须注意语言在社会交往中并不只是为了表达或传达观念。

如果我告知某人有一匹马脱缰了,那我自然是意在表达并传达这一观念。但如果我问:"来者何人",那么我就不是在表达一个观念,也不是意在向被提问者传达这一观念。当然,语法学家会认为主语(被断言的东西)和谓语(对主语所作的断言)是一个句子的主要部分,但上面的疑问句就根本没有断言任何东西。"何人"一词在此仅充当了语法主语,它根本没有表达谓语"来"所断言的任何观念。那提问者为何会说"何人"呢?事实上,他这样做只是表达他对自身缺乏的事物确定性的渴望。他看见某人向他走来,但他却不知道对方的名字,故他努力想要摆脱对此有所不知的不满情绪。毫无疑问,与这种努力相伴的还有某种最终获得未来确定

第五章　私法领域中的意思表示概念(1935年)　321

性状态的想法,在这种状态中,目前的不满将会烟消云散。但就其本身而言,这种想法根本不是一种观念。"何人"一词只是对这种欲望的反射性表达,而发问者之所以直接向他人发问,只是希望后者能够给予他所期望的确定性。假设我说"希望天清气朗",那我当然表达了关于未来好天气的一种观念,但在运用"希望"一词时,我也表达了一种与我自身观念相关的愉悦感。在这种情况下,相关词语是对实践态度或实际情感的表达。

然而,另一方面,有些词语或语言形式在社会交往中是唤起实践态度或情感态度的手段。祈使句就属于这种情况。假定某人对他人发布一条命令,例如"走开"或"你必须马上离开"。这就不是通常人们认为的意志宣告。因为,意志的对象是让对方离开,而此处的命令只是让人离开的手段,因此它只是意志所指向的行为。某人所作的意志宣告不可能是他所宣告的意志的内容。在社会交往中,像命令手势这样的祈使形式,其功能仅在于机械地影响行为方向。立法就经常使用祈使形式,例如"令其如此""让他知道""他应当受到惩罚"等。很明显,之所以这样做是因为祈使形式可以产生某种心理效应,特别是在有权威为言词背书时——如宪法性立法——尤其如此。然而,当私主体自己作出或与他人共同作出法律"意思表示"时,他就单独成为或与他人共同成为某个特定领域的立法者。就这种表示所具有的法律效力而言,当他作出这种表示时,在其之后的法律权威就支配着这种表示的效力。因此,祈使形式在这种情况下也获得了某种特殊的力量。当国家立法者在特定范围内将私主定性为立法者时,他自然也会要求后者与其运用同样的技术并发挥制定规则的功能。此外,当某人说他约束自身是为了让他人获得权利时,他所考虑的就是"我必须为你做某事"这样的命令式。这一主要针对言说者的命令式会对他方产生影响,而使其觉得自身有权要求对方履行我们所讨论的义务。正如"我必须"会对我产生被动影响一样,"你应当按照我的要求履行"也会以明示或默示的相关方式对他方产生主动影响。即便不存在法律约束,这种由祈使形式给双方带来的心理效应也存在于对他人所作的每一个承诺之中。此外,它还为独立自由的主体提供了合作基础。当承诺具有法律属性时,唯一增加的要素是有人宣告具有法律性质的权利义务将要存在。正是通过立法,这种宣告才具有所谓的法律有效性。而之所以如此立法,不仅在于立法者期望私主体有能力如立法者那般决定他们之间的法律关系,而且在于当以上述方式运用祈使形式时,就其性质而言,它能对相关当事人产生某种积极以及消极意义上的心理影响。如此,更不用说在违反法定承诺而承担法律后果所带来的影响了。

因此,很明显,为了形成法律意义上的"意思表示",则需在关于权利义务想象观念的表达之外增加祈使形式。因此,如果某人宣告"我要将所有权转让给你","我会作出要约"或"我会接受要约",那么他所表达的就是一个祈使句。对于那些所有转让的宣告而言,这种宣告意味着接受者将会成为新的所有权人。那种被视为特定宣告的要约则代表了只要接受方作出对应宣告,其所涉及的权利义务就会形成。而承诺则意味着要约中所涉及的权利将会具有法律效力。因此,在私法领域中,"意思表示"就其本质而言是一种由私主体所作出的宣告,这种宣告以祈使形式表达了权利义务将会形成的想象观念。当然,这种宣告并未告知我们其在多大程度上是有法律效力的。这种情形的条件的成就由法律规定，并由具有法律效力的习惯加以补充。因此，只要"意思表示"具有法律相关性，无论那种想象观念被如何表达，人们都会想到前述的那种宣告。因此，上文提及的定义没有确定某人意图作出祈使宣告的必要性程度，也没有确定他是否能够将其公开行为本身体现为他的意图。事实上，意思表示这种宣告应当指向特定人并非其定义之构成，尽管在某些情况下的确需要这样，但这并不代表没有例外，例如遗嘱处分就是如此。[306]

然而，当某人通过"意思表示"表达权利义务将要存在的想象观念时，其心中所想为何则仍有待深究。但在此之前，仍有两个先决问题有待讨论。

第二节　在"意思表示"中意图和宣告之间可能出现的错误偏差

第一，区分借助宣告形成法律事态的意志与将某一宣告视为针对同一意志的宣告是完全不恰当的，因为从前面的论证不难看出，根本不可能存在这种宣告。

第二，区分借助宣告形成法律事态的意志与将宣告视为上述那种命令所具有的内容是可能的。然而，就这种差异本身而言，它却不具有太大意义。因为，此处真正重要的东西是人们如何看待某人所作宣告带来的法律后果。当我们说他的目标是借助宣告形成某种法律事态时，我们指的是他对于宣告真的能够导致某种法律后果的信念决定了他的行为。然而，无论他的信念正确与否，这都不能对法律后果造成任何影响。因为,关于某一行为所产生的实际后果的信念并不会对那些后果造成任何影响。

第三,区分作出某一宣告的意图与宣告本身可能是有意义的,只要这种差异源自某人非自觉地使用了相关词语,或源自某人在使用这些词语时认为它们所表达的意思并非其实际表达的意义。① 因为此处的关键并非那种关于实际法律后果的信念,而是与法律体系没有任何关系的信念。如果我们忽略《德国民法典》(Bürgerliches Gesetzbuch)第 119 条在表述模式上的错误,那么该条就体现出这种差异的重要性。

第四,如果他方知晓"意思表示"者并非出于法律目的而是出于其他目的——如开玩笑或举例子——才作出意图宣告,那么对意图和宣告加以区分可能是重要的。这并不是因为从法律的角度看人们会对宣告之无效持有某种观点,而是因为虽然宣告者以祈使形式作出宣告,在表面上看似规定了某些东西,但与此同时他也表现出自己并不希望这种宣告发挥命令功能。此时,命令只是表象。然而在这种情况下,宣告者可能会误解对方能够理解此点。因此,宣告对象与宣告属性之间存在差异可能是相关的。实际上,真正相关的东西是人们是否会认为宣告具有命令属性。这就是《德国民法典》第 118 条的关注所在。"一项非出于真意且缺乏真意不会令他方预期误解的意思表示无效。"另一方面,从客观标准看,第 116 条的规定则显得毫无意义。只有当"意思表示"的私法

---

① 印刷错误是前一种可能性存在的一个事例。关于后者的一个例子是:一位应将货物运送至 5 瑞典里的英国人以为瑞典里和英里同样长。

性质被曲解时,此条才是可理解的。第116条规定:"一项意思表示并不仅仅因为表意人隐秘保留其不愿表示的东西而无效……"与第118条的问题不同,此处的问题并不在于某种命令是否构成真正命令以及人们对其性质所持的观点的相关性问题。此时,表意人被假定自认为作出了一条真正的规定。此处,能被假定为具有相关性的事实是表意人心中并不期望其表意将会具有效力。当然,秘密的真意保留在此被排除了,但是通过一条特殊法律条款将其排除本就意味着它是可能存在的。在私法中,表意具有命令所具有的所有特征,对此,表意人断然不会有所错觉。这种表意与其他有效宣告的差异仅仅在于,表意人并不期望其表意生效。既然表意是否生效取决于法律体系,那么这种不期望就意味着表意人相信它不会被法律体系所执行。如果某人相信表意具有法律效力,那么除非他确实希望如此,否则他就不会那样做。如此,对法律制度性质的特定信念就可能对制度本身具有重大意义,可这是荒谬的。然而,从历史上看,潜藏其后的观点却是可理解的。"意思表示"被视为对意志的实际宣告,且这种意志并不仅仅在于使得表意成为某种实现预期结果之行动。只有这种意志本不存在,表意才是虚假且当然无效的。因此,在秘密的真意保留的情况下,就有必要用法律特别条款使得由此形成的后果归于无效。那么,究竟什么才是这种据称确实存在但却不以宣告作为其内容的意志的对象呢?同时,要借助何种行动才能实现这种意志的目的呢?毫无疑问,意志的目的是为了形成表意所描述的某种法律事态。然而,能够导致结果形成的行动只能是一种内在行动,而非某种公开宣告。对此,能够适用的内在手段只可能是那种期望法律事态得以形成的意图本身。换言之，人们会认为某人可以只通过意图就影响外在世界。确实，当此处问题事关某人自身的外部行为时，是存在这种可能的。移动手臂的意图确实形成移动手臂的效果。但除非存在心灵感应，否则在其他情况下不可能只能通过意图就影响外在世界。此处的假定是：所有人至少能与同他具有类似意图的人一道仅通过意图直接影响法律世界之存在。另一方面，当人们认识到为了形成法律后果必须对某种神秘意图进行宣告时，他们也就认识到了这种不可能性。然而，正是在这一点上，使得看待上述事实的整个方法都瓦解了。因为显而易见，在意思表示中，除了以可以通过公开行动带来效果的表意作为自身内容的意志之外，再不存在其他有效意志。就表意本身而言，它不可能是关于直接针对效果之意志——即那种预设某人相信自身可仅凭意图就能造成影响的意志——的或真或假的声明。如果法律规定那种意志是产生法律效果的前提条件，那么它就会自相矛盾，因为法律同样规定了对那种意志进行宣告的必要性。

这就引出了一个问题：所谓意思表示——即意志宣告——在私法领域中是如何形成的？

第三节　关于意思表示是意志宣告这一观点的历史成因

在罗马法中，只有在论及遗嘱这种特定情形时，我们才认为私法领域中的意思表示是关于某种意志的宣告。

乌尔比安（Ulpian）认为［《规则集》（*Reg.*）XX，I］，宣告

(*contestatio*)我们的意志[我们的心智(*mentis nostrae*),或见莫德斯汀(Modestinus),《论区分》,28,Ⅰ.Ⅰ,我们的意志(*volluntatis nostrae*)]并由证人进行郑重确认是遗嘱定义的一部分。但在这种情况下,"意志"其实等同于"愿望"。此点,从如下事实中不难看出:盖尤斯(Gaius)认为(《法学阶梯》,2,247),在遗嘱信托中(*fideicommissum*),"*volo*"是一种正确表述。但在此处,它仅仅意指"我要求"和"我请求"。然而,应当注意的是:(1)在民法中,遗嘱信托是缺乏有效性的;且(2)仅仅宣告"我期望 T 成为我的继承人(*heredem esse*)"是无效的,相反,则需运用"这才是我的继承者"(*heres esto*)这种祈使句以庄严形式指定某位后嗣为继承者(盖尤斯,《法学阶梯》,2,117)。因此,只要宣告只是意愿层面的意思表示,那遗嘱就是无效的。因此,显而易见,上述定义乍看起来具有某种颇为不同的意义。遗嘱并不是遗嘱人期望死后财产如何分配的宣告,他只是在规定自身愿望的意义上表达了愿望。他所规定的正是他所期望的。只不过,它在表面上看起来与某种关于实际心智状态的宣告一致。实际上,它的真正意思是遗嘱人对与其相关的那些身后财产的命运作出了命令式表达。显然,这种观念并不是对任何实存事物的认知,故这种表达不可能构成任何意义上的事实陈述。虽然这并不能排除我们可从遗嘱人希望形成的规定中得出相关结论的可能性,但这并不能使得规定本身成为那种关于其愿望的陈述。

古罗马人认为,如果遗嘱不是那种实际存在的关于遗嘱人愿望的陈述,那它在真正意义上就更加不是一种关于其意志——即实际意图——的陈述。然而,当我们现在谈及私法中的"意思表示"时，我们所意指的当然不只是关于愿望存在的陈述。此处的问题是什么才是真正意义上的意志。因为显而易见，某条实际存在的规定或命令总是所谓的意思表示存在的必要前提。对某一事物的规定不仅仅是表达愿望，它还总会包括实现愿望的意图。因此，如果我们把实际发生的情况解释为对某种心智状态的宣告，那么它必然会被视为某种关于意图的宣告。除遗嘱外，那些在私法领域中被现代法律术语描述为意思表示的其他情形，如承诺，它们在古罗马法律文献中都无迹可寻，其要么被视为迹象（signum），要么被视为意志宣告（declaratio voluntatis）。然而，这种描述在自然法学说中极为常见，且它恰恰源自于此。

现在，让我们看看究竟是怎么回事。我们已经讨论了法律如何适用祈使形式，也就是说，我们讨论了祈使形式因具有心理效应而被适用的情形。其中，我们特别讨论了命令话语背后有权威支持时的情形。然而，既然如此，至少在立宪政体（régimes）下，这种权力一定是一种非人格性权力。这种权力完全内置于那种机制之中，并依赖于支持那一政体的诸种社会因素和心理因素的协同合作。另一方面，这种权力又不是立法者具有的个人政治权力。当"议会"参与立法时，只是看上去存在个人的命令权威。可如果议会声明算是法律，那实际存在的东西就只是作出声明所必须遵循的某种特定形式。有些人能对立法产生影响，但法律一旦颁布，他们也要受制于法律，这一事实极为清晰地体现了支撑立法的并非个人权力。因此，法律并不是由特定权威颁布的那种通常意义上的命令，法律之效力绝不可能依赖于其所具有的祈使形式。诚然，从心理学的角度看，祈使形式非常重要，且它在事实上也是实际法律的一个显著标志。但就法律本身而言,我们只能以如下事实去刻画它,即法律是关于普遍范围的声明体系整体的一个项,其以特定方式产生、颁布,并在社会中实现自身的理念内容。①

然而,假定某人认为"立法者的"立法意图对法律适用意义重大,那他实际指的是法律制定一般皆预设法律制定权威内部会对此有所讨论,且法律提案者对此持有某种意图,且正是这种意愿影响了法律制定,在这个意义上,它可能具有重大意义并可被称为"立法者意志"。虽然此处个人权力并未赋予法律力量,且个人意愿本身也毫不相关,但这种观点仍然是有效的。在这种情况下,只有法律本身所具有的内容才具有法律效力。然而,在解释法律字面意义时,遇到疑难情形也还是有必要关注所谓的立法者意图。

当我们把真正的个人权力视为立法效力的基础时,情况则大为不同。此时,独裁者有权依照个人意愿和喜好为人民立法。可即便如此,法律实际上也会以自身机制为基础获得某种非个人化的效力,且只要法律存续,那它就依然会像在立宪政体中那样对立法者有所约束。然而,就在理论上维持独裁者个人权利的观念而言,是独裁者希望被服从的信念决定了人们对法律的服从。根据这种观点,独裁者是不受法律限制的(legibus solutus)。但倘若如此,法律作为命令就拥有某种与它在其他情形下所拥有的不同的性质。与其他权威通过言词表达的命令类似,此时它们也可能依独裁者之喜好产生直接影响。但是,既然此时独裁者有权依照个人意愿和喜好为人民立法,那么他的意愿就会作为决定性因素而

---

① 对此,可参见我的著作《罗马法的义务概念》的引言,见本书上文,第 1—16 页。

得以凸显。而当人们仔细考虑命令时，它们就会成为关于独裁者意愿的某种信息源而引人注目。现假定人们多少可以知晓这些命令，或假定虽然命令尚未撤销，但看上去它们已经改变，那么独裁者无论以任何方式表明愿望，它都是重要的。然而，如果仅当意愿被公告时才具有法律效力，且由于只有通过公告，独裁者的意愿才能众所周知，故这是其具有法律效力的唯一方式，那么看上去独裁者的意愿本身就能导致其对象的形成，同时，这种意愿似乎就是真正的意志，即意图。因此，命令就不仅仅是独裁者所公告出来的意愿，而是对其意志的公告。正所谓我怎么想，我就怎么下命令……

对此，我们还能得出进一步的推论：法律本身以独裁者的意志为基础。现在，如果我们考虑两个意志相互对立的独裁者，那么他们各自的意志在自身辖域内都会约束他方意志，即能对另一独裁者施加义务。每位独裁者在自身辖域内都是主权者。从国内看，主权源于这一事实，即独裁者的意志不源于更高的人类意志。在国际上，这意味着所有独裁者都应在其他统治者的辖域内尊重他们的意志。这清晰表明主权者在领土上的法律地位：领土是他作为统治者的权力边界。据此，他能够像对待他的下属那样对待其他统治者。同时，他这样做时可以无视其他竞争者。无论是他的臣民还是外国统治者，都有义务尊重他的意志：他的臣民必须遵循他的意志宣示；外国统治者则不能干涉他的权威。此外，如果独裁者的所有权力都建立在他的意志之上，那么他要部分或全部转让自身权利就只有唯一一种方式。独裁者必须亲自宣告他有意部分或全部转让其权利，而接受者则必须明确表示接受。

自然法理论包含这一思想：对他者的统治权取决于他者对其

原初统治权——即个人对其身体、行动,乃至自然财产(在假定存在原初财产权的意义上)的统治权——的让渡。只有双方意思表示一致才能实现这种转让。在中世纪后期,当君王与人民发生冲突时,人们认为王权仅具有次等性质。也就是说,王权四分五裂为所有个体对自身所具有的专断权。于是,如同君王在自身辖域内具有至高意志那样,个人也得到了自己的权威领域。对此,其他所有人都负有尊重这种权威的义务。此外,诸侯间的权利让渡也只能以同样方式进行。现在人们普遍认为,将个人权利让渡给统治者是有条件的,只有统治者支持并保护自然权利让渡才能进行。很明显,统治者的法令必须与自然法体系契合,即便在文明状态下(*status civilis*),权利让渡也只能通过意思表示完成。特别是在私法领域中,如果我们把承诺视为权利让渡,那么它就意味着某人通过意思表示放弃了一些自由。个人行动构成其自身独断权的对象,在这个意义上,自由是一种基本权利。正如臣民要服从统治者的意志一样,行为也要服从主体的意志。相反,受让人则通过作出对应意思表示而获得某种关于承诺所涉行为的专断权。[1]

至此,我们已经阐述了如下这种反常的现代观点的历史渊源,即私法中,那种表达了权利义务之形成的观念的强制规定,就其本义而言是一种意思表示,且它自身就能产生某种后果。在后文中,我们将进一步阐述并印证这一历史渊源。

---

[1] 参见作者在《1734年法典回忆录》(瑞典语)第24条中对纪内尔曼·伦斯特拉勒的论述。

第四节　在私法领域中,当某人意图通过意思表示创设相关权利义务时,他心中所想为何?

在回答上述问题时,先考虑私法如何理解法律"权利义务"是较为方便的。毫无疑问,私法以祈使形式表达了"权利义务"观。在根据宣告内容赋予"意思表示"效力的这方面,这种法律至关重要。同时,虽然并不存在表达习惯法的特定形式的命题,但是,当我们把习惯法视为决定"权利义务"应当发生的东西时,情况亦是如此。

为了回答后一问题,有必要探究当"立法者"提出某项具有法律性质的"权利义务"声明时,他的想法究竟是什么?[①] 也就是说,有必要探究立法者对此声明后果的了解。显然,从他对法律体系效力的了解来看,无论这种效力源自何处,其所知如下。无论是由私法所描述,还是由具有相同内容的其他方法所描述,他所知道的东西都是实际存在于真实世界之中,并于特定情形下形成的权利义务。权利义务会以如下方式形成:在大多数情况下,"权利拥有者"占据优势地位,他"有资格"对"义务"人享有权利;相反,后者在大多数情况下则"有义务"做某事。在私法立法层面上,其效果大体如此。如果权利人总要通过法律实践权利,义务人总要因为诉

[①] 关于"立法者"一词的理解参见本书上文第311页及以下诸页。

讼才负有义务,那么要维护法律行动系统就是痴人说梦。①

然而,"立法者"所知道的还不限于此。他知道所有满足程序法要求的起诉者——特别是在确立实体法所预设事实的层面上——都能获得有利判决,且这些判决最终都会获得执行。对此,无论系争事实是否真的存在都无关紧要。虽然法律"权利义务"依附于特定事实之存在,但任何人只要能够满足法院的要求,特别是在证据证明方面,他就享有至少不次于所谓"权利拥有者"所享有的优势。当然,这并不意味某人不能通过其所诉请的事实真相支持他的案件并获得满意的诉讼结果。然而在诉讼中,问题的关键仅仅是法律对事实方面的要求是否得到了满足。或许,被告已经满足了原告的诉求。倘若如此,那么诉讼就只会以如下方式进行:就事实认定而言,由于被告在相关事实的证明问题上满足了法院的要求,因此原告将败诉。

由此不难发现,就"立法者"的想法而言,那种在私法中以祈使形式表达出来的"权利义务"观念,其实是那些他所知道的能够借助法律实现的东西。这种观念始终是对上面提及的关于世界实际秩序的构想。也就是说,当某些事实发生后,人们会认为某人通常能对其他特定人或不特定人拥有优势地位。此外,这种观念还关乎于其他东西。在法庭上,某人对法律相关事实之证明赋予他某种最终受到强制力保障的权力,且根据法律规定,如果事实如上所证,那么此人至少享有同等优势地位。显见,如果权利拥有者对他人既不能无偿享有优势地位,亦无法满足法院的要求,那么法律将

---

① 我将马上讨论此点。

失去效能。倘若如此,权利将毫无意义。因此,这种观念自然预设于法律之中。另一方面,如果起诉方能够在所主张事实实际不存在的情况下履行证明责任,那么法律就会产生出与其文本规定不一致的效果。但即便如此,这种效果依然源自法律本身的内容。因为即便在私法领域中,法律适用也必然要依靠法律程序,且只有程序才能使得这些法律成为有效规则。

然而,仅当如下假定成立时,即"立法者"用命令表达某些"权利义务"观念时确实知晓如此行为的后果,上述情形才会有效。另外一个问题是:立法者是否认为他仅仅造就了这类实际条件并因此只按照上述主张去理解"权利义务"的意义呢?目前看来,至少如下几点是清楚的。假定私主体作了一个私法上的"意思表示"并意在引起相应法律后果,且他认为借助实在法或是具有法律效力的习惯的确可以实现这种效果,那么当此人以祈使形式表达某些权利义务存在时,他就会具有如下信念:他会认为自己根据命令表达的观念可知晓(因此他在作出意思表示时总会对此有所考虑)预期将要发生的实际情形。因此,他在谈及"权利义务"时必然要像立法者那样将其意指为将要发生的实际情况。在此,我们仅需作出如下保留。鉴于义务方的顽抗或无能,或是由于诸方对意思表示之意义存在理解分歧等原因,个人根本无法确定他的案件是否属于必然要诉诸法院的例外情形。因此,此时至多认为他所意指的东西只是一种关于事物的实际秩序,其要么确保权利人将从"义务方"那里实际获得某种所谓"权利",要么确保"权利方"通过法律程序获得上面所描述的那种权利。然而,与立法者情形一样,私法中的"意思表示"同样存在这一问题:我们对"权利义务"的理解就不存在某种更深层的东西吗？

在进入这一问题之前，我们必须先探究法官基于法律或习惯来裁判时所理解的"权利义务"是什么。假定法官由于认为原告具有某种"权利"而判其胜诉，那在作出这一裁判时，他想表达的意思就不可能是如果案件事实如原告主张的那样，那么根据法律或习惯，原告将实际获得与其所属利益尽可能一致的利益。因为，原告只能借助法官裁判才能获得这种等价利益。因此，法官不能将原告实际获得等价利益作为其裁判根据。假定法官对"权利"的理解自然地与立法者根据上述观点对权利的理解一致，换言之，如上所述，存在某种由强制力保障的与替代性权力对应的事态，那么法官就只能宣告原告应当拥有系争"权利"，且毫无疑问，相对方"应当"以某种方式受制于强制。如果法官运用了"有权"这一表述，那么他所表达的就只是某种权利观点，而非其关于权利确实存在的知识。然而，借助这种语言表达，法官使得这种权利观点基于法律的观念性内容成为了现实。

此处，为了清晰起见，我将提出如下问题。在私法案件中，法官在确立判决依据时调查了什么？我们首先要问的是：他在私法领域中基于法律或习惯做了哪些调查。然而，针对这一问题，我们只能从以如下方式理解法律（或具有法律效力之习惯）所谓的"权利义务"的法官视角进行处理。假定法官将权利义务理解为某种可以发生于现实世界——即某种社会事态——中的东西，其包含某种受到法院程序规则制约的替代性权力。在此，这里涉及的首要问题又是法官是否会将法律"应当"应用于个案之中。答案断然是否定的！因为，法律话语中的"应当如此"仅仅是不表达任何观念的措辞，在某些情况下，它是一种关于强制的心理手段。然而，任何合乎逻辑的结论必然源自观念。另一方面，法律的观念内容自然可适用于系争案件。可当法官适用法律观念内容获得某种呈现为"应当"的结论时，其所涉及的只是心理学意义上的联想性理由，而非逻辑理由。

  接下来，我们还要作出如下追问。对以法律或具有法律效力之习惯为基础的"权利义务"，存在两种理解路径。（1）根据法律或习惯的要求，一方为他方利益而直接采取的行动；或（2）受程序规则限制的某种权利使得一方有权对他方提起诉讼，凭借于此，当后者未履行义务时，一方可获得等价利益。这种权利要么由法律明文规定，要么由习惯默认归属于原告。只要原告能够证明其所主张的案件事实，这种权利就属于他。然而，如果法官试图在处理手头案件时实现法律的观念内容，他又会选择哪种理解呢？假定案件事实无争议，且原告主张被告尚未以其自由行动履行义务的事实得到后者承认，那么（原告认为）法律所设定的法律条件就适用于当下案件。再假定，被告虽然对原告主张事实无异议，但却否认原告主张的法律意义。基于这些假定，法官当然只能基于第二种理解对案件展开调查，也就是说，他会将权利义务视为某种由法院执行法律而确立的法律地位。而对于第一种方案，他则无能为力。假定原告诉求有法律支持，如果法官认定原告有一种先在权利，那么他就在胡说。因为法律的观念内容不可能以那种方式实现。

  现在我们考虑另一种情况：虽然原告和被告对适用于当下案件的法律之意义并无分歧，且法官亦接受他们的解释，但双方对案件事实不能达成一致，如，被告是否尚未履行义务，在这种情况下，法官就要根据程序规则和证明责任调查案件。这同样意味着如果原告胜诉,值得讨论的也是第二种情形。此时,法官不可能基于存在某种先于诉讼的东西,就判决原告拥有权利。

于是我们可以得出以下结论。无论争议事关法的观念内容、习惯,还是事实,法官所知道的能够在物理世界中实现的东西决定了他的"权利义务"观。在裁判时,他根本不可能考虑某种先于法律程序而存在的"权利"。显然,我们在此假定了所讨论案件是这样一种案件,即它可以根据既定规则或习惯作出决定。如果并非如此,那么法官本身就是案件的立法者,但对此他们不予关注。

现在让我们回答开始的那个问题。在私法领域中,"立法者"以及作出意思表示的私主体在论及"权利义务"时真的不仅仅是指某种社会事态吗?看上去,常识会区分拥有(having)"权利"和享有(enjoying)权利,以及负有义务和被强制履行义务。此外,区分拥有"权利"与因证据规则和证明责任规则而胜诉,看上去是个常识。这种差异还体现在如下这种流行观点之中,即诉讼是实现其被发起之前就存在于物理世界中的"权利义务"的手段。对此,人们会认为,作为权利基本意义的一个推论或功能,诉权才有可能归属于权利人。同样的,人们会认为,作为义务基本意义的推论,某人才会受到法院强制。根据上述观点,如果"权利"概念包含其中一种理解,那么在特定情况下某人就有可能获得其本应获得的利益。且根据上述观点,如果"义务"概念包含义务人会遭致法院强制的这种情形,那显而易见,这不可能是基于"权利义务"各自存在所导致的结果。因为,倘若如此,在没有谈及权利义务效果时它们就不可能存在。然而,权利义务的效果并不等于令其产生的原因。

但如果我们将法院赋权或给予强制(视情况而定)视为权利义务存在之结果,那"权利义务"究竟意指为何呢?显然,除非"权利"概念蕴涵权力,且负有"义务"蕴涵臣服于这种权力,否则绝不可能从权利存在就推出有某种权力强迫义务方履行义务。然而,权力与臣服在此与现实生活中的任何事物毫不相关。显然,它甚至无需以法院赋予的实际权力体现出来。因为,根据常识,即便获得这种权力的条件并未成就,人们依然可以拥有"权利"。例如,某人在承担证明责任时可能并无法证明需证事实。如果"权利义务"具有我们前面主张的那种意义,那么我们可将其产生这种意义的情形与此处的情形加以比较。根据那种观点,权利义务会以如下方式与实际情形发生联系。"权利"意指权利人要么(1)可从对应"义务"方那里获得他"有权"享有的优势;或(2)只要权利人能够满足法院特别是在授权事实证明方面——其由法律明文规定或由习惯法默示暗指——的要求,那么他就可从法院那里获得强制权。① 显然,如果上述两种情形都未获满足,那么"权利义务"也就荡然无存。毫无疑问,如果上述两种条件有其一在现实世界中得到满足,那么"权利义务"将变成现实。在法律上,这种联系会以命令形式表达,而所有依赖于习惯的人们则会认为它是应当发生的。然而,由此提出的构成上述观点组成部分的观点同样是应当的:如果通过法律程序实施强制的条件并未成就,且应当实施的行为亦未履行,那么"权利"就不存在。但是,根据看待问题的通常方式,在私法领域的法律或习惯中,一旦形成"权利义务"的事实存在,即便权利人既

---

① 在作出细节修正后,类似评论还可适用于义务人。

不实际享有无需起诉就应享有的与之相关的益处，也无法通过法律程序满足为了获得等价益处所需要的条件，系争"权利义务"依然会变成现实。

因此，显而易见，在私法领域中，"立法者"同样会认为，颁布包含权利义务的法律所产生的效果就是形成某种不属于物理世界的权力（以及受制于这种权力的状态）。特别是论及法律"义务"时，应注意，无论"义务"方是否履行或能否履行它，甚至他是否真的感受到自己有实施某种行为的义务感，义务对他而言都是存在的。于是，所谓某人对义务人"有权"实际享有益处就只是他对其所拥有的某种超自然"权利"的行使。这种"行使"源自"权利"，但即便由于自然障碍权利无法被行使，它依然独立存在。相反，"义务性"行为则只是对独立于它存在的义务的履行。因此，法律适用机构就处于这样一种地位：他可实际宣告原告拥有某种权利、被告拥有某种义务，他可将其宣告视为一个正确陈述而为裁判执行强制措施奠定基础。正如我们已经表明的那样，即便"立法者"也将"权利义务"理解成某种他想实现的社会事态，可将"权利义务"视为超自然力量和纽带的想法始终存在并颇为流行。后者以这样一种方式与前面的观点发生联系，即权利义务之存在形成了人们所构想的社会状态。而权利义务之名也正是基于此点。然而，这样一来，立法就会被视为具有某种直接影响超自然世界的力量，凭借立法这种行为才产生出了对物理世界的影响。

此外，在私法领域中，如果以法律命令形式表达的"权利义务"观念具有超自然意义，那么在该领域中作出"意思表示"的人就会知道意思表示的效力源于法律或具有法律效力的习惯，同时，他会

323

324 秉持同样的"权利义务"观念,并认为社会事态仅仅是超自然权力关系所导致的结果。

在继续处理这一问题之前,我们需要指出所谓超自然力量或义务(视具体情况而定)在逻辑上是荒谬的。人们认为,这种超自然物指涉的是某种超物理世界实体。然而,另一方面,所有"权利"都被认为会以某种属于物理世界的优势作为其客体,所有"义务"则被认为会以某种存在于那一世界中的行为方式作为其客体。

第五节 在超自然意义上人的哪一部分被赋予了权利或施加了义务?

从事物本质来看,"义务"显然归属于义务者的意志。无论义务人是否注意到它,它都作为某种内在纽带而存在。由于存在这种对应,与他人"义务"对应的"权利"则因此成为了约束他方意志的纽带。此点还可从如下事实看出,即"权利"者有权对他人提出某种"权利主张",以要求他人作出某种行为。基于这种要求,他方则有义务实施这种行为。假定在实际的法律交易中,某人要求另一个人偿还货币债务,毫无疑问,在这种要求背后,总有某种东西明示或默示地指涉着违约所带来的法律后果。然而,此处讨论的"权利主张"本就被视为产生法律后果的一个条件。因此,就这种权利主张的实现可能性而言,我们不能将那些扬言将要发生的后果作为其前提条件。然而,这种权利主张并不是某种实际要求。仅当在特定案件中权利主张作为法律事实已然产生时,它与实际要求才具有内在联系。而在其他一些情况下,则根本无需任何实际要求。例如，如果债务偿还期限已经确定，那么权利人就有权在到期时直接"主张"支付而无需另寄请求函。此处，与"权利主张"相关的这种要求在某种程度上并不是一种自然性要求，换言之，它从属于某种超出物理世界之外的其他世界。此外，应当注意，权利主张只能凭借权利人的欲望或利益而存在，而这种欲望或利益则指向权利人对义务方所享有的权利。因此，权利人的正当愿望或利益才是实际要求的来源。正是这种正当的愿望或利益才给对方"施加了义务"，而这对"权利主张"而言同样如此。显然，依附于"权利主张"之上的要求同样也包含在其中。事实上，权利者的愿望或利益约束了"义务"方，这就如同这种愿望或利益能够在通常情况下对义务人提出要求一样。然而，只要这种愿望或利益对"义务"方的意志施加了这种神秘的超自然约束，那它就是一种活性意志。于是，某人是将"权利"归属于意志，还是归属于愿望或利益，就无关紧要了。因为，这最终都会达到同样的效果。但是，这种等同于愿望或利益的意志在约束"义务"方的意志时，无论其是否像自我约束那样是某种具有压力感的自然现象，它都彻头彻尾的是一种迷思。

至此，我们已经谈及了那种可以促使权利主张形成的愿望或利益。这组对立选项与诸种法理论对私权本质的理解冲突对应。以温德莎伊德为代表的罗马法学者指出，权利强调的是对武断意志的决定权。在他们眼中，这种意志主要是一种恣意的愿望。而实际意志作为权利主张的承载者则预设权利主张之存在。然而，如果恣意的愿望才是权利主张的承载者，那么它就会借助与"权利主张"相关的权力而呈现为某种恣意的意志。德国的耶林和瑞典

326 的努德林则提出了他种理论,这种理论认为,与真实利益无关的——即对个人无实际价值——权利主张是无效的。因此,这种理论认为利益才是权利主张的承载者。然而,基于权利主张的存在,利益变成了实际意志。只不过,从个人的角度看,这种意志不是恣意的而是合理的。下面我们举一个例子。所有权意味着权利人期望对其财产进行占有、收益,并以某种超自然意志约束他人意志。当权利人根据自身意志处分财产时,人们会认为他行使了权利。这意味着,在这种情况下,其权利所依赖的超自然意志在现实生活中同样是活性的。借助这种意志,无论在财产处分的实践中权利人被如何排除在外,他都实现了对财产的控制。借助这种意志,从超自然世界以及所有妨碍权利人处分财产的力量来看,权利人都通过将他人意志排除在外而实现了对他人意志的约束。这种情形与将国家主权视为排除他国主权干涉内政的这一事实类似。然而,只要所有者实际控制了财产,他就在现实生活中实现了自身意志。请求权则具有如下意义,它意味着在涉及与权利相关的义务行为时,作为某种超自然意志,权利人的愿望或利益会基于同一角度去约束义务方。只要权利人在现实生活中要求义务方履行其行为,那么权利人就在物理世界中实现了那种约束他方的超自然意志,如此一来,他就践行了自身权利。因此,权利人在其"权利"范围内就占据了统治者对其臣民所拥有的同等地位。

至此,我们借助"权利义务"的现代概念观阐述了这一观点,即
327 由私人以祈使形式作出的与法律有关的权利义务宣告是一种意图宣告。无论权利还是义务都指涉并从属于意志。例如,一个人除非出于自身意志,否则他如何为了他人而随意约束自身并因此基

第五章　私法领域中的意思表示概念(1935年)

于他人利益而放弃部分自由权？[①] 此处，这种意志定然是具有有效力量的。诚然，如果想要产生某种不可或缺的效果，宣告必不可少，同时，只有宣告是某种关于意志的声明时，它才具有重大意义。然而，此处被宣告的意志不可能是宣告者的自然意志。因为，后一种意志以宣告本身作为内容，故其不可能被那一宣告所宣布。相反，被宣告的意志必定是某种仅凭愿望或利益就能产生效果的神秘意志，而被放弃的权利则寄居在这种愿望或利益之中。就算人们明显将这种神秘意志与自然意志混淆，这一观点依然有效。同样，我们还可论及以初始权利人弃权为前提的"权利"取得。然而，当某人有可能在无需义务人合作的情况下直接为其设定义务时，这种观点也同样适用。[②] 在这种情况下，初始权利之实现似乎是凭借权利人的神秘意志才是有效的。而意思表示看上去则是关于那一意志的声明。

我们已经以下述方式解释了"意思表示"这一术语在私法中具有突出地位的这一观点。我们认为，这源于自然权利理论将关于主权者意志的权利分割成了个人对其身体、财产、行为所拥有的至上权利。真正的主权权利以主权者的意志为基础，当主权者的个人意志与接受者的意志相互结合时，这种权利才能让渡于他人。同样，主要也是通过个人的自身意志，其至上权利才可让渡于他人。虽然这一原则应仅在自然状态中成立，但人们认为这种以原初契约为基础并受自然法则约束的原则在文明状态中同样有效。

---

① 请注意，在合法范围内，请求权与统治者对其公民的权利具有同种形式。
② 例如，主人命令仆人，地主禁止他人进入他的土地，等等。

此处,这一观点也与"个人'权利义务'建立在其意志之上"的现代观点直接联系。然而,这种观点与自然权利理论也是一致的。因此,这两种解释可谓同宗同源。

第六节 论"意思表示"法律有效性的法律基础

一、意志理论

由前述不难发现,如果个人以祈使形式表达了"权利义务"观念,那么只要他把"权利义务"理解成前述的某种关于自然的真实社会事态,那么这种表达就能产生效果。然而,根据这些词语的使用方式我们也不难发现,这种社会事态与权利义务的唯一联系在于前者是后者存在所导致的结果。由于这些词语的内容包含了某些不兼容因素,因此它断然无法实现。然而,相信法律或习惯以及由此形成的"意思表示"真正实现了"权利义务"所归属的超自然现实,又会导致其他很多神秘的不解之处。其中的一个要素是要拟制某种发布法律命令的国家意志。借助这些命令,国家意志在私法中才能成为权利义务基础。这种国家意志被赋予了主权者的主要权利,如此一来,它就成为了某种可为个人创设"权利义务"的超自然力量。为了使得实际的法律命令能够在超自然世界中运作,人们不得不将其提升至现实生活领域之上。只要人们认为某人在一个国家中拥有依其意志和喜好进行统治的权利,那么此人就拥有神圣权力。当然,会有某种易于感知的实在充当这种神圣权力的承载者。随着这种观点对人们思想逐渐失去影响,相反,共同利益在法律中被赋予了基本的神圣性，为个人创设权利义务的权力就分配给了后者。如此一来，在这一方面明显构成即时创设性因素的法律命令就浸染了这种利益色彩，而作为命令基础的利益则成为了国家意志。于是，国家意志就承载了最初由具体主权者所具有的神圣尊严。

然而，国家意志究竟是什么呢？显然，一个国家的人民包含黄发垂髫乃至极蠢之人。那么，法律是否宣告了某种对他们而言的所谓共同意志呢？如果真的如此，人类对某种神圣事物的夸大就达到了顶点，至此，所有具体的实在便荡然无存。此外，由于法律命令当然是由真实主体发布的，所以还会产生这些人与国家意志的关系是什么的这一问题。让我们考虑一下君主专制政体或独裁政体的情形，假定在这类政体中，是国家利益原则而非统治者的意志和喜好被视为至高无上的法律，那么在这种情况下，作为立法者的统治者就必然等同于国家意志。然而，由于这种意志是国家自身的意志，且所有公民都从属于国家，而统治者自己又拥有（国家意志所没有的）肉体，因此，统治者就不等同于国家意志。有人认为，可以通过引入符号化概念克服这一困难，在这种情况下，就可用统治者体现国家意志。那么在实际生活中一个符号的特征是什么呢？它怎样在表达同样意义的同时又区别于其所符号化的东西呢？答案如下：因为符号化事物与符号具有类似性，所以人们对符号化事物的态度是指向符号的。换言之，符号在情感生活中起到的作用就如同它所象征的事物起到的作用一样。因此，虽然两者存在差异，但符号会把自身呈现为与后者一样。这就是是符号魔力的基础。例如，当某人表征某种他所渴望的动物图腾时，他就会经历仿佛图腾确实存在时所经历的同样情感。他会相信,借助这种表征手段,图腾确实存在于世。同理,因为作为立法者的统治者看似实现了国家利益,所以他使得人们想起了所谓国家意志。因此,当人们谈及这种超自然且颇为神秘的力量时,他就收获到了忠诚感这种情感态度,而人们则会崇拜他的人格。于是乎,统治者就成为了国家意志的代言人。然而,他仅仅是因为体现了国家意志就变成这样,这是一个在心理学上可以理解但却臭名昭著的矛盾。另一方面,无论我们是遵循自然权利学说的教诲而认为"人民"具有直接主权,还是根据现代观点认为人民是国家意志的代表,这种看待问题的奇怪方式同样也会体现出来。在现代,议会是最为直接的统治者,它被视为具有某种人格,它由人民选择所创设,并因此能够唤起人民意志。因此,由于这种情感态度上的困惑,虽然议会并不同于人民意志,但它却成为了人民意志的"代表",诸如此类。

然而,此处令人最感兴趣的神秘之处还是另外一个东西。它与在私法中创设那种由意思表示所形成的"权利义务"的权力的法律基础有关。难道这不是法律或习惯被视为国家权威决定的基础吗?此处应当注意,为了使得决定能够产生效力,即便是国家权威机构,人们也会认为它依赖于某种与其相独立的既存法律秩序。国家权威机构并无法孕育而生(ex ovo)某种关于私人权利义务的超自然体系。事实上,这种体系只能通过法律或习惯而存,且它必然独立于前面论及的实际社会事态。然而,国家权威机构制定出来的仅仅是这样一种能够导致社会事态形成的超自然体系,而实在法则与这种社会事态紧密相关。然而,这种人们总会预设其存在的超自然体系究竟存在何处呢？没错，它存在于常识正义观之中。无论我们是遵循自然权利理论的教义而认为这种正义观与生俱来，还是像历史法学派那样认为它是人类历史发展的产物，这种正义观作为一种关于理念法的认识都与相应社会事态是否实现无关。立法者——即国家权威机构——为了让他的规定能在超自然意义上具有真实约束力，他必须使得这种所谓的理念法成为他的规定基础。这就是谈及一条私法规则法律基础——即法理（ratio juris）——的意义所在。在回答法律基础这一问题时，人们要澄清理念法在诸种情况下是如何体现自身的。当然，这里的情况很复杂，也就是说，在解释大多数私法的特定内容时，我们不能仅参考常识正义观，而且还必须要诉诸社会目的。但是，理念法或正义以及国家善这两条原则却决定了国家权威机构在私法上的立法者地位。人们认为，这两条原则共同构成国家权威机构在这一领域中的权限基础。然而，我们在此无需考虑那种复杂性，此处的问题大体关乎的是"意思表示"的法律效力基础。在这个问题上，人们会通过日常法律反思认为此处存在某种真正的法律基础以及真正的理念法，而这种法则通过令法律或习惯在私法领域中具有约束力而确认了"意思表示"的效力。

那么，这种法律基础究竟是什么呢？为了回答这个问题，我们最好先探究在意思表示中宣告的是何种意志。显然，这种意志并无法通过宣告而产生某种法律后果。宣告本就是意志内容，因此，如果这种宣告不是关于自身的宣告，那它就不可能是关于同一意志的宣告。因此，被宣告的意志必定是某种无需借助外在手段就可促成某种法律事态的意志。换言之，秉持这种意志的人必须假定他能仅凭自身愿望就实现他想要的东西。这种力量绝不可能以法律或习惯为媒介，因为，没有任何法律或习惯只表达愿望而不造成任何外在的法律后果。于是，人们可以认为，某人在不借助法律或习惯的情况下就能促成某种法律事态。至此，我们已经表明，当我们将表达"权利义务"观点的祈使形式视为意思表示时，此处讨论的"意志"是一种被视为权利承载者的意志。而这又正与关于权利自身的观点相关。当我们把"权利"视为某种主张时，它就会与落入某一特定领域内的单纯愿望或利益有所联系。正是通过这种方式，权利者才为他者设定了义务。也正是凭借这种单纯的愿望或利益，他才拥有某种有效意志。然而，由于这种主张本身就属于超自然世界，因此被"意思表示"所宣告的意志也是超自然的。至于这种无需借助任何外部手段就能具有效力的意志内容，只要其旨在变动既存法律关系，那么它就可在自身法律有效性的界限内决定这些关系。需要指出的是，权利继受人自己必须愿意接受权利。

然而，那种借助宣告手段而形成某种法律后果的意志本身并不是一种由法律或习惯所预设存在的法律事实。因为，这种意志要想有效，它本身就要预设法律或习惯。意思表示本就是法律事实，而不可能是关于同一意志的宣告。然而，那种被认为由"意思表示"所宣告的超自然意志也不可能通过法律或习惯成为某种有效的法律事实。因为，这种意志的效力并不借助任何外在手段。因此，仅当这种高于法律与习惯的意志成为法律与习惯的有效性基础时，它才具有意义。因此，那种源自纯粹内在意志且无需借助外在行动就具有效力的，对意思表示法律效力具有决定作用的所谓意志理论，就根本不是基于法律或习惯而处理相关法律事实的理论。相反，这种理论关注的是理念法为意思表示法律效力提供的法律基础。这种理论还与某种特定观点相关，我们发现，这种观点在日常生活中会以祈使形式表达"权利义务"的形成。这种观点认为，那些以命令形式所表达出来的观念是某种关于意志的宣告，且这种意志的有效性独立于该宣告本身。这当然并不排除这种观点对现实法律体系具有重要性的这一可能，但倘若如此，虽然这种理论认为仅当意思表示表达出宣告人在作出宣告时心中关于权利义务的某种观念时，它才具有效力，但此时真正的法律事实一定是宣告，而不是意志。此外，我们还应补充如下事实。由于缺乏接受者的"意志"不可能发生权利转让，故在宣告被接受之前，宣告绝对不可能对宣告者形成约束。换言之，如果宣告在接受前被撤回，那么即便对方在其接受宣告前并不知道存在撤回（或是撤回至少在对方已经接受要约但却未发出承诺之前已到达对方之处），撤回也会使得所有法律后果归于无效。因此，宣告绝不可能被视为意志理论的逻辑后承。因为，我们在此关注的是现实生活，而超自然观念在此并无用武之地。在自然世界中，意思表示绝不可能是意志宣告。

现在，让我们考虑第一个要点。该要点要求意思表示一定要表达出宣告者在作出宣告时心中关于"权利义务"的某种观念。要想使得这一结论看似有效，就必须混淆据称被意思表示所宣告的神秘意志以及基于现存法律体系而旨在形成特定法律后果的意志。至于第二点，毫无疑问，这种理论认为意志是权利的承载者，在缺乏接受者意志的情况下，不可能发生"权利"移转。然而，仅当我们对作为权利承载者的意志与基于现存法律体系以形成特定法律后果的意志加以混淆,承诺对权利接受而言才是必要的。然而,由于这两种混淆在心理学上显得极为自然,因此它们适用于上述两种情况时,在心理学上也显得颇为自然。事实上,只有那种借助意思表示形成法律后果的意志存在于现实生活之中,而那种被认为能够直接导致弃权或权利接受的神秘意志,那种被认为只能通过宣告才能为他人所知的神秘意志,则并不存在于自然世界之中。因此,前一种意志必须要为后一种意志发挥功能而服务。

二、信赖理论[①]

然而,从社会交往所带来的益处看,以前述方式适用意志理论并不令人满意。早在北方国家只能通过制定法律或认可习惯而冲破意志理论的藩篱之前,法理学就已经试图引入一种不同于意志理论自然导向的法律适用方法。在丹麦,其引入者是追随古斯与阿根森(Aagesen)的朱利叶斯·莱森(Julius Lassen),在瑞典,则是努德林。

这种新理论认为,允诺在接受前就具有约束力,因此,允诺一旦被接受,接受者就拥有权利,发出者则受此约束。即便接受必然要耗费一定时间,但只要耗时与允诺所明示或默示的规定相符且

[①] 至于信赖理论,我一开始就曾提到过隆斯泰兹在《论义务概念》(*Obligationsbegreppet*,卷1,卷2,瑞典语。)中对它的批判性解释。此处,我仅仅是增加新的论证去完善他的论证,以加强对如下结论的支持,即莱森在建构理论时借助了某种自然权利理论的思路。隆斯泰兹的这一论证现还可参见其著作《法理学的非科学本质》(*Die Unwissenschaftlichkeit der Rechtswissenschaft*),卷2:1,1936年,第135—181页(编辑注)。

接受无论如何在后者中都是必须的,那么情况亦是如此。这种理论是否真的与意志理论形成决裂值得怀疑。因为,为什么要把接受者本可通过接受允诺所形成的绝对权利看成是其接受允诺后才取得的附条件权利呢?如果接受者没有作出任何公开宣告,甚至没有直接表达出他愿意接受这种权利,难道我们就不能认为他会以未来之接受作为条件而有接受某种权利的意愿吗?无论如何,鉴于允诺一旦作出就理应被信赖在社会交往中的重要性,这种权利适用看上去是正确的。

在此,我们忽略了在这种情况下除了意志理论外是否还需要其他理论的这个问题。但是,对意志理论自然会导致的其他后果——即允诺人的误解与其允诺之间的相关性——而言,要想在保留意志理论的同时主张一种不同的法律适用模式显然更为困难。然而,假定允诺接受者是善意的且他在理解允诺人意图时也表现出正常的谨慎,那么鉴于一旦允诺作出就理应被信赖的重要性,取消这种相关性对社会交往就是重要的。因此,限制允诺接受者不得恶意行为且不得在理解允诺人意图时粗心大意是必要的。否则,受允诺人则可蓄意利用允诺人的误解,或是为了获得优势而不必表现出正常的谨慎。在理解允诺人意图时,防止不诚实守信并要求合理谨慎对社会交往的意义同样显而易见。

至此,新理论看似得到了澄清。某人会基于社会交往利益而推荐确立某种法律适用模式。当法官在特殊情况下必须充当立法者时,当法律或公认的习惯尚未确定解决法官此时的法律地位时,这种新理论以某种独特的方式对允诺所导致的法律后果问题向法官提出了某种立法层面上的建议。那么,在这种理论看来,哪些与允诺相关且可导致法律后果的法律事实因可导致法律后果才是重要的呢？显然，以下两个要素颇为重要。

1.在表面上，如果按照当下的表达模式客观看待意思表示，那么它在宣告者针对其所指主体的宣告中，就以祈使形式表达了某种关于假定义务或绝对义务存在的观点。同时，它也表达了被宣告者所拥有的对应"权利"（只要这里的权利义务指涉的是物理世界中存在的事物，那么前文就已讨论过它们的意义）。2.如果宣告者（允诺人）对其表意的客观意涵有所误解，那这就要求对允诺条款保持正常注意程度的接受者本不会留意到有错误存在。很明显，《瑞典合同法》第32条在这一方面受到了这种新理论的影响。它规定："当意思表示人因书面等错误方式表达出与其本意相异的内容时，只要表意接受者注意到或本应注意到这一错误，那么表意人不受意思表示内容的约束。"

由于受允诺人对意思表示的正当信赖被视为相关法律事实，因此这种新理论通常被描述为信赖理论。鉴于此处提及的这种理论的形成原因，在公认的意义上，此理论其实与允诺约束力的法律基础毫不相关。尽管如此，它确实还是关于允诺的一种理论。限于篇幅，我们在此仅讨论努德林和莱森的理论去展示此点。此外，我们还要展示，这种理论之所以是一种关于允诺的理论，是因为其源于意志理论，而后者在实质上是一种关于法律基础的理论。

对努德林而言，真相显而易见。他认为，私权的基础是理性角度上的正当利益。现假定，某人基于他方所为之意思表示可被视为体现后者意图的宣告而认为自己拥有某种权利，换言之，在此我们假定某人对其权利拥有正当信赖，那么，他就对表意者根据自身宣告行为拥有某种与之相关的合理利益。虽然一方相信自身针对他方拥有权利的原因在于后者以某种特定方式表达了意图，但努德林将这种合理利益视为允诺约束力的法律基础。然而，这一论证本身是自反的。因为，那种可以形成权利的东西必然是宣告出来的意图。毫无疑问，正是人们相信意图已被正确地宣告出来才使得接受者意识到自身具有权利。因此，在接受者的自我意识中，他的权利肯定依赖于意图的实际存在。如果他意识到对方的意图并不存在，那么虽然他可能可以主张损害赔偿，但却无法主张那种其有效性是由宣告本身所赋予的权利。

至于莱森，他的观点则更为不确定。首先，他认为"信赖"是相关法律事实，但他所谓的信赖究竟是什么却无法确定。对此，只需看看他所使用的诸种表述就清楚了。对此，海尔斯特罗姆（af Hällström）在其著作《论错误》（*On Error*）（1931年，瑞典语）的第80页及以下诸页有所论述。此处，我们发现，对履行允诺的预期取决于对他方（当下）是否有意（在未来）实施某种行为的信赖，正如海尔斯特罗姆认为，这取决于"合同意志"或他方接受义务的意愿。当莱森在后续段落中试图反驳针对他的批判——即一篇论述意思表示的论文（1905年，丹麦语）①——而为其信赖理论辩护时，此点体现得尤为明显。他说道："显然，我所说的'正当预期'是指受允诺人会合理地假定向他作出的宣告具有他所认为的内容……"②这一表述预设了一种极为奇怪的术语。这就好像有人

---

① 引自莱森1924年的丹麦语论文集。
② 该文集第321页。

说:"当某人断言他要去旅行的时候,我就能正当地预见他确会如此!"如果某人认为我对他将践行其决定抱有合理预期,那当然是可能的,但这却完全是另一回事。

然而,事实上,莱森理论此处的不确定性是极为自然的。据说,意思表示表达了"合同意志"这种旨在形成法律效果的意志,可就其本质而言,这种意志颇为神秘,因为即便意思表示不包含这种意志,它本身也是有效的。当然,这种意志在此被描述为一种可以形成义务的意志。但是,除非宣告本身就能形成法律后果,否则这种意志又如何可能具有法律效果呢?假定我们暂且不在法理学中考虑超自然领域——与努德林不同,莱森对该领域毫无兴趣——那么,除了把系争意志理解为将来会因他人利益而实施某种行为的意志之外,将很难再以其他方式理解这个问题。于是乎,意识表示就成为了对这种决定的提示。当然,某人还可以认为,一旦意思表示作出,其他人就能对其正确性予以正当信赖。倘若如此,我们就是把信赖看作是对某人在当下有决心在未来实施某种行为的信赖。然而,认为国家应当保护这种信赖却毫无道理。事实上,需要保护的信赖并不仅限于此。在此,我们继续合理地信赖某人会奉行他所宣告的决定,换言之,我们继续信赖他会实际履行其所宣告的允诺。看上去,这种预期可以得到保护。但是,对此存在如下反对意见。除非已经存在某种保障受允诺人利益的强制体系,否则这种预期根本站不住脚。在此,我们又回到了原点。在这种情况下,人们能够正当预期的东西,即由法律体系所保障的正当预期的内容,仅仅是法律体系会在其范围内保障允诺的遵守。然而,莱森提出了上述那种关于"正当预期"的奇怪定义。他指出,只有在法律体系予以保障的情况下,对履行允诺的期望才是正当的(参见第320页后段)。此处,我们又回到了起点。正当信赖是对由宣告所表明的"合同意志"实际存在的信赖。通过这种意志,宣告者将其自身置于某种独立于宣告的义务之下,而宣告仅仅声明了这种义务存在。那这种意志是何种意志呢？毫无疑问,它是做某事的意志,而人们则可对此合理信赖。然而,认为这种信赖应当得到保护是荒谬的。从逻辑上看,必须存在某种对这种意志未来持续存在的信赖。然而,此处又发生了循环,所以此处涉及的信赖不是我们一直讨论的正当信赖,它是事关"合同意志"的信赖……事实上,莱森不得不假定超自然意志存在。然而,要理解他为什么不区分"信赖"的诸种意义而混合使用它们却并不困难。除非某人假定他人将会践行当下所秉持的未来去做某事的意志,否则"信赖"这种意志毫无意义。只有对后者的信赖才是真正有意义的信赖。对莱森而言,这意味着他必须取消这种具有超自然权利意义的信赖。只有后者,才真正存在于对"合同意志"的信赖之中。这种意志由人所宣告,但它自身却并不以宣告为内容。缺乏这种信赖,假定"合同意志"存在毫无道理。

然而,我们现在必须转到法律为何应当保护正当信赖这一问题。在莱森所处的时代,法律以及具有法律效力的习惯都尚未解决该问题。所以,对他而言,问题是：为什么根据丹麦的法律精神法律适用要以这种形式进行？在我们所援引的他的著作中,答案主要是：社会交往的利益要求允诺要被信赖(参见第278页及以下诸页)。这很可能就是他提出信赖理由的真实理由。然而,他还表达了一些奇怪的观点。在第282页中,出现了下面这段话。"保障社会交往安全就是信赖理论的真正根据。根据丹麦法律，这点在任何情况下都必然显得更为清晰。同时，这还为以下命题提供初步证明，即在解决善意允诺人和被允诺人之间的冲突时，应支持后者，因此，当允诺人善意行为时，则无需考虑其是否缺乏允诺意图，允诺一般都是有效的。"此处需要主要考虑的问题是，运用这种信赖理论在多大程度上不会给允诺人带去不公。对此，莱森提出了一种"明显的替代方案"（第285页）。看上去，如果将正当信赖或缺乏意图视为相关因素，那么无论是允诺人还是受允诺人，都必然要承担某些他们"本不该承受之损失"的风险。因此，会产生这一问题："当损失在这种冲突中不可避免时，究竟应由何方承担这种损失呢？"莱森接着说道："看上去毫无疑问，在这种情况下，当一方存在过错而另一方无过错时，冲突之解决应当有利于无过错方。如果受允诺人在理解允诺上存在疏忽，那么他就不应受到保护……另一方面，如果允诺人有意或无意激起了宣告接受方的相关正当信赖，那么即便他无此意图，也应受到约束。此处，损害赔偿的一般规则只能令允诺人必须尊重合同消极利益，但鉴于存在明显替代方案的压力，这并不妨碍人们对其过错（请注意）赋予更为意义深远的后果。"

想来莱森的意思必然是：由于我们不能基于他方当事人应被责备的疏忽甚至有意欺骗去挫败受允诺人不可责备的信赖，因此就不应仅仅赋予允诺人消极合同利益。对此，我们应当将这一声明与之前谈及消极合同利益的部分加以比较（第283—284页）。鉴于证明上的困难，这种损害赔偿其实只能停留在纸面之上。应当指出，我们之所以认为允诺人应当受到责备，是因为无论允诺人有意还是无意，他都使得受允诺人在有充分根据的情况下形成错误信赖。对此，作者谈到一种必须予以赔偿的"过错"。然而，除非某人采取关于自然法的意志理论立场，否则这种责备毫无意义。因为，应被责备预设允诺并未由于允诺人的行为步骤而产生约束力，因此，受允诺人才会对不利于他的允诺形成错误信赖。假定某人以该命题为起点，即除非受允诺人认为或理应认为允诺人存在错误，否则允诺作为一种客观存在无需指涉允诺人的意图就具有约束力。再假定某人基于这一命题认为，即便他对允诺人所作允诺之意涵秉持正常审慎也无法发现其中任何错误，故他不能信赖这种允诺，那么这将摧毁社会交往中的信任。因此，仅仅因为允诺人有意或无意地导致受允诺人误判就认为他的疏忽应被责备根本没有意义。只要受允诺人不理解或本不应理解允诺人错误表达了他想表达的观点，那么受允诺人基于允诺意涵形成何种观点就完全无关紧要。在这种情况下，只有从允诺人自身利益的角度看，他才是"应被责备的"。然而，这样一来，"应受责备"就丧失了本义。

虽然从莱森意志理论的角度看，由于疏忽或故意欺骗所作出的允诺没有约束力，但它的确为允诺者设定了履行义务。在他看来，这是因为允诺者必须对其"过错"予以赔偿，而仅有消极合同利益并不足够。

然而，莱森继续研究的却是信赖理论是否只应适用于允诺人应被责备的情形。他的结论是，面对这样一个错综复杂的问题，如果我们将过失视为某种精神状态，那么无论何方承担这一证明责任，证明过失存在都极易沦为"打太极"。如果法律允许以此作为辩护，那么真正的过错方就极易令自身看上去是无辜的。因此，在第286页结尾处,我们读道:"如果我们承认,出于社会交往的安全,当证明允诺者存在过失时就应令允诺具有约束力,那么即便我们认为应当"释放"无辜允诺者,他也至多在如下方面才能获得法律支持。仅当他能证明他本不可能疏忽行事时,他才能被免予责任。因为在这种情况下,他的允诺要想使得对方产生系争预期,只能借由某种超出通情达理之人认知和控制的情境才能实现。"①应当注意,莱森随后将上述限制作为他所提出的三条法律规则中的第二条去限制信赖理论的适用(见第293、299页)。在第287页,我们又读道:"对此应当补充,当我们直接审视个案时,常常会忘记允诺人的表面无辜可能未必是真实的。记住这点很重要:在大多数情况下,当允诺人存在过失时,允诺本身就会唤起受允诺人对允诺人意图的错误观念。"我们可以这样表达莱森的意识。首先,当允诺人犯错时,除非能够证明他本不可能粗心大意行事,否则要想确认其不可责备性是很困难的。否则,允诺人极易让自己看起来是无过错的。其次,当错误发生时,允诺者通常都是应被责备的。因此,除了上面提及的特殊情形,我们就应当假定他应当受到责备。其依据是,无论允诺人出于过失还是故意,当其"过错"使得受允诺人在有正当根据的情况下仍旧形成错误预期,法律就应当要求过错方予以赔偿。这显然表明,在莱森所提出的法适用方法中存在着某种自然法式的法律基础。因为在所讨论的情形中,损害赔偿之

---

① 为什么此处会牵扯到社会交往利益呢?在前述推理中,它与过失并无关联。或许,是否这种利益才是莱森理论的决定性因素呢?只不过他因为无法摆脱自然法的困扰才在前述中只考量正义。抑或这种利益仅仅是作为一种独立正确方法的辅助原则才被引入呢?

所以成立，不是基于法律或习惯，而是因为根据正义感除非可以认定允诺人不存在一点疏忽大意，否则"意图瑕疵"就是不相关的。

事实上，仅当我们可以证明允诺人无法预见允诺会使得受允诺人在拥有正当根据的情况下依然形成错误预期时，我们才能基于客观上可确立的情境证明过失不存在。因此，在个案中，即便没有过失的允诺人也可能会受到不公正对待，而要确立这些事实则事关法律技术。在现实生活中，抽象原则不可能在不细分拆解的情况下直接地整体适用于实践。

应当注意，"社会交往利益"在此几乎是一个可有可无的角色。看上去，莱森之所以引入它只是因为它处于理论背景之中并能以某种特定方式有助于他基于自然法所发展出来的论证。抑或说，它在此处仅仅是一条辅助原则。同时，还应当注意，莱森通过谈论"正义感"之要求而非"正义意识"去掩盖其观点的自然法色彩。然而，如果没有那种包含这一假定——权利独立于法律和习惯而存在——的正义意识存在，那么"正义感"本身也不可能存在。还应注意的是，虽然上引推理号称完全是为了"建立"信赖理论，但它同样也确定了这种理论的适用范围。此外，莱森提出的三条法律规则中用于限制信赖理论支持允诺者的第二条规则，完全是建立在自然法论证之上的。在第 313 页，莱森明确表示，他的意图是辩护"允诺的约束力取决于它唤起受允诺人正当信赖的能力"这一观点。因此，他所辩护的"观点"并不是说允诺可被信赖对社会交往而言是重要的，也不是说允诺要通过法律和习惯才能获得约束力。然而，尽管如此，莱森还是果断地为后一种观点进行了辩护，因为，此处问题的关键并不是事实性法律基础，而必定是一些其他东西，

344

即法律的法理基础。这一基础存在于允诺者的意图之中，并连同义务一道要求对过失或不法行为所造成的损失进行赔偿。

345　然而，这种做法仅仅是如下基础假定所形成的自然结果，即相关法律事实依赖于允诺者的"合同意志"所形成的自然结果。尽管莱森对这种依赖的意义有所扭曲和转化，但它仍是对允诺者想要直接形成法律关系这一意图的依赖。因此，这是一种具有超自然权利属性的依赖，而这种权利则取决于受允诺人的纯粹内在意志。这种法律事实之所以具有相关性，必然是源于理性法，因为它本就预设了对理性法的信任。

然而，只有当我们注意到下述事实时，情况才会全然豁然开朗。虽然莱森似乎没有意识到，但在允诺人没有非法"意图瑕疵"的意义上，他此处的推理在所有要点上基本都重复了贡德林（Gundling）（一位于19世纪早期在德国哈雷地区担任教授的自然法理论拥护者）提出的关于错误相关性的诸种理论。事实上，两者的理论基础是同样的。允诺人由于自身过错使得受允诺人产生了错误预期。如果这种错误预期是由疏忽所致，那么即便"不法行为对受允诺人而言非常微妙"（参见莱森对"过错"的论述），允诺人也应赔偿。因此，该原则认为存疑之误（error in dubio）也会对过失者造成不良影响。这是因为，在绝大多数案件中过失都是存在的，且要在这类案件中证明过失极为困难，因此人们会推定过失存在。虽然贡德林并未明确表达此点，但他与莱森得出的结论是一致的。也就是说，只有基于客观情境证明表意者不可能怀疑允诺会引起受允诺人的错误预期时，这才是一种为法律所允许的证据。此外，贡德林也作出了消极合同利益不足以决定赔偿（这是前面提及的自然法学说支持者所主张的损害赔偿原则)的相关论证。除非我们紧扣损害仅仅在于合同无效这一事实,否则要确定损害范围极为困难。因此,让我们坚守这一原则吧(*Servetur Igitur*)!至于受允诺人,该原则认为他会知晓允诺人所犯错误是故意的,而这种故意则通过令过错方无法获得任何权利而彰显合同无效。因此,显而易见,莱森论证的基本意涵同样能在贡德林那里发现。

在瑞典作家内尔曼 1729 年出版的《瑞典民事法学导论》(*Introduction to the Swedish jurisprudentia civilis*)(瑞典语)中,我们也可以发现贡德林理论的实质。在第三章第一节第 19 段处,我们读到,"当事双方都有错误时,协议自然是无效的。但如果某方被误导而并非他方所致,那么可以认为,这种错误通常是由疏忽所致(*error regulariter imputatur erranti*)……之所以如此规定,是为了让法官避免他难以确定真相的诸多事实问题(*queastiones facti*)……然而,如果只是一方存在错误的情形,那就应当辅以简约或习惯(*pacto vel consuetudine*)作为条件,此时合同就不可能是有效的"。因此,如果"意图瑕疵"完全是由某方自己造成的,那么合同一般都具有效力。除此之外,当受允诺人意识到允诺人错误中包含故意时,合同无效。内尔曼认为,这样一来就没有赋予过错方任何权利。[①]

至此,我们已经表明,在努德林和莱森那里,意志理论决定着"信赖理论"的发展,而前者之根源又在于自然法理论。因此,即便

---

① 关于贡德林和内尔曼的论述,我参考的是我的论文"1734 年法典回忆录"(瑞典语)中的第 25、26 条。

信赖理论的提出取决于这一事实，即在不限制缺乏与允诺对应之意图的相关性条件下贯彻意志理论，这也会对社会造成不良影响。社会交往利益如何能基于意志理论而得到关照呢？为了挽救他的立场，努德林提出一个全新的自然法概念。虽然莱森并未有所意识，但他对违法行为也采取了自然法历史学派早就秉持的立场。347 因此，他的推论比努德林基于自然法观点所形成的推论更为僵化。毫无疑问，虽然努德林预设了意志理论，但他又通过某种关于允诺约束力的全新原则颠覆了意志理论。而从上面引用的莱森的推理来看，他与贡德林和内尔曼一样，始终是一位纯粹的支持意志理论的理论家。关于允诺的约束力，他们并未提出任何新根据。虽然莱森提出了一些关于正当信赖的限制，但要认为受制于那些限制的正当信赖能够基于瑕疵允诺同样具有约束力而去废除"缺乏意图"的重要性，那这仅仅是一种幻觉。允诺绝不可能约束自身。然而，如果是允诺人的疏忽导致了允诺不具有约束力，那么他的基本义务就是继续履行允诺内容从而进行赔偿。事实上，当允诺人能够基于客观根据表明他不可能知道他将唤起其他人对其意图的错误观念时，他甚至可能不会诉诸自身错误的轻微性，当然，这取决于在涉及实际精神状态时的证明困难。至于继续履行允诺内容这一赔偿义务，贡德林所适用的自然法原则——人们负有对其所致损害进行赔偿的义务（*oritur obligation es culpa ad damnum pensandum*）——是有效的。然而，意志理论本身与那种源自自然法学说的不恰当观点具有紧密联系，这种观点认为，允诺是关于某种特定意图的陈述。同时，这种观点反过来又与根植于自然法学说的权利概念的现代理解紧密结合。

第六章　论法律的基本问题(1939年)

如果某人只考虑事实性实在而不顾我们在某些情况下赋予实在的道德属性,那么"违法"一词的意思是什么?没有什么比这种行为(无论是作为还是不作为)更能引起某种基于强制规则所形成的强制反应了。事实上,在人类社会中,这种强制规则通常都会得到难以抵抗的适用与执行。在同一语境下,法律义务(合法性)则只是某些行为的对立面。然而,基于不同情况,所需考虑的强制措施则有可能不同。例如,强制交出物品、强制还贷、强制损害赔偿或惩罚等。在所有这些情形中,违法行为都被描述为某种附带强制反应的行为。因此,在解释刑法时,要求违法成为刑事责任成立的必要条件就明显是一个错误。违法作为一种实际存在的东西,法律之所以对此有要求,只意味着这种行为在各个方面都符合承担惩罚责任的条件。因此,当同时要求行为的客观违法性和主观违法性时,它就必须同时满足惩罚责任的客观条件和主观条件。因此,将违法本身视为惩罚责任成立条件是没有意义的。如果违法本身并不意味着其满足惩罚责任成立之条件,而意味着这种行为会导致另外一种强制性反应,如强制赔偿,那就不可能将其视为成立惩罚的必要条件。

然而,假定从现实角度考虑,"违法"或"合法"作为可资适用的特定法律范畴——如用于判断行为是否应当受到惩罚——理所当然是毫无意义的。再假定这些范畴仅仅是对某种行为模式可以引起强制反应而相反模式不能引起强制反应的这一事实的表述（虽然这种说法有误导性），那么，如果这些表述指涉的仅仅是一种虚构实体，即法律体系中的命令和禁令，那么另一种常见于法理学中的考量则映入眼帘。于是，"合法"就意味着服从命令，"违法"则意味着违反命令。而强制反应则可视为违反同一法律体系之规定所导致的后果。倘若如此，为了确定行为是否应当受到惩罚，某人就必须首先决定它是否与法律秩序的命令冲突。然而，由此观之，法律体系就会被视为某种个人化的命令权力，其通过对违反命令之行为施加强制而执行命令。这是一种颇为原始的拟人化。然而，法律秩序如何作为"权力"去运作呢？仅当强制执行规则合宪，且其他强制规则通过所谓习惯法、法院实践、法律人的权威（auctoritas iurisconsultorum）被认为附属于合宪规则，它们才能被实际适用。作为一种权力，这就是法律秩序的实际情况。然而，形成这种权力的原因并不是由它自己造成的。事实性实体不可能成为自己的原因。因此，如果将实际维持强制规则的原因归于某种权力意志，那这种意志就不可能成为法律秩序本身。法律秩序所具有的权力仅排他性地取决于刚才提及的现实情形。

然而，如果我们要探究维持强制规则的真实原因，那就只用发掘所有具有协同性且无法估计的事物（imponderabilia），它们共同导致了这种结果产生，而将其描述为某种意志则毫无意义。假定社群成员大体不会去做那些没有既存强制规则规定的强制反应的事情，且他们只能通过反思那些结果总是不确定的风险才能避免在法律秩序界限之外追求自身利益，那么，这种法律秩序本身就不可能存在。如果社群成员行为仅在偶然情况下才无需强制，那么针对整个社会的强制规则就根本无法维持。

维持法律秩序首先要预设所谓的社会本能。也就是说，在某个社群中，成员一般都会倾向在不假思索的情况下遵循某些一般性行为规则，据此，至少该群体在维持生命和繁衍方面才具有合作可能。这种社会本能还存在于动物群体之中。两者的区别在于，在人类社会中，这种本能可以依附于人类以确定方式所主动制定的法律以及与法律体系相关的其他规则之上。与之相关的是，在人类社会中，合作除了维持生命和繁衍，还具有其他目的。在蚁群中，每只蚂蚁都不自知地依照某些规则行事。然而，在原始社会中，对于某些无需明确表达出来的社会习惯，人们同样会有这种倾向。在生物学上，将人类社会的形成与其同动物群体之关联完全分离是"荒谬的"。然而，如果某人对超越法律行事具有直接利益或因激情而做出这类行为，那么他就仿佛只是他人行为的外在旁观者，而此处讨论的本能显然就不十分可靠了。大体上，当外在观察者察觉他人的"违法"行为是由蓄意或粗心大意所致时，他就会以道德责难的态度作出反应。这样一来，那么想要违反法律既定界限的人就会因为对他人的道德反应有所自觉而受到限制。虽然并不普遍，但意图违法者也会被自己的义务感牵制。当某人感觉自己想要违法时，不要违反强制体系的直接行为倾向将导致上述道德反应发生。然而，另一方面，个人又会在与他人的关系中获得某种力量感，这种力量感通过要求他人依个人利益"合法"行事而表达自身，如果侵权实际发生，那么它会要求对此造成的损失予以等价赔偿。然而，正如在道德的范围内，义务感并不意味某种由外在强制规则所施加的压力，故与之对应的力量感也不等同于那种取决于对设置有效强制机制具有知觉可能的力量感。前者会以"权利"一词表达自身，其并不以对事实性力量的某种观点为基础。此处，虽然这种力量感的运行并不局限于个人利益，而是要发出证实这些利益的要求，但其基础依然是社会本能。如果实在法认为"他有权利"或"他有义务"，那这意味着他在前一种情况下能够在法律规定的界限内维护自身利益，且他在后一种情况下如果想避免遭受强制则必须以法律规定的方式抑制对自身利益的追求。此处，这类词语的使用是对上述情感的自然表达，其对那些情感具有暗示作用并对维护法律秩序具有重要作用。法律共同体的存在特征是，维持既定的强制执行规则并排除由恣意所带来的恐惧。在任何情况下，这都需以一种更为普遍且被视为实际存在的道德倾向为前提。此外，这还依赖于在强制规则所规定的范围内行事的直接倾向。

然而，直接有效的社会本能以及依赖于这种本能的法律伦理并不是维持法律秩序的唯一必要因素。当所涉规则会由负责守法的所谓权威机构介入时，这些机构就会时刻准备根据社会本能行事。此时，以某种方式行事的直接倾向——即本能——会比那些可能与"违法"行为具有特殊利益关系的个人更为可靠。通常，法官不会考虑个人是否真的应该遵守现行法。在特殊情况下，某些权威机构不遵守规则，会有其他机构根据统一制度对此进行干预。此外，公众也会基于同样的本能倾向于支持强制规则。然而，这样一来，就会产生维持法律的另一要素，即个人对外在强制的恐惧。

这种恐惧与道德压力联系紧密并与之协同作用。当人们意识到存在某种关于特定行为的系统性可执行强制时，这种压力还会得到强化。由于这种行为往往会有强制伴随，因此它看上去是一种恶行。这种不利后果看上去是这种行为所固有的，而这点对于刑法而言尤其重要。

至此，我们已经阐述了维持法律秩序的三个必要条件，即社会本能、真实的道德情形以及对外在强制的恐惧。然而，在这三个条件中，另外两个条件都要以社会本能为前提。缺乏于此，道德就不可能促成那种无需法律强制反应的行为；缺乏于此，这种反应就无法成为常态，因此，对外在强制的恐惧也就不可能成为持续指引这类行为的一个因素。尽管如此，其他因素也是重要的，因为社会本能并不总是根据自身而无往不利，利益或者激情都可能战胜它而导致反社会行为发生。当直接运行的社会本能失效时，其他条件就会变得活跃起来，并与社会本能一道成为维护法律强制规则的直接活性因素。是它们，使得那种法律权力秩序得以稳定存在。[353] 虽然社会本能在大多数情况下对大多数人具有不可置疑的效力是法律秩序存在之必要，但在特定情况下，它可能会失效。假定在这种情况下，强制规则无法得到持续维护，而意图僭越给定界限之人得知这一事实又不会对外在压力产生恐惧。于是，在那种源自社会本能一般性功能的法律界限内，公众就无法对其自身利益保有确定。且由于这种本能本就会受到压力限制，故法律秩序的基础将会崩塌，道德倾向亦将背道而驰。

然而，对此必须补充说明，尤其是在古代，还有另外一个因素也以同样的方式发挥着作用。强制规则会像超人那样被赋予某种神圣力量并独立决定社群成员的实际秉性（稍后，我们将更为详细地讨论这一观点的历史发展）。这种神性的统治力量无意专属于社会，它预设了系争人类群体社会本能形成的团结。仅此一点，就使得人们可以认为是神圣力量统治着社群。真正的社群团结会预设那种依附于特定共同行为规则的社会本能，由此人们才能相互合作。此外，如果存在强制规则，那么这些规则必定要以既存的共同行为规则为基础。然而，这并不排除这一可能性，即通过系争假定，某一特定因素会在同一个方向上努力应运而生。换言之，当涉及外部强制时，人们会对强制规则的神圣反应有所畏惧。同时，在另一方面，人们会坚信这种神圣力量能够在某人受到他人侵害时给予他帮助。

这三个因素共同维持着那种作为权力的法律秩序。换言之，它们协力造就了某种可以系统适用于特定人群的强制规则。此外，社群成员实际上大体会将自身行为限制在强制规则规定的界限之内并因此为了某些共同目标协同合作，在这个意义上，此三者通过相互联系还成为了维持法律秩序的原因。然而，将这些因素的共存视为某种仿佛可以发布命令与禁令，并将某种强制确立为违法后果以实施其规定的真实的权力意志却是荒谬的。法律秩序不过是一部以人为齿轮的社会机器。但立法者本人呢？当然，他是一种具有上述资格的权力意志。然而，在宪政国中，谁才是这样的立法者呢？确实，在这样的国家中，我们不可能将任何个人或群体的意志视为主权者的意志。在解释法律时涉及立法者意志，我们总是指那种使得法律得以存在的某个人或某些人的意志。然而，当某些与意志宣告相关的正式行为以合宪方式发生时，法律作为法律秩序的一个项,它本就是存在的。而这完全独立于立法者的意志。我们说,议会决定法律。但所有人都知道,此处的"决定"仅仅是指某一特定的命令形式宣告获得了大多数票数。当然,大多数投票者都期望那一宣告能够实际发生效力,换言之,他们期望宣告能够实际成为社群成员行为的决定因素。然而,这种目的本身对赋予法律以力量并不十分重要。赋予法律以力量的仅仅是那种根据某种形式进行并随后以恰当形式公布的投票。即便多数人或是其中的某些人在给法案投票时颇为草率,或者是如果他们在投票后旋即改变意图并公之于众,这也与其法律效力毫无关系。[355]只有通过正式废除法律才会失去效力。没有人会相信,驾驶者本身的意志就会影响车辆的行使。在这一过程中,驾驶者的行动只有通过机械机制才能发挥决定作用。然而,驾驶者有可能依其意志决定车辆轨迹,因为他的行动与后者具有力学联系。在作出细节修正后,此点同样适用于立法者。如果立法者是独裁者,那这意味着当存在真正的法律秩序时,社会机制会根据他的正式行为即刻发挥作用并由此得以建构。

当然,我们在此可以进一步地探究为何在某一社会中这种社会机制的运行会与这种确定性建制而非其他东西发生联系。然而,即便在抽象意义上,此处也没有必要实际讨论该问题。我们仅需坚信,如果命令必须获得法律以及其他规定的批准才能通过上述社会机制获得效力,那就没有任何社会建制可以因为民众或个人的强力意志而存在。除非存在某种自动运行的机制,否则人民就是不可能具有统一意志的个体集合。即便个人可以创建某种建制,例如借助武力,如果这种建制实际会以上面提议的方式运行,那么他也要依赖于这种建制。仅当我们认为这种"建制"甚至社会组织的权威性取决于某人的偶然愿望而非其如此行事所涉及的任何规则时，我们才能说这种"建制"基于其权力意志存在。然而，倘若如此，就没有什么东西可被视为法律秩序了，有的只是一些反复无常的规则！

认为法律秩序是某种权威性的命令或禁令且当命令被违反时会有相应强制反应的这种奇怪的现代观点，其根源究竟是什么呢？由于根据这种观点，法律秩序就被拟人化地视为某种主权人格，因此为了回答这一问题，有必要考虑那种作为真实个人的君主最初是如何被构想出来的。君主的一个显著特征是被赋予了神圣力量。他以"上帝恩典"统治世界。借助这种力量，他便有了令社会成员屈服于自身意志的能力。他的命令使得按其命令行事成为了道德义务。与此对应的事实是，他具有发号施令的权利，即他具有某种超越权力所有事实性条件的权力。他还具有为违反其命令之行为设定后果的神圣权力，而他所设定的这些后果则因此变成正义的。他不仅在道德上是主权者，在物理意义上同样如此。他是依其意志所施加的所有强制的终极渊源。他借助机构发挥影响，如此一来，神性就实现了对人类的统治。当政治主权者借助神圣力量统治时，违背他的意志就等同违背上帝的意志。于是，在意识形态上，法律秩序就以那种神圣化的君主名义为根基，其存在则以后者为基础。而促成社会形成的那种本能则需借助此种观念才能发挥作用。然而，这并不会改变上面我们阐述的事实，人们仍然认为那种可为社会创设权利义务的宪法规则或神法约束着君主。此处的"约束"具有双重意义。一方面，它决定了在何种条件下君主是一位真正的神圣统治者,而不仅仅是篡夺了在观念上本不属于他的主权权力的个人。另一方面,它为君主的行为界限设定义务。至于宪法规则,虽然其对君主有所限制,但人们仍可认为是君主自身意志控制着自己。一位曾经进行独裁统治的统治者制定了一部约束自己的宪法就属于这种情形。即便实在法以及其他规定并非直接出自君主,但只有他的意志才能赋予它们强制力,这就如同只有君主才是实施正当强制的最后一着。如果君主作为最高统治者会以宪法规定约束自身,那么这些规定的强制力同样源自他的命令。

在瑞典,我们可以找到这一观点的残留痕迹。这种观点认为,即便国王的实际权力已被蚕食削弱,也只有国王的意志才是至高无上的[此处应当注意,根据最新研究,"亲属"(kin)一词源自宗教仪式]。在(瑞典的)弗雷德里克一世批准1734年法律时,我们读到,"……因此,我愿意接受并批准这一法律。同时,借此批准,我们不仅给我们忠诚的臣民颁布了仁慈的命令和规定,而且它还必须适用于……居住在我们王国领土内的所有人以及我们所有的司法行政官员"。采用这种表达方式的原因显而易见,因为根据传统观点,只有通过国王的命令法律才能获得强制力。还应注意的是,不仅国王的行政官员,而且所有法官也被认为是作为国王的机构在行使权力。1809年的《政制约法》就以此结尾:"我们(即瑞典的查尔斯十三世)不仅将上面规定的一切欣然接受为不可撤销的基本法,我们还将其视为仁慈的命令与规定……"第17条第1款规定:"国王的管辖权限应当委托给……"还应注意,该法的颁行序言写道:"国王陛下所发布的命令已获得瑞典国会(*Riksdag*)的同意。"只有在瑞典国会同意的情况下,国王的法令才具有约束力,他才能够发布命令创设义务。无论这些表达模式在多大程度上仅仅是基于古代用法而被保留下来,其本义都显而易见。正如巴比伦的立法者汉谟拉比从太阳神那里获得立法权,摩西则从耶和华那里获得立法权。直至今日,日本天皇仍被视为神。而古罗马帝王也曾被视为神。"奥古斯都"的本义就是神圣的东西。虽然人们认为瑞典和英国的国王不具有这种色彩,但我们从那种最初极为重要的加冕礼中不难发现,人们会认为他们被赋予的那种至上权力源自上帝。毫无疑问,在罗马共和国时期,立法权为公民大会所有。但是,公民大会运用最高立法权——即库利亚大会(comitia curiata)和百人团大会(centuriata)——所形成的所有决定要具有法律效力,都要求会议首领已经发现了对此给予最大支持的有利征兆。换言之,他有权基于上帝意志的天兆作出最终决定。否则,该决定依照法律自身(ipso jure)就是无效的,它也无法约束任何人。通过与上帝保有密切联系并获得相应支持,会议首领不仅有权直接发布强制命令,而且他还有权对违法行为进行强制。李维(Livy)认为,有时独裁者在不受保护的情况下仅仅露一下面,就能直接平息暴民的叛乱倾向。因为,他们害怕独裁镇压。请注意,独裁者本人在上帝那里拥有最高支持。

上面所勾勒的观点体现出自然法的一种独特发展进程。特别是在17—18世纪,人们在对社会阶级特权、行业制度特权以及王权合法性原则的反抗中,都会宣称"王侯将相宁有种乎",并主张没有任何最初源自神授的至上权力。根据那种等同于来自神圣理性秩序的自然秩序,所有人都对其自身拥有平等主权。换言之,个人拥有某种神圣的自我统治权,他能在与其他人类似的力量范围保持一致的情况下行事。通过把外在统治者与其臣民之间的关系进行类比,所有个体都得到了放大。然而,作为自身的统治者,个人可为自己向处于类似地位的其他人设置义务。通过与他人的共同契约,他能约束自己去服从那种由类似个人所构成之群体的共同意志。无论如何,个人都可以决定什么是共同意志,而后者只能通过个人以共同契约约束自身后才能获得二手的神圣统治权。要想使得那种会对犯罪施以法律惩罚的真正具有约束力的规则存在于社会之中,人们就必须预设共同契约,而共同意志则最终必然也会通过神圣权力实现统治。美国宪法与法国宪法在意识形态方面,就是以此种理论作为其历史条件的。请注意,正是此类宣言或权利构成了美国自由各州之宪法与法国大革命宪法的基础。法国大革命时期的哲学家卢梭说道:"正义源自上帝且仅源自上帝"[《社会契约论》(*Le contract social*),2,6]。然而,"正义"的关键是对平等主体权利的相互尊重。这是因为,在自然状态中,我的权利并不受到尊重,我此时也没有义务尊重他者的权利。基于此,在"社会契约"中,所有个体在屈从于"共同意志"的同时也获得了平等的统治权,而这对实现那种具有真正约束力的"正义"而言必不可少。于是,当共同意志具体表达"正义"时,也同样具有神圣性。通过比较,我们可以细想一下雅典是如何在意识形态上从贵族政体过渡到民主政体的。这一进程,是由声称具有阿波罗·帕特鲁斯(*Apollo patrous*)血统的爱奥尼亚(Ionian)家族所推进的。法律拟制的引入使得每个雅典家庭都成了同一个神的后裔,民主因此才得以合法化。①

晚近,在德国与瑞典,主流法哲学以一种不同的方式看待政治主权权力。国家作为由个人构成的超感知有机统一体,它只有权通过命令和禁令施加义务,并在命令和禁令遭到违反时实施正当强制。然而,就其自身而言,它只是一种理念上的统一体,它需借助个人体现自身,并以此人作为最高机构而在外在世界中行使权力。虽然根据这种观点,上述意义上的国家而非神性才是自然政治主权者权力的渊源,但根据这种理论,后者与神性的联系显而易见。因此,政治主权者的权利在此同样具有神圣性。无论如何定义政治主权者的权力,人们大体或多或少地认为它是超感知的,因此,统治者本人也被认为有权通过命令施加义务并执行正当强制。人们普遍认为,存在于社群中的特定法律秩序源于主权者所具有的上述能力,而与社群成员对待这种秩序的实际积极态度无关。相反,这种态度只是主权者超感知意志的产物。

除非我们考虑一下这一原始观点,认为上帝会存在于寺庙、神坛,乃至人类个体等特定的外在现象之中,否则前述观点就着实莫名其妙。除了上面提到的那种具有迷信历史根源的观点,在我的时代中,人们也不可能理解法律秩序是如何可以发布命令并在其被违反时进行惩罚反应的。由于个人的主权权力具有超感知性质,人们再也不能满足于相信它并任其随心所欲。于是,颁布规范施加义务、对违法施加强制的权力就受到约束,并转交到法律秩序

---

① 见法内尔(Farnell),《希腊城邦的教派》(*The Cults of the Greek States*),卷4,第160页。

手上。事实上,强制规则是通过公民对其抱有的积极态度才得以实际维持的,然而,将法律秩序这种权力性存在简单地化约为这一事实并不能使它成为某种凌驾于公民之上并可对他们随意发号施令的权力。法律秩序根本没有自己的意志,因此这种观点在整体上是极为荒谬的。

然而,为何人们会如此狂热地认为法律以及其他具有法律效力的规定是由特定政权所颁布的命令与禁令以至于他们最终都不再被这种显而易见的荒唐所困扰呢?审视刑法,最易弄清个中缘由。让我们考虑一下该如何理解惩罚正义。其关键在于,某种行为就其本质而言就应当受到惩罚。惩罚本就归属于这种行为。如果我们的刑法制度仅仅是由社会利益或个人利益决定,那么行为与惩罚之间的联系将被消解。认为惩罚之所以发生是因为罪犯的罪行本就应被惩罚,这根本说不通。在这种情况下,遭受惩罚的并不是那些已经发生的东西,其仅仅是出于公众或个人之利益之需要所作出的反应。但究竟是什么把惩罚与行为本身联系在一起呢?事实上,某些行为由于自然原因所形成的不良后果与这种联系毫不相关。显然,此处的问题事关某种道德性联系。惩罚应当根据行为的性质而生,而与外在于行为的任何人类目的无关。无论人类的行为目的是什么,如下行为特征是惩罚应当发生的原因。行为具有违反正义之法的属性,这种法为"理性"或权利意识所固有,其独立于所有人类立法却又规定了人类权利及其对应义务。此外,它本身还具有神圣属性。它总是绝对有效的。与制定法通过维持法律秩序实现其所规定的权利义务不同,这种法所规定的权利义务无需具有实在性。相反,作为一种实际存在的内在力量,它所规定的"权利"直接存在于世而与外在权利条件无关；它所规定的"义务"作为一种内在纽带则直接具有真实性而与法律秩序的实际维持无关。因此，正是这种观点使得人们认为人法所规定的权利义务是一种直接且真实的存在，而与对法律秩序强制规则的实际维护无关。恰恰相反，强制秩序的意义在于它能在外部世界中促使那种已经实际存在的义务得以实现。人法要想获得授权只能借助权利意识所给予的内在法才能实现，这使得后者只能通过人法才能获得表述并进入外部世界。因此，正是权利意识所给予的内在法要求对违反它的行为进行惩罚。为了证明自身威严，惩罚也必不可少。内在法完全凌驾于人类之上，它必须通过对犯罪施加惩罚以表明自身的正确性。由于法律本就构成正义，因此这种要求的正当性显而易见。这种观点预设了我们在此讨论的法律是一种意志，它以要求惩罚的方式发布命令并在对违法行为的回应中实现自我确证。然而，如果政治主权者像当下人们普遍认为的那样是凭借其所拥有的超自然力量才成为现行法律体系之构成，那么只要刑事实在法本身是公正的，主权者颁布的刑法规定就一定是对维护正义之法要求的实现。基于此，作为正义之法的代表，他还必须考虑特定社会的正当利益，详细确定法律要求，并根据违法行为侵害的合法利益的重要性规定惩罚。因此，人们自然会认为，除非他以命令方式宣告自己的确定意志并对违反命令的行为进行惩罚，否则他的惩罚就不可能是正当的。

这就很好理解为何西方世界本该提出诸种刑法理论去考量刑法以某种确定方式存在而给社会带来的益处。因为，没有立法者可以忽视社会之善。但是，这不应当分散人们对西方刑法普遍观点最深层次之思潮——即仅当被惩罚者是因自身行为才应受惩罚时(在此假定其有罪),惩罚才是正当的——的注意力。而他最终之所以有罪,是因为他违反了那种要求惩罚的绝对有效的正义之法。应正义之法的要求,这种做法本身就是公正,且它应当无条件地发生。然而,如果惩罚针对的是无罪之人,那么它就因违反正义之法而不正当。让我们举一个 17 世纪的典型例子,听听雨果·格劳秀斯怎么说。他认为,惩罚在本质上是要对恶行施加某种情感上的伤害(*malum passionis*, *quod infligitur ob malum actionis*)[《论战争与和平法》(*De Iure Belli ac Pacis*),卷 2,第 20 章,第一节第一小节]。他引用了圣奥古斯丁的这一句话:"所有公正的惩罚都是对罪恶的惩罚"(*Omnis poena*, *si justa est*, *peccati poena est*)(第 3 段)。这意味着,除非某人是因自身行为应受惩罚,否则对其施加任何惩罚都不正当。如果他违反了神圣的正义之法,那就属于这种情况。上帝直接施加惩罚,绝不是为了由此可能带来的好处。对此,格劳秀斯反对柏拉图的下述教义,即上帝因其本身就是善的,因此不可能为了惩罚而施加惩罚。由于上帝拥有至上权利,他凌驾于人类之上,因此他所施加的纯粹报应性惩罚也是正当的(卷 2,第 20 章,第 4 节第 2 小节)。此处,格劳秀斯的观点可从他对《圣经·箴言》(第 1 章,第 26 节)的引用中清晰可见。书中对"智慧"阐述如下:"既然你们无视我的忠告,不肯受我责备,那么当你们遭难时,我就发笑,当恐惧降临你们时,我亦嗤之。"当人们执行惩罚时,情况则有所不同。因为众生平等,要证成惩罚不仅需要表明它在上述意义上是正当的,而且还需表明通过惩罚,人类能够获得某些实际的益处。例如,18 世纪的康德就更为极端地表

364 达了这一观点。他甚至断言,如果某个将要解散的社群留下了一位仍未遭受死刑以偿还其罪过的在囚杀人犯,那么人民自身就承担了杀人犯本应承担的血罪。至于19世纪,我们只需提及黑格尔,因为他对法思想的影响是无可争议的。他认为,法律本身是体现客观精神的精神性实体。在正义中,则有关于这种实体的否定。正义通过否定对自身之否定来证明自己是精神性实体。当施加给罪犯的惩罚是一种与其所犯罪行相当的罪恶时,这种情况尤其容易发生。晚近,我们还可以看看宾丁的理论。国家施加惩罚的权利基于如下事实,即国家作为主权拥有者以命令形式主张了自身意志,只要这种意志遭到违反,它就有权以惩罚来证明主权的正当性。这种理论与黑格尔的理论具有密切联系。在受害方对其自身具有主权的意义上,两种理论背后都潜藏着某种关于报应权的观念。当然,如果主权所有者被描述为国家甚至更为抽象的法律,那这个问题就无关痛痒。最后,在瑞典方面,我们可以提及蒂伦的刑法理论,其理论在瑞典可谓长盛不衰。某种惩罚的正当性取决于罪犯违反国家基于社会价值所发布的命令。罪犯的行为藐视法律权威,树立了坏榜样。因此,他必须通过接受惩罚来赎罪,从而起到补偿社会的作用。然而,对罪犯是否施加惩罚只取决于他是否违反了法律命令。正是基于这一事实,他才是有罪的,即应受惩罚的。因此,惩罚的作用显然既要惩处恶行(*quod peccatum est*),又要防止犯罪(*ne peccetur*)。

命令理论与作为正当报应的惩罚观密切相关。上级政权为了能够正当施加报应必须通过命令将其意志广而告之。之所以有人对这种理论狂热执着,是因为他们认为要使得惩罚正当化就必须以犯罪的罪行为前提。无论是个人意志还是人民的神秘意志，只有人们不再坚信它们，他们才能依靠强制命令。然而，为了能够维持惩罚的正当性，人们需要这样一种权力引导他们诉诸刑法所从属的法律秩序具有的不容置疑的真实性。因此，无论是否存在明确表示，法律秩序都会被描述为一种不顾任何理性的神圣权力。对此，我们只需作出如下补充。假设仅当假定罪犯的罪行违反法律义务时，惩罚才是正当的。那么，同理，仅当假定某人是因自身违法行为使得自己应受惩罚时，该法律秩序对他所施加的每一个强制行为才是正当的。然而，民事诉讼中的处罚判决不可能以相关主体未能善意行事并因此有意反抗法律权力为前提，因此，这就产生了无辜的错误（*das schuldlose Unrecht*）这一问题。在特定情况下，人们完全有可能在不了解法律命令的情况下违反它。为了得到解决这一问题的可能方案，大量法哲学文献已致力于此。

作为本研究的总结，必须强调，在对命令理论的批判中，我们并不是要挑战法律以及其他具有祈使形式的规定，我们也不否认这种形式对法律秩序的稳定性具有重要的心理学意义。如果考虑我们所阐述的事实，那么我所认为无法维持的仅仅是这样一个假定，即实际存在一种权威性的命令意志，它在法律与规定当中表达自身，且当命令被违反时，它会基于此作出反应。此外，这一假定还存在另一荒谬之处：它把某种想象出来的意志作为法律秩序的基础，并认为存在一种终极且神圣的至上权利与之相伴，且这种意志如同以色列的耶和华一样，应当在纯粹的自我确证中令不顺从者遭到精准报应！虽然那种被视作正义基础的超自然力量以及正义本身被视为社会的最大的善，但这种假定的基础却在于一种从自然的社会报复感到超自然力量的移情。当下的法理学对潜藏于这些谬论背后的历史发展毫无概念。从过往公然存在的迷信观点来看,某种无意识的复合体掩盖了自身立场的非理性,并由此产生了极难克服的强烈情感倾向。惩罚当然要符合正义！惩罚一个人当然也是因为他违反了"法律秩序"的神圣要求！如此一来,人们自会厌恶不正当的惩罚,因为它背离了法律秩序本应实现的正义理想。这种背离是对遭受不当惩罚的受害人的权利侵犯。但应注意,这种情感本身是极为复杂的。一方面,它在基础层面上当然会对上面论及的惩罚的正义条件有所继受;另一方面,它在基础层面上又会因为法律秩序为协力实现共同目的提供了可能性而在情感上认同维持现行法——特别是刑法——的重要性。就像刑法对于保障公共安全是必要的那样,如果现行法被任意适用,那么共同目的可谓岌岌可危。由此带来的结果不是安全,而是整体上的不确定性。因此,那些未犯刑法规定罪行而遭受惩罚的人自然成为了同情对象,因为根据一般的社会考量,他本就是社会恶行的受害者。在这种情况下,即便最终源自迷信的情感已丧失对人们心智的控制,反抗感也将永存。

参考文献

ADICKES, F., Zur Lehre von den Rechtsquellen. Cassel & Göttingen 1872. (Studien über die heutige Geltung des römischen Rechts. 1.)
——Stellung und Thätigkeit des Richters. Dresden 1906. (Neue Zeitund Streifragen.)
ADLER, K., Unverschuldetes Unrecht. Czernowitz 1910.
AHRENS, H., Naturrecht oder Philosophie des Rechts und des Staates. 1-2. 6, Aufl. Wien 1870.
ARNOLD, W., Cultur und Rechtsleben. Berlin 1865.
AUSTIN, J., Lectures on jurisprudence. 1-2. 3, ed. London 1869.
BEKKER, E. 1., Grundbegriffe des Rechts und Missgriffe der Gesetzgebung. Berlin 1910.
BELING, E., Die Lehre vom Verbrechen. Tübingen 1906.
BERGBOHM, K., Jurisprudenz und Rechtsphilosophie. Kritische Abhandlungen. 1:1 Leipzig, 1892.
BERNHÖFT, F., Das bürgerliche Recht. (Enzyklopädie der Rechtswissenschaft ... Hrsg. Von K. Birkmeyer. 2 Aufl. Berlin 1904.)
BEROLZHEIMER, F., System der Rechts- und Wirtschaftphilosophie. 3, 5. Müchen 1903, 1907.
BIERLING, E. R., Juristiche Prinzipienlehre. I -4. Freiburg 1. B. &.Tübingen 1894-1911.
BINDER, J., Rechtnorm und Rechtpflicht. Leipzig 1912.
——Rechtbegriff und Rechtsidee. Leizig 1915.
BINDING, K. L. L., Handbuch des Strafrechts. 1. Leipzig 1885. (Systematisches Handbuch der deutschen Rechtswissenschaft. 7: 1:1)

——Die Normen und ihre Übertretung. 1. Leipzig 1872. (2. Aufl. 1890)

BRIE, S., Die Lehre vom Gewohnheitsrecht. 1. Breslau 1899.

——Der Volksgeist bei Hegel und der hisrorischen Rechtsschule. (Archiv für Rechts- und Wirtschaftsphilosophie. 2. 1908/09.)

BRUNNER, H., Deutsche Rechtgeschichte. 1. 2. Aufl. Leipzig 1906. (Systematisches Handbuch der deutschen Rechtwissenschaft. 2: 1: 1.)

BRUNS, C. G., Das Pandektenrecht. Mit den Nachträgen von E. Eck. Neu durchgesehen und ergänzt von L. Mitteis. (Enzyklopädie der Rechtwissenschagt in systematischer Bearbeitung. Begründet von F. von Holtzendorff ... hrsg. von J. Kohler. 1. 6. Aufl. Leipzig &- Berlin 1904.)

BRUNS C. G., Geschichte und Quellen des römischen Rechts. Im Anschluss an die Bearbeitung von A. Pernice neu bearbeitet von O. Lenel. (Enzyklopädie der Rechtswissenschaft in systematischer Bearbeitung. Begründet von F. von Holtzendorff ... hrsg. von J. Kohler. 1. 6. Aufl. Leipzig &- Berlin 1904.)

BÜLOW, O., Gesetz und Richteramt. Leipzig 1885.

——Das Geständnissrecht. Freiburg 1. B. 1899.

BUSOLT, G., Die griechischen Staats- und Rechtsalterthumer. München 1892. (Handbuch der klassischen Altertums-Wissenschaft ... hrsg. von 1. von Müller. 4: 1.)

CATHREIN, V., Recht, Naturrecht und positives Recht. 2. Aufl. Freiburg 1. B. 1909.

CLARK, E. E., History of Roman private law. 2. Cambridge 1914.

DEMOSTHENES, Orationes.

DERNBURG, H., Pandekten. 1-3. 4 Aufl. Berlin 1894.

——Lehrbuch des preussischen Privatrechts und der Privatrechtsnormen des Reichs. 1-3. 5. Aufl. Halle 1893-96.

DOHNA, A., Graf zu, Die Rechtswidrigkeit. Halle 1905.

EHRENFELS, C. von, System der Werttheorie. 1. Leipzig 1897.

EHRLICH, E., Beiträge zur Theorie der Rechtsquellen. 1. Berlin 1902.

ELTZABACHER, P., Über Rechtsbegriffe. Berlin 1900.

FALK, J., Die Analogie im Recht. Mainz 1906.

FARNELL, L. R., The Cults of the Greek States. 4. Oxford 1907.

FISCHER, H. A., Die Rechtswidrigkeit. München 1911. (Abhandlungen zum Privatrecht und Zivilprozess des Deutschen Reiches. Hrsg. von O. Fischer.)

FUSTEL DE COULANGES, N. D., La cité antique. 21ᵉ éd. Paris 1910.

GAREIS, K., Vom Begriff Gerechtigkeit. Giessen 1907. (Festschrift für die juristische Fakultät in Giessen.)

――Encyklopädie und Methodologie der Rechtswissenschaft. 4. Aufl. Giessen 1913.

GIERKE, O., Deutsches Privatrecht. 1. Leipzig 1895. (Systematisches Handbuch der deutschen Rechtswissenschaft. 2: 3;1)

Goos, C., Forelaesninger over den almindelige Retslaere. 1. København 1889.

GRABOWSKY, A., Recht und Staat. Berlin 1908.

GRAY, J., The nature and sources of the law. New York 1909. (Columbia university lectures.)

GRIMM, J., Deutsche Rechtsalterthumer. 1-2. Ausg. Leipzig 1899.

GROTIUS, H., De iure belli ac pacis.

GRÜBER, E., Einflihrung in die Rechtswissenschaft. (Enzyklopädie der Rechtswissenschaft ... Hrsg. von K. Birkmeyer. 2. Aufl. Berlin 1904.)

HAGERUP, F., Forelaesninger over Retsencyklopaed 1. Kristiania 1906.

HAGSTRÖMER, J., Svensk straffrätt. Föreläsningar. 1. Uppsala 1905.

HARTMANN, E. VON, Ausgewählte Werke. 2. Das sittliche Bewusstsein. 2. Aufl. Leipzig 1888.

HECK, PH., Gesetzesauslegung und Interessenjurisprudenz. Tübigen 1914. (Sonderdruck aus: Archiv für die civilistische Praxis.)

HEERWAGEN, L., Die Pflichten als Grundlage des Rechts. Berlin 1912.

HEIMBERGER, J., Der Begriff der Gerechtigkeit im Strafrecht. Leipzig 1903.

HELLWIG, K., Wesen und subjektive Begrenzung der Rechtskraft. Leipzig 1901.

HERMANN, C. F., Über Gesetz und gesetzgebende Gewalt im griechischen Alterthume. Göttingen 1849. (Abhandlungen der kgl. Gesellschaft der

Wissenschaften zu Göttingen. Bd 4.)

HERRFAHRDT, H. , Lücken im Recht. Bonn 1915. (Diss.)

HERTLING, G. VON, Recht, Staat und Gesellschaft. Kempten 1906. (Sammlung Kösel. 1.)

HESIODUS, Theogon 1.

HILDENBRAND, C. , Geschichte und System der Rechts- und Staatsphilosophie. 1. Leipzig 1860.

HIRZEL, R. , Themis, Dike und Verwandtes. Leipzig 1907.

HOLD VON FERNECK, A. , Die Rechtswidrigkeit. 1. Jena 1903.

HOLLAND, TH. E. , The elements of jurisprudence. 9 ed. Oxford 1900.

HOMERUS, Iliad and Odyssé.

HUBER, E. , Recht und Rechtsverwirklichung. Basel 1921 (Umschl. 1920).

HÄGERSTRÖM, A. , I moralpsykologiska fdågor. (Psyke 1907.)

——Stat och rätt. En rättsfilosofisk undersökning. 1: 1. Upsala 1904.

——Naturrätt i straffrättsvetenskapen. (Svensk juristtidning 1920.)

——Nehrman-Ehrenstråles uppfattning av grunden för ett löftes juridiskt bindande kraft, belyst genom å ena sidan romersk, å andrasidan naturrättslig rättsåskådning. (Minnesskrift ägnad 1734 årslag av jurister i Sverige och Finland. 2. 1934.)

HÄLLSTRÖM, E. AF, Om villfarelse såsom divergens mellan vilja och förklaring vid rättshandlingar på förmögenhetsrättens område. Helsingfors 1931. (Diss.)

HÖLDER, E. , Über objektives und subjektives Recht. Leipzig 1893.

——Natürliche und juristische Personen. Leipzig 1905.

——Zur Theorie der Willenserklärungen. Leipzig 1906. (Sonderdruck aus: 3 Beiträge zum bürgerlichen Recht, Heinr. Degenkolb zum 50-jährigen Doktorjubiläum dargebracht von R. Sohm, E. Hölder, E. Strohal.)

IHERING, R. v. , Geist des römischen Rechts auf den verschiedenen Stufen seiner Entwicklung. 1—2. 4. Aufl. Leipzig 1878.

——Das Schuldmoment im römischen Privatrecht. Giessen 1867.

——Der Zweck im Recht. 1. 3. Aufl. Leipzig 1893.

JELLINIEK, G. , System der subjektiven öffentlichen Rechte. Freiburg 1.

B. 1892.

―― Die Erklärung der Menschen- und 2. Bürgerrechte. 2. Aufl. Leipzig 1904. (Staats- und völkerrechtliche Abhandlungen. 1:3.)

―― Allgemeine Staatslehre. 3. Aufl. Berlin 1914.

JELLINEK, W., Gesetz, Gesetzesanwendung und Zweckmässigkeitserwägung. Tübingen 1913.

JENKS, E., A short history of English law. London 1912.

JUNG, Das Problem des naürlichen Rechts. Leipzig 1912.

KANT, I., Kritik der praktischen Vernunft ... Hrsg. von K. Kehrbach. Leipzig 1877.

KAUFMANN, E., Das Wesen des Völkerrechts und die Clausula rebus sic stantibus. Tübingen 1911.

KELSEN, H., Hauptprobleme der Staatsrechtslehre. Tübingen 1911.

―― Das Problem der Souveränität und die Theorie des Völkerrechts. Tübingen 1920.

―― Allgemeine Staatslehre. Berlin 1925. (Enzyldopädie der Rechtsund Staatswissenschaft. Abt. Rechtswissenschaft. 23.)

KIERULFF, I. F., Die Theorie desgemeinen Civilrechts. 1. Altona 1839.

KIRCHMANN, J. H. VON, Die Grundbegriffe des Rechts und der Moral. 2. Aufl. Berlin 1873. (Philosoph. Bibliothek herausg. von Kirchmann. 11.)

KISS, G., Billigkeit und Recht mit besonderer Berücksichtigung der Freirechtsbewegung. Referat. (Archiv für Rechts- und Wirtschaftsphilosophie. 3. 1909/10.)

KLEIN, F., Die psychischen Quellen des Rechtsgehorsams und der Rechtsgeltung. Berlin 1912. (Vorträge und Schriften zur Fortbildung des Rechts und der Juristen. 1.)

KLEINFELLER, G., Gesetzgebung und Rechtsprechung. (Archiv für Rechts- und Wirtschaftsphilosophie. 1. 1907/08.)

KOHLER, J., Über Interpretation von Gesetzen. (Zeitschrift für das Privatund öffentliche Recht der Gegenwart ... hrsg. von C. S. Grünhut. 13. 1886.)

―― Einführung in die Rechtswissenschaft. Leipzig 1902.

KOHLRAUSCH, E. , Irrtum und Schuldbegriff im Strafrecht. Berlin 1903.

KRABBE, H. , Die Lehre der Rechtssouveränität. Groningen 1906.

KRÜCKMANN, P. , Einführung in das Recht. Tübingen 1912.

KUHLENBECK, L. , Die Entwicklungsgeschichte des römischen Rechts. 1. München 1910.

LASK, E. , Rechtsphilosophie. (Die Philosophie im Beginn des zwanzigsten Jahrhunderts. Festschrift für Kuno Fischer ... hrsg. von W. Windelband. 2. Aufl. Heidelberg 1907.)

LASSEN, J. , Vilje og Erklaering ved Afgivelse af formueretslige Tilsagn. (Lassen, J. , Udvalgte Afhandlinger udgivne as F. Dahl. København 1924.)

LASSON, A. , System der Rechtsphilosophie. Berlin 1882.

LIPSIUS, J. H. , Das attische Recht und Rechtsverfahren. 2:1. 1908.

LOENING, R. ,Über Wurzel und Wesen des Rechts. Jena 1907.

LUNDSTEDT, V. , Föreläsningar över valda delar av obligationsrätten. 3. Obligationsbegreppet. 1-2. Uppsala 1929-30.

——Superstition or rationality in action for peace? London 1925.

MAINE, H. S. , Ancient law. New ed. London 1908.

——Lectures on the early history of institutions. 7 ed. London 1905.

MAIER, H. , Psychologie des emotionalen Denkens. Tübingen 1908.

MAKAREWICZ, J. , Einführung in die Philosophie des Strafrechts auf Entwicklungsgeschichtlicher Grundlage. Stuttgart 1906.

MAYER, M. E. , Rechtsnormen und Kulturnormen. Breslau 1903. (Srtafrechtliche Abhandlungen. [50].)

MENDELSOHN-BARTHOLDY, A. , Das Imperium des Richters. Strassburg 1908. (Zivilrechtliche und prozessrechtliche Abhandlungen. [2.])

MERKEL, A. , Juristische Enzyklopädie. 5. Aufl. Hrsg. von R. Merkel. Berlin 1913.

MERKL, A. ,Die Lehre von der Rechtskraft. Entwickelt aus dem Rechtsbegriff. Wien 1923. (Wiener staatswissenschaftliche Studien. 15:2)

MOMMSEN, T. , Römisches Staatsrecht. 3:1-2. Leipzig 1887-88. (Marquardt, J. & Mommsen, T. , Handbuch der romischen Alterthlimer. 3:1-2)

MÜLLER-ERZBACH, R., Gefühl oder Vernunft als Rechtsquelle? Stuttgart 1913.

NAGLER, J. ,Der heutige Stand der Lehre von der Rechtswidrigkeit. Leipzig 1911. (Aus: Festschrift für Karl Binding.)

NEHRMAN-EHRENSTRÅLE, D., Inledning til then swenska jurisprudentiam civilem, af naturens lagh och Sweriges rikes äldre och nyare stadgar uthdragen och upsatt. Lund 1729.

NEUKAMP, E., Entwicklungsgeschichte des Rechts. Einleitung. Berlin 1895.

NEUNER, C., Wesen und Arten der Privatrechtsverhältnisse. Kiel 1866.

NORDLING, E. V. ,Anteckningar efter professor E. V. Nordlings föreläsningar i svensk civilrätt, allmänna delen. Uppsala 1891.

OERTMANN, P., Gesetzeszwang und Richterfreiheit. Rede. Ergänzte Ausg. Leipzig 1909.

——Rechtsordnung und Verkehrssitte, insbesondere nach bürgerlichem Recht. Leipzig 1914.

PAGENSTECHER, M., Zur Lehre von der materiellen Rechtskraft. Berlin 1905.

PHALÉN, A., Zur Bestimmung des Begriffs des Psychischen. Uppsala 1914. (Skrifter utgifvna as K. Humanistiska vetenskapssamfundet i Uppsala, 16.)

POLLUX,J., Onomasticon.

PUCHTA, G. F., Das Gewohnheitsrecht. 1. Erlangen 1828.

RADBRUCH, G., Der Handlungsbegriff in seiner Bedeutung für das Strafrechtssystem. Berlin 1904.

——Grundzüge der Rechtsphilosophie. Leipzig 1914.

REGELSBERGER, F. ,Pandekten. 1. Leipzig 1893. (Systematisches Handbuch der deutschen Rechtswissenschaft. Hrsg. von K. Binding. 1: 7: 1.)

REICHEL, H., Gesetz und Richterspruch. Zürich 1915.

REUTERSKIÖLD, C. A., Über Rechtsauslegung. Upsala 1899.

——Föreläsningal i juridisk encyklopedl. 1. Grunddragen af den allmänna rätts- och samhällsläran. Uppsala &. Stockholm [tr. i Uppsala] 1908.

RITCHIE, D. S., Natural rights. 2 ed. London 1903.
ROUSSEAU, J.-J., Le contrat social.
RÜMELIN, G.,Werturteile und Willensentscheidungen. Freiburg 1891.
RUMPF, M., Gesetz und Richter. Berlin 1906.
SALMOND, J. W., Jurisprudence. 4 ed. London 1913.
SALOMON, M., Das Problem der Rechtsbegriffe. Heidelberg 1907.
SANDER,F., Staat und Recht. Wien 1922. (Wiener staatswissenschaftliche Studien. N. F. 1.)
——Das Faktum der Revolution und die Kontinuität der Rechtsentwicklung. (Zeitschrift für öffentliches Recht. 1. 1920.)
SAVIGNY, F. C. VON, Das System des heutigen römischen Rechts. 1. Berlin 1840.
SCHLOSSMANN, S., Der Vertrag. Leipzig 1876.
——Der Irrtum über wesentlichen Eigenschaften der Person und der Sache nach dem B. G. B. (Abhandlungen zum Privatrecht und Zivilprozess des Deutschen Reiches. Hrsg. von O. Fischer. 9: 3. Jena 1903.)
SCHMIDT, B., Das Gewohnheitsrecht als Form des Gemeinwillens. Leipzig 1899.
SCHMITT, C., Gesetz und Urteil. Berlin 1912.
SCHMÖLDER, K., Die Billigkeit als Grundlage des bürgerlichen Rechts. Hamm 1907.
SCHOEMANN, G. F., Griechische Alterthümer. 1. Das Staatswesen. 4. Aufl. von J. H. Lipsius. Berlin 1897.
SCHUPPE, W., Grundzüge der Ethik und Rechtsphilosophie. Breslau 1881.
——Der Begriff des subjektiven Rechts. Breslau 1887.
——Das Gewohnheitsrecht. Breslau 1890.
SELIGMANN, E., Beiträge zur Lehre vom Staatsgesetz und Staatsvertrag. 1. Berlin 1886.
SIGWART, C., Logik. 4. Aufl. von H. Maier. Tübingen 1911.
SJÖGREN, V., Om rättsstridighetens former. Upsala 1894. (Diss.)
SPIEGEL, L., Gesetz und Recht. München 1913. (Prager staatswissenschaftliche Untersuchungen. 1.)

STAHL, F. J., Die Philosophie des Rechts. 1-2. 3. Aufl. Heidelberg 1854-56.

STAMMLER, R., Wirtschaft und Recht nach der materialistischen Geschichtsauffassung. Leipzig 1896.

——Theorie der Rechtswissenschaft. Halle 1911.

STARK, B., Die Analyse des Rechts. Wien 1916.

STERNBERG, T., Einführung in die Rechtswissenschaft. 2. Aufl. Leipzig 1912. (Sammlung Göschen. 169.)

STJERNBERG, N. F., Till fdågan om de s. k. rent ekonomiska kategorierna. Akademisk afhandling. Upsala 1902.

STRISOWER, L., Der Krieg und die Völkerrechtsordnung. Wien 1919.

TEZNER, F., System der subjectiven öffentlichen Rechte von Georg Jellinek. Besprochen von F. Tezner. (Zeitschrift für das Privat- und öffentliche Recht der Gegenwart ... hrsg. von C. S. Grtinhut. 21. 1894.)

THON, A., Der Normenaddressat. Eine Untersuchung zur allgemeinen Rechtslehre. (Jherings Jahrbücher für die Dogmatik des bürgerlichen Rechts. 50. 1906.)

——Rechtsnorm und subjektives Recht. Weimar 1878.

THYRÉN, J. C. W., Straffrättens allmänna grunder. Lund 1907.

——Principerna för en strafflagsreform. 1. Lund 1910.

TÖNNIES, F., Gemeinschaft und Gesellschaft. Abhandlung des Communismus und des Socialismus als empirischer Culturformen. Leipzig 1887.

VERDROSS, A., Die Einheit des rechtlichen Weltbildes auf Grundlage der Völkerrechtsverfassung. Tübingen 1923.

WACH, A., Der Feststellungsanspruch. Leipzig 1889.

WESTERMARCK, E., Ursprung und Entwicklung der Moralbegriffe. Deutsch von L. Katscher. 1. Leipzig 1907.

WESTMAN, K. G., De svenska rättskällornas historia. Föreläsningar. Uppsala 1912.

WILUTZKY, P., Vorgeschichte des Rechts. 1-3. Berlin 1903.

WINDSCHEID, B., Lehrbuch des Pandektenrechts. 1. 7. Frankfurt a.

M. 1891.
WINDELBAND, W. , Über Willensfreiheit. Tübingen 1904.
WURZEL, K. G. , Das juristische Denken. Wien 1904.
WÜSTENDÖRFER, H. , Zur Hermeneutik der soziologischen Rechtsfindungstheorie. (Archiv für Rechts- und Wirtschaftsphilosophie. 9. 1915. 16.)
ZITELMANN, E. , Gewohnheitsrecht und Irrthum. (Archiv für die civilistische Praxis, 66. 1883.)
——Irrthum und Rechtgeschäft Leipzig 1879.
——Lücken im Recht. Rede. Leipzig 1903.

人名索引

（索引部分所涉页码为原书页码，即本书边码）

Aagesen, A., 阿根森 334
Adickes, F., 阿迪克斯 49,53,92
Adler, K., 阿德勒 227
Aeschylus 埃斯库罗斯 180 及下页
Ahrens, H., 阿伦斯 62
Arnold, W., 阿诺德 63
Augustine, St., 圣奥古斯丁 363
Austin, J., 奥斯丁 20,29,60,118

Bekker, E. I., 贝克尔 61 及下页, 85,225
Beling, E., 贝林格 227,237,239 及下页
Bentham, J., 边沁 20
Bergbohm, K., 贝格勃姆 68,74 及下页,241,257,259
Bernhöft, F., 博纳霍夫特 84,93,98,102
Berolzheimer, F., 伯罗茨海默 29,237
Bierling, E. R., 比尔林 20,75,80,83,93,119,198,210 及下页,226 及下页,227

Binder, J., 宾德 68,96,199,219, 225,248
Binding, K. L. L., 宾丁 60,77,81, 101 及下页,118,216 及下页, 225 及下页,230,232,235,230—240,258,260
Blackstone, W., 布莱克斯通 58
Bluntschli, J. K., 布伦齐里 25
Bornhac, C., 博恩哈奇 257
Boström, C. J., 博斯特罗姆 254
Brie, S., 布里 60,63—65
Brunner, H., 布伦纳 57,60,62,88
Bruns, C. G., 布伦斯 67,75
Bülow, O., 毕洛 75 及下页,85, 90—92,103 及下页
Busolt, G., 布索尔特 70 及下页
Butler, Y., 巴特勒 208

Cathrein, V., 卡瑟莱茵 57,68,217
Clark, E. E., 克拉克 9—11

Demosthenes 狄摩西尼 70 及下页
Dernburg, H., 邓恩伯格 22,84,88,

198 及下页
Dohna, A., 多纳 105, 210, 245
Duguit, L., 狄骥 257
Duncker, L., 邓克尔 220

Ehrenfels, C. von 艾伦菲尔斯 110
Eck, E., 艾克 75
Ehrlich, E., 埃利希 47, 68
Eltzbacher, P., 艾尔茨巴赫 40—41

Falk, J., 法尔克 80—82, 95
Farnell, L. R., 法内尔 359
Fischer, H. A., 费舍尔 23, 224, 226
Fischer, K., 费舍尔 49
Fischeer, O., 费舍尔 78
Fouillée 富耶 25
Fustel de Coulanges, N. D., 库朗热 57

Gaius 盖尤斯 67, 310
Gareis, K., 加雷斯 27, 60, 145
Gierke. O., 基尔克 60, 277
Goos, C., 古斯 23, 42, 46, 58, 66, 225, 234, 334
Grabowsky, A., 格雷鲍斯基 61
Gray, J., 格雷 58, 89, 92, 118, 209, 218 及下页
Grimm, J., 格林姆 57, 60
Grotius, H., 格劳秀斯 362
Grüber, E., 格吕贝 212
Gundling, N. H., 贡德林 345—347

Hagerup, F., 哈杰勒普 61
Hagströmer, J., 哈格斯托梅尔 75, 101, 235, 237 及下页
Hale, M., 黑尔 58
Hartmann, E. von, 哈特曼 18 及下页
Herbart, J. F., 赫巴特 147
Heck, Ph., 赫克 75, 78, 80 及下页, 92, 94, 102
Hegel, G. W. F., 黑格尔 20, 25, 249, 277, 364
Heerwagen, L., 希尔维根 210
Heimberger, J., 海姆伯格 185
Hellwig, K., 黑尔维 199
Hermann, C. F., 赫尔曼 71
Herrfahrdt, H., 赫法特 75, 80, 82 及下页, 93 及下页
Hertling, G. von, 赫特林 213
Hesiod, 赫西俄德 87—89
Hildenbrand, C., 希尔登布兰德 69
Hirzel, R., 席策尔 89
Hobbes, T., 霍布斯 29
Hold von Ferneck, A., 豪德·冯菲尼克 20, 24 及下页, 118 及下页, 208 及下页, 224, 240
Holland, Th. E., 霍兰德 21, 29 及下页, 60, 209, 214 及下页, 233 及下页
Holtzendorff, F. von, 霍尔岑多夫 67, 75
Homerus, 荷马 88 及下页, 155, 179 及下页

人名索引

Huber, E., 胡贝尔 13 及下页

Hägerström, A., 黑格斯特罗姆 272, 274

Hällström, E. af, 海尔斯特罗姆 337 及下页

Hälschner, H., 海尔施纳 226

Hänel, A., 哈内尔 27

Hölder, E., 霍尔德 20, 24, 93, 211, 220

Ihering, R. v., 耶林 20, 57, 87, 183, 213 及下页, 224, 226, 325 及下页

Jellinek, G., 耶利内克 16, 27 及下页, 30, 32, 40, 48, 64, 215 及下页, 220 及下页, 254—257, 259 及下页, 277, 285 及下页

Jellinek, W., 耶利内克 48 及下页, 75, 93, 96

Jenks, E., 詹克斯 58—60

Jung, E., 荣格 61, 78, 86

Kant, I., 康德 129, 215, 276, 363 及下页

Kaufmann, E., 考夫曼 75, 77, 93

Kelsen, H., 凯尔森 19—21, 51 及下页, 119, 234, 238, 257—298

Kierulff, I. F., 基尔鲁夫 81, 88, 219, 249

Kirchmann, J. H. von, 冯基尔希曼 62, 196 及下页

Kiss, G., 基什 85

Klein, F., 克莱因 39

Kleinfeller, G., 克莱因菲勒 86

Kohler, J., 科勒 67, 75, 77 及下页, 98, 101, 209 及下页, 242 及下页

Kohlrausch, E., 科尔劳斯 235—237, 248

Krabbe, H., 克拉贝 30, 54, 216, 277

Krückmann, P., 克鲁克曼 45 及下页, 62, 78, 84, 86

Kuhlenbeck, L., 库伦贝克 57

Lask, E., 拉斯科 49

Lassen, J., 莱森 334, 337—347

Lasson, A., 拉森 72, 108, 339

Lenel, O., 莱纳尔 67

Lipsius, J. H., 利普修斯 70 及下页, 87

Loening, R., 洛宁 35, 67, 217

Lundstedt, V., 隆斯泰兹 288, 334

Maier, H., 梅尔 119

Maine, H. S., 梅因 34, 47, 58, 67 及下页, 73, 88

Makarewicz, J., 马卡列维奇 57, 62, 78, 185 及下页, 237

Mayer, M. E., 梅耶 235, 238, 240

Mendelsohn-Bartholdy, A., 门德尔松-巴特霍尔蒂 89

Merkel, A., 梅克尔 29, 76, 89, 102, 199, 221, 225, 227

Merkl, A., 默克尔 273, 279

Mill, J. St., 密尔 200
Mitteis, L., 米特艾斯 75
Modestinus 莫德斯汀 310
Mommsen, T., 蒙森 69
Müller-Erzbach, R., 米勒-埃茨巴赫 80

Nagler, J., 纳格勒 18,75,227,232
Nehrman-Ehrenstråle, D., 内尔曼-伦斯特拉勒 346
Neukamp, E., 诺伊坎普 46 及下页,57
Neuner, C., 诺伊纳 88,219
Nordling, E. V., 努德林 97,325 及下页,335,337 及下页,346 及下页

Oertmann, P., 厄尔特曼 80,95 及下页,240

Pagenstecher, M., 帕根施特歇尔 220
Pfaff-Hoffman 普法夫-霍夫曼 85
Phalén, A., 弗伦 114
Plato 柏拉图 363
Pollux, J., 坡吕克斯 70
Protagoras 普罗塔哥拉 262
Puchta, G. F., 普赫塔 62,65 及下页,68

Radbruch, G., 拉德布鲁赫 50,75,77,116,199,212,252,277

Regelsberger, F., 雷格尔斯伯格 61,84,183,209,220
Reichel, H., 赖歇尔 77 及下页,81 及下页,86,94 及下页,101 及下页
Reuterskiöld, C, A., 鲁伊特斯基尤德 29,83,101—103
Ritchie, D. S., 里奇 32
Rousseau, J.-J., 卢梭 359
Rümelin, G., 鲁梅里 77
Rumpf, M., 朗夫 76—78,80 及下页,94

Saleilles, R, 萨莱耶 78
Salmond, S. W., 萨尔蒙德 31—33,58,60,72 及下页,89,223
Salomon, M., 萨洛蒙 40,75,94,199
Sander, F., 桑德尔 264 及下页,275,279—281
Savigny, F. C. von, 萨维尼 62,66,68,80,97
Schlossmann, S., 施洛斯曼 53,75,78,146,183,225
Schmidt, B., 施密特 61
Schmitt, C., 施米特 75,77,81,84,101
Schmölder, K., 斯莫尔德 60,70,87,96
Schoemann, G. F., 舒福曼 70 及下页,87
Schuppe, W., 舒佩 64 及下页,118 及下页,151,213,243 及下页

Schäffle 舍弗勒 25
Seligmann, E., 塞利格曼 101, 118, 211, 216, 221
Sigwart, C., 西格瓦特 119
Sjögren, W., 舍格伦 229, 232
Smith, A., 斯密 200
Socrates 苏格拉底 182
Somlo, F., 索姆洛 261
Spencer, H., 斯宾塞 25
Spiegel, L., 施皮格尔 77, 85, 96 及下页, 101
Stahl, F. J., 斯塔尔 61, 63
Stammler, R., 施塔姆勒 22 及下页, 35—37, 77, 93, 105, 107, 214, 244—250, 252, 277, 299
Stark, R, 施塔克 81, 83, 92, 119,
Sternberg, T., 施特恩贝格 77 及下页
Stjernberg, N. F., 谢恩贝里 20, 55
Strisower, L., 斯崔绍尔 282, 284

Tezner, F., 特茨纳 216
Thon, A., 索恩 216, 218, 220, 224, 226 及下页
Thyrén, J. C. 蒂伦 183 及下页, 364

Tönnies, F., 滕尼斯 66, 68

Ulpian 乌尔比安 310

Verdross, A., 费尔德罗斯 279—281, 284, 287

Wach, A., 瓦奇 77, 101 及下页, 216, 226
Westermarck, E., 韦斯特马克 132 及下页, 188 及下页, 200
Westman, K. G., 韦斯特曼 60
Wilutzky, P., 维鲁斯基 57, 87
Windelband, W., 文德尔班 188
Windscheid, E., 温德莎伊德 20, 60 及下页, 75, 102, 219 及下页, 325
Wundt, W., 冯特 208
Wurzel, K. G., 沃泽尔 75—78, 85, 104
Wüstendörfer, H., 伍斯滕德夫 76, 78, 80—82

Zitelmann, R, 齐特尔曼 21, 61 及下页, 64, 66, 79, 81—83, 93, 96, 100, 210 及下页, 224

图书在版编目(CIP)数据

法律与道德的性质研究/(瑞典)阿克塞尔·黑格斯特罗姆著;陈曦译. —北京:商务印书馆,2021(2022.6重印)
(法哲学名著译丛)
ISBN 978-7-100-20056-1

Ⅰ.①法… Ⅱ.①阿…②陈… Ⅲ.①法哲学－研究 Ⅳ.①D903

中国版本图书馆CIP数据核字(2021)第118108号

权利保留,侵权必究。

法哲学名著译丛
法律与道德的性质研究
〔瑞典〕阿克塞尔·黑格斯特罗姆 著
陈曦 译

商务印书馆出版
(北京王府井大街36号 邮政编码100710)
商务印书馆发行
北京艺辉伊航图文有限公司印刷
ISBN 978-7-100-20056-1

2021年10月第1版　　开本880×1230　1/32
2022年6月北京第2次印刷　印张12¾
定价:89.00元